CREMER | HEUSSINGER | GÖRNER | WILK

REVOLUTION DES DENKENS

Mensch bleiben im Zeitalter von Posthumanismus, Biotechnologie und Künstlicher Intelligenz

Dieses Buch ist Nikolaus von Kues* gewidmet.
Er war sowohl Mystiker als auch erster moderner Denker.

Für vielfältige Anregungen richten die Autoren
ihren ganz besonderen Dank an:

Mimoza Ahmetaj, Ministerin a.D.
Klaus Bettag
Prof. Dr. Dr. h.c. Dieter Borchmeyer
Prof. Dr. Frederic Fredersdorf
Hermann-Friedrich Kramer
Dr. Letizia Mancino
Dr. Uwe Matthes
Christian Meier
Dr. Jens Müffelmann
Henry Nold
Horst Reimann
Frank Schmalbach
Prof. Dr. Jan Snoek
Msgr. Dr. mult. Michael H. Weninger, Botschafter a.D.
Prof. Dr. Christof Wingertszahn
Sr. Dr. Maura Zátonyi OSB

---

*   Nikolaus von Kues (1401–1464) war Theologe, Kardinal, Philosoph und Mathematiker. Er gehörte zu den ersten Humanisten und verband mittelalterliches Denken mit dem Denken der Renaissance. Cusanus war damals der erste, der die Kreativität des Menschen thematisierte und in dieser die Gottebenbildlichkeit gesehen hat.

CREMER | HEUSSINGER | GÖRNER | WILK

REVOLUTION
DES DENKENS

Mensch bleiben im Zeitalter von Posthumanismus,
Biotechnologie und Künstlicher Intelligenz

FBV

Bibliografische Information der Deutschen Nationalbibliothek
Die Deutsche Nationalbibliothek verzeichnet diese Publikation in der Deutschen Nationalbibliografie.
Detaillierte bibliografische Daten sind im Internet über
http://dnb.d-nb.de abrufbar.

Für Fragen und Anregungen:
info@finanzbuchverlag.de

Originalausgabe, 1. Auflage 2023

Redaktion: Anja Hilgarth
Korrektorat: Dr. Manuela Kahle
Umschlaggestaltung: Marc-Torben Fischer
Umschlagabbildungen: Shutterstock.com/Janaka Dharmasena
Satz: Daniel Förster
Druck: GGP Media GmbH, Pößneck
Printed in Germany

ISBN Print 978-3-95972-550-7
ISBN E-Book (PDF) 978-3-98609-044-9
ISBN E-Book (EPUB, Mobi) 978-3-98609-045-6

Wir produzieren
nachhaltig
www.m-vg.de

—— *Weitere Informationen zum Verlag finden Sie unter* ——

www.finanzbuchverlag.de

Beachten Sie auch unsere weiteren Verlage unter www.m-vg.de.

INHALT

GELEITWORT

Von Monsignore Dr. mult. Michael H. Weninger, Botschafter a.D.[*]

Gedanken über den Menschen als potenziell programmierbares Mischwesen aus Mensch und Technik – eine christliche Perspektive

Was ist der Mensch?

Diese Frage, die dem Wesen nach so alt ist wie das humane Reflexionsvermögen, zielt nicht mehr und nicht weniger denn auf die Frage nach der Identität des Menschen, also nach jenen Konstituenten, die den Menschen als Menschen definieren und ihn vom Tier und der übrigen geschaffenen Welt abheben. So weit, so gut. Allerdings erhebt sich gleichzeitig damit die ganz entscheidende Problematik, wer denn nun jene Konstituenten bestimmt, die den Menschen erst als einen solchen setzen. Solcherart determiniert der Fragende entsprechend seines je eigenen Seins- und Weltverständnisses gleichzeitig jene Parameter, die zur Beantwortung der von ihm gestellten Frage wegweisend sind. In der Philosophie wird dieses Dilemma mit dem Begriffspaar der subjektiven Objektivität und der

---

[*] DDDr. Dr.h.c. mult. Michael Heinrich Weninger wirkte durch acht Jahre als römisch-katholischer Geistlicher an der vatikanischen Kurie. Vor seiner Priesterweihe war er langjähriger österreichischer Botschafter. Noch während seiner Laufbahn als Diplomat ist Michael Weninger in den geistlichen Stand getreten und ist somit der erste Botschafter in der österreichischen Diplomatie, der zum Priester geweiht wurde. Er eröffnete und leitete unter anderem die österreichische Botschaft in Kiew und vertrat Österreich während des Jugoslawienkrieges als Botschafter in Belgrad. Von 2001 bis 2007 diente er als erster Österreicher als Politischer Berater der Präsidenten der Europäischen Kommission Romano Prodi und José Manuel Barroso, zuständig für den Dialog mit den Religionen, Kirchen und Weltanschauungsgemeinschaften. Zudem war er Mitglied in der Ethical Working Group der Europäischen Weltraumagentur (ESA). Papst Benedikt XVI. berief Michael Weninger zum 1. November 2012, wieder als ersten Österreicher, in den Päpstlichen Rat für den Interreligiösen Dialog.

objektiven Subjektivität umschrieben. Dabei handelt es sich jedoch nicht, wie oft genug missverständlich angenommen wird, um einen erkenntnistheoretischen Relativismus, sondern um die logische Herleitung der Antwort auf diese Frage entsprechend der ihr zugrundeliegenden Prämissen und Ableitungen dergestalt, dass sie nachvollziehbar überprüft werden kann.

Die Frage »Was ist der Mensch?« wird solcherart auf mannigfaltigste Weise und dennoch gültig beschieden. In Philosophie, Theologie, den verschiedenen Disziplinen der weiteren Geistes- und dann der Naturwissenschaften, aber auch in den Emanationen der Kultur und den existenziellen, vorwissenschaftlichen Riten. Jede Religion beispielsweise hat ihr je eigenes Menschen- und Weltbild. So auch die Technik, die Mathematik oder die Physik.

Christlich gesprochen und mit kurzen Strichen dargelegt: Gott schuf den Menschen nach seinem Abbild (Genesis 1,26a–27 und Genesis 2,7) und hat ihn nur wenig geringer gemacht als Gott selbst (Psalm 8,6). Aus dieser Gottabbildlichkeit des Menschen erwächst seine Menschenwürde, die wieder dessen Menschenrechte begründet. Als ein Ergebnis der europäischen Geistesgeschichte wurde auf dieser Grundlage der Katalog der geltenden Menschenrechte definiert, wie sie in der Allgemeinen Erklärung der Menschenrechte, die am 10. Dezember 1948 durch die Generalversammlung der Vereinten Nationen verabschiedet wurde (rechtlich allerdings nicht bindend), und in der Charta der Grundrechte der Europäischen Union (für die EU und ihre Organe bindend; für die Mitgliedsstaaten ist sie dies ausschließlich bei der Durchführung des Rechts der Union), ihren Niederschlag gefunden haben, um nur diese beiden prägenden Beispiele zu nennen.

Was bedeutet nun die Gottabbildlichkeit des Menschen im technischen Zeitalter? Auch hier hat das Christentum eine Antwort: Der Mensch ist Mitschöpfer an der Schöpfung. Und: Der Mensch soll sich die Schöpfung »untertan« machen (Genesis 1,28). Allerdings nicht als Usurpator, indem sich das Geschöpf Mensch an die Stelle seines Schöpfers setzt und dann folglich willkürlich in die Schöpfung eingreift. Wann immer sich der

Mensch in Selbstherrlichkeit versucht hat, Gott als Schöpfer zu entthronen, ist dies mit der Folge der Katastrophe für ihn und die Welt einhergegangen. Sieht sich der Mensch als Geschöpf mit der Aufgabe betraut, Mitschöpfer an der Schöpfung zu sein, aber eben als Mitschöpfer, dann wird er entsprechend der Gesetzmäßigkeit der Schöpfung selbst kreativ tätig werden und nicht in Überheblichkeit in die Gesetze der geschaffenen Natur gegen ihre Gesetzlichkeit eingreifen. Mitschöpfer an der Schöpfung zu sein, heißt dann, richtig verstanden, Gott als den Schöpfer schlechthin anzuerkennen und gemäß seinem Willen und entsprechend der geschaffenen und dem Menschen vorausliegenden, diesem aber zur Verfügung überantworteten Gesetzmäßigkeiten einzugreifen. Biblisch gesprochen: Des Menschen Herrschaft über die Schöpfung gipfelt in der Sorge um die Bewahrung der Schöpfung insgesamt als seine Lebensgrundlage und in der kreativen Teilhabe am schöpferischen Wirken Gottes. Der Mensch ist solcherart, in voller Freiheit übrigens, rückgebunden an sich als Geschöpf und solcherart an den ihn vorgängig geschaffen habenden Schöpfergott.

Wie ist die alte Weisheit nun zu verstehen, nach welcher der Mensch das Maß aller Dinge sei? Diese kühne Behauptung geht bekanntlich auf den griechischen Philosophen Protagoras zurück und hat weitreichende Interpretationen ausgelöst. Die Exegese dieses Theorems oszilliert in der Geistesgeschichte des Abendlandes zwischen zwei Extremen: der Mensch als Maß aller Dinge, so wie es ihm von Gott als seinem Schöpfer gewollt in sein Wesen eingepflanzt ist, eben als MIT-Schöpfer, oder als Maßstab für ein Eingreifen in die Immanenz nach eigenem Gutdünken des Menschen, der alles seinem eigenen Willen unterwirft und losgelöst von Gott in selbsternannter Autonomie sich solcherart sogar anschickt, die Veränderung seines eigenen Wesens in Angriff zu nehmen, als autonomer Eigen-Schöpfer, der in der Folge sogar Gott agnostisch umformen oder atheistisch erledigen will. Dieses Seins-Verständnis des Menschen ist ein Merkmal der Neuzeit, und um mit Martin Heidegger zu sprechen, des Menschen der »Seins-Vergessenheit«. Der Mensch, im betäubenden Rausch des von ihm gewirkten technischen Fortschritts, setzt sich selbst an die Stelle des transzendenten, das heißt dem Menschen vorgängigen und diesen konstituierenden Seins. Findet sich der Mensch bei Protagoras als das Maß aller Dinge schöpferisch vorgängig vor, so kreiert der neuzeitliche Mensch nun autonom diese Stellung in der Immanenz, und ausschließlich innerhalb dieser, selbst. Der »Übermensch«, frei nach Friedrich Nietzsche, ist Wirklichkeit geworden. Diese Selbstermächtigung des Menschen sieht ihn dergestalt nicht mehr in einem System der Zusammengehörigkeit und Abhängigkeit von der Gesetzmäßigkeit einer von Gott weise geplanten und ins Werk gesetzten Schöpfung verortet, der er als Abbild Gottes und Mitschöpfer an der Schöpfung ohnehin in einer vorrangigen und privilegierten Weise angehört, sondern als ein alles Seiende, und dieses entsprechend seiner autonomen Selbstherrlichkeit, beherrschende Akteur gegenüber. Der neuzeitliche Mensch mit seinem »Willen zur Macht«, wie ihn Arthur Schopenhauer verstanden hat, anerkennt nicht mehr, dass seine schöpferische Macht ihm wesensgemäß von »außen«, seinem Schöpfer, zugeeignet wurde, sondern geht davon aus, dass sie nunmehr in der Selbstermächtigung des Menschen ihre Begründung erfährt. Mit der Folge, dass jegliches Maß menschlichen Handelns nicht mehr durch Gott als das allem vorgängigen und dieses begründeten Seins alles Seienden anerkannt, sondern durch den Menschen in seiner Selbstherrlichkeit als von ihm selbst als absolut gesetzt wird. Es gibt damit kein dem Menschen vorgängiges und diesen in seinem Machtanspruch ermächtigendes und solcherart diesen auch zur Ver-Antwortung ziehendes Sein mehr, welches man christlich gesprochen als Schöpfergott bezeichnet hat, sondern ausschließlich den Menschen als die sich selbst absolut setzende und auf sich selbst bezogene Macht.

Gerade an diesem Befund wird deutlich, dass der christliche Offenbarungsglaube und die daraus resultierende Schöpfungstheologie zur Überlebensstrategie für den Menschen und das Humanum rettenden Antwort wird.

Eine neue Herausforderung erwächst im Zeitalter der Künstlichen Intelligenz und der im wissenschaftlichen Evolutionsprozess nach vorne hin offenen Möglichkeiten. Ist der Mensch unterwegs auf dem Wege des technischen Fortschritts, eine Intelligenz zu schaffen, die über diesen hinauswächst und diese »Intelligenz« in die Lage versetzen könnte, den Menschen als deren Urheber und Erst-Schöpfer zu usurpieren? Den Menschen wohlgemerkt, Gott ist schon längst eliminiert. Die potenziellen Möglichkeiten der technischen Vernunft ziehen keine Determinante ein! Vielleicht jedoch bietet die philosophische und christliche Sicht vom Wesen des Menschen das ihr eigene Korrelativ zur neuen technischen Vernunft unseres Zeitalters.

Um nichts weniger als um diese für das Überleben des Menschen und seine Existenz entscheidende Auseinandersetzung geht es im vorliegenden Werk.

»Revolution des Denkens – Mensch bleiben im Zeitalter von Posthumanismus, Biotechnologie und Künstlicher Intelligenz« ist der Titel und auch die Forderung dieses Buches. Letztlich geht es den Autoren um Freiheit, Demokratie und Menschenwürde und darum, die offensichtlichen Risiken und Chancen des (technologischen) Fortschritts erkennbar zu machen und gleichzeitig aufzuzeigen, was es benötigt, damit das Menschsein erhalten, unterstützt und gefördert werden kann. Ja, es geht darum, den Menschen neu in seiner Mitgeschöpflichkeit von allem Seienden zu denken und solcherart auch die technischen Errungenschaften in einem neuen Licht zu deuten. Es ist ein Buch von hoher Qualität, von namhaften Persönlichkeiten und Experten in ihren Fächern für wache und kreative Menschen geschrieben. Nicht für jeden, aber für den, der mehr erfahren, sich Erkenntnis erarbeiten und so dafür Sorge tragen möchte, den Fortschritt zu meistern, ohne darob das »Menschsein« aufs Spiel zu setzen. Fortschritt – ja, aber eben nicht als Schritt fort vom Menschen!

Das Buch leuchtet Bereiche der Menschheitsentwicklung aus, die in den Verflechtungen bislang so oder überhaupt nicht gesehen wurden. Man staunt beim Lesen, wird zum Mit-Denken angeregt, immer der Blick auf das große Ganze geweitet und solcherart motiviert, zu einem moralisch vertretbaren Fortschritt beizutragen. Das Buch stellt den Menschen ins Universum und weckt Lust auf Zukunft. Den Autoren geht es in diesem Zusammenhang auch darum, dem »Geheimnis des Lebens« und dessen Schönheit auf die Spur zu kommen. Für die Autoren gilt es, das Denken, Fühlen und Handeln wieder miteinander zu verbinden und in Einklang miteinander zu bringen, also dem Menschen in seiner »Ganz-Persönlichkeit« Geltung zu verschaffen.

Die Autoren sind mutig und treffen deutliche Aussagen. Ein Beispiel gefällig? Die Autoren schreiben: »Auf der Grundlage der komplexen raum-zeitlichen Geometrie der sogenannten »unbelebten« Natur hat sich das Leben nach bestimmten Gesetzen entwickelt. So sieht es bereits die biblische Tradition, so sahen es die griechischen Naturphilosophen, so sahen es Theologen des Mittelalters und so sehen es die Wissenschaftler in der heutigen Zeit.«

In diesem Buch wird die Einzigartigkeit des Menschen herausgestellt, mit seiner besagten Würde eben, den aus ihr resultierenden Menschenrechten und mit seinen schöpferischen Kräften. Seine Stellung in der Schöpfung ist solitär! Er ist durch nichts exakt zu kopieren und durch nichts zu ersetzen. Das macht unser Leben kostbar, bedeutungsvoll und zu etwas ganz Besonderem. Und das macht Mut. Jeder Mensch trägt den göttlichen Funken in sich. Und dieser Funke entzündet geistige und technische Revolutionen.

Zurück und in die Zukunft. Das Buch handelt vom Spannungsfeld zwischen Alt und Neu. Und: Die Autoren zeigen auf, dass die Fragmentierung der heutigen postmodernen Wissenschaften immer stärker den Bedarf offenbart, ganzheitlich zu denken. Übrigens, und ganz entscheidend, auch über sich selbst. Eine der großen Gefahren, diese Perspektive aus den Augen und den Gehirnen zu verlieren, führt zum »reduktionistischen« Menschenbild. Dieser Reduktionismus wird zur Bedrohung des Menschen in seinem Humanum und damit seiner Existenz dort, wo er beispielsweise auf die Qualität seiner Gene, auf seine ökonomische Leistungsfähigkeit, ihm seine Freiheit und sein Ich-Subjekt geleugnet und diese als bloß eine Illusion reduziert werden. Und dann, wenn einzelne Momente und Aspekte des Menschen isoliert und in selbstgesetzter Autonomie technisch so verändert werden, dass sie in ihrer Vereinzelung verabsolutiert sind, dann zeichnet sich der Weg in einen Transhumanismus ab, der jeden wachen Geist mit Sorge erfüllen muss.

In jedem Kapitel dieses sorgfältig gearbeiteten Werkes spürt der Leser auf unterhaltsame, spannende und informative Weise, wie sich die Welt angesichts der Gefahren zum Guten verwandeln lässt und was Menschsein als Neuschöpfung im besten Sinne dieses Wortes bedeutet. Das Denken der Hoffnung macht dieses Buch zur Orientierung für jene, die sich im Dschungel der veröffentlichten Meinung zu verlieren drohen und nach einem Ausweg suchen.

Die thematische Bandbreite des vorliegenden Werkes ist beachtlich. So wird eine begründete Ahnung vermittelt, warum sich die Welt in zweieinhalbtausend Jahren gerade in der christlich-abendländischen Kulturform so erfolgreich entwickeln konnte, dass sie zu einem globalen Maßstab für Ethik und Moral werden konnte. Auch das für diesen kreativen Prozess konstitutive Kulturelle Gedächtnis wird entsprechend gewürdigt.

Zum Fragenkomplex der sogenannten Künstlichen Intelligenz kommt der Mensch in seiner Ganz-Persönlichkeit zur Sprache, demnach als Einheit von Leib, Geist und Seele und gerade nicht in seiner machbaren Aufspaltung in einzelne Segmente seines menschlichen Existenzvollzuges. Ist alles, was technisch machbar ist, auch sittlich erlaubt zu tun? Eine allfällige Trennung der Körperlichkeit von der geistig-seelischen Sphäre des Menschen und umgekehrt ist nichts Neues und, wo aus medizinischer Sicht indiziert, die Grundlage für eine Heilung von Leiden. Wo diese Prämisse allerdings wegfällt, droht der Mensch sein Ganz-Personsein, seine Identität zu verlieren. Dies gilt im Besonderen auch für jene Wirklichkeit des Menschen, die einem jeden durch die Begriffe von Herz und Seele vertraut sind, das »Innenleben« des Menschen also. So wird ganz gezielt in diesem Buch die »Innerlichkeit« der menschlichen Person herausgearbeitet. Mit einer erstaunlichen Offenheit wird dargelegt, wie und dass sich Wissenschaft und Mystik ergänzen können und sollten. Von Karl Rahner stammt das hier abgewandelte Diktum, demzufolge der Mensch der Zukunft (auch) ein Mystiker sein wird oder er Gefahr läuft, nicht mehr zu sein. Diese Überzeugung gilt nicht nur für Christen oder Fromme im Allgemeinen, sie gilt für alle Menschen.

Die Beiträge im vorliegenden Werk verdeutlichen, dass die »innere« Sichtweise auf den Menschen Gefahr läuft, zugunsten der »materialistischen« in den Hintergrund oder überhaupt verdrängt zu werden. Das Auseinanderklaffen einer rein naturwissenschaftlich und/oder formal-soziologisch argumentierenden Anthropologie und einer biblisch grundgelegten Schöpfungstheologie ist nicht neu, provoziert jedoch im Heute eine radikale »Umwertung aller Werte« (Friedrich Nietzsche), nicht zuletzt dann folglich auch in ethischer und moralischer Hinsicht. Eine ausschließlich immanente Menschen- und Weltsicht, die solcherart die ihr zugrunde liegende transzendentale Wirklichkeit negiert, verneint ihre eigenen Wurzeln und entledigt sich damit ihrer Existenzgrundlage als Geschöpfe im Lichte ihrer wesenhaften Gottabbildlichkeit.

Das dem Menschen zu Recht innewohnende Vertrauen in die gottgewollten menschlichen Fähigkeiten und der Drang nach Selbstbestimmung, Autonomie und Freiheit in Selbstverantwortung, die ja nur solcherart echte Freiheit darstellt, wird dann zur Problematik, wenn sie sich anthropozentrisch absolut setzt. Diese neuzeitliche Anthropozentrik förderte in Abhebung von der Wahrnehmung des sich selbst als Mitte seiner eigenen Welt verabsolutierenden Menschen, gleichsam als logische Konsequenz die Versachlichung und Verzweckung der Natur, die darüber hinaus als Absetzung vom Menschen mit seiner »res cogitans« (René Descartes) als messbare, mechanische, »geistlosen« Gesetzen folgende nichtmenschliche Natur, dem »Objekt«. Der Mensch erhebt sich zum »Herrn und Eigentümer« der Natur, die er sich seiner Verfügbarkeit unterworfen ansieht, was ihn in seiner Selbsterhöhung schließlich zur Ausbeutung und Eingriffen in die »natürlichen« Abläufe verführt, die sich solcherart oft genug ihrer ihnen einwohnenden Zweckmäßigkeit und Sinnhaftigkeit gewaltsam beraubt sieht. Diese Feststellung hat nichts mit einer Fortschrittsverneinung zu tun, sondern muss als Warnung verstanden werden, angesichts der Gefahr eines drohenden Kollapses des globalen Gleichgewichts (vom Menschen verursachte Erderwärmung, Wetterkatastrophen, Erschöpfung lebensnotwendiger Ressourcen usw.). Wird dann auch noch der Mensch »verdinglicht« und wissenschaftlicher wie diktatorisch-regulativer Diktatur durch selbstermächtigte politische Eliten (Stichwort: »*Social Scoring*«) ausgesetzt, dann droht dem Menschen seine »Entmenschlichung«, seine »Entseelung« und wird zum Spielball durch von ihm selbst geschaffenen, jedoch von ihm nicht mehr zu kontrollierenden und seine Existenzgrundlage letztlich gefährdende Denk- und Handlungsweisen.

Das vorliegende Werk bietet eine grundlegende Analyse der Herausforderungen der »neuen Welt« mit ihren »transhumanistischen« Gefahren und legt durchdachte Lösungsvorschläge vor, wie eine menschfreundliche Welt aussehen könnte, die für den Einzelnen wie für die Gemeinschaft lebenswert ist, ja, ihm sein menschenwürdiges Überleben sichert, weil in ihr Mensch und Welt in ihrem Gesamtzusammenhang von Immanenz und Transzendenz in Acht genommen werden.

VORWORT

Von Dr. Uwe Matthes, Ordensmeister der Großen Landesloge der Freimaurer von Deutschland (Freimaurerorden), gegründet 1770

Brauchen wir eine zweite Aufklärung? Brauchen wir gar eine Revolution des Denkens? Ja. Dafür gibt es viele Gründe, zumindest die beiden folgenden seien genannt.

Zum einen: Die Entwicklung von Wissenschaft, Technik, Wirtschaft, Politik und Kultur verändert jeden Einzelnen, die Menschheit insgesamt. Dies geschieht rasant, oft unbemerkt, vor allem kaum überschaubar. Die Fragen, was den Menschen ausmacht, ebenso wie die nach den Perspektiven der Menschheit stellen sich vor diesem Hintergrund neu und müssen vermutlich auch anders beantwortet werden als bisher.

Zum anderen: Zusammenhänge oder neue Denkweisen erschließen sich nur noch Gemeinschaften von Spezialisten, neue Erkenntnisse der Geistes- und Naturwissenschaften, technologische Trends, Marktentwicklungen, politische Ereignisse und deren jeweilige Ursachen dringen selbst in demokratisch verfassten Staaten nur gefiltert durch. Zu wem? Zu in Blasen gefangenen, von Fake News verunsicherten und sich somit immer stärker voneinander abgrenzenden »Normalbürgern«. In Autokratien und Diktaturen gelingt selbst dies kaum, und wenn, dann nur unter großen Opfern.

Gibt es die zweite Aufklärung? Ja. Ein gelungener Versuch liegt vor den Leserinnen und Lesern dieses Buches. Die Autorin und die Autoren versuchen Ordnung ins Chaos der Informationen zu bringen, erfreulicherweise in einer Sprache, die Teenies genauso erreicht wie deren Großeltern. Dabei gelingt Werner H. Heussinger, Christoph Cremer, Heike Görner und Ralph-Dieter Wilk nicht nur das systematisierende Erklären von Informationen und deren realgeschichtliche und geisteswissenschaftliche Herleitung. Sie stellen sich auch dem Anspruch, Altes und Aktuelles neu zu denken und zukunftsträchtige Denk- und Fühlmethoden vorzustellen.

Sind Aufklärer mutig? Ja. Sich die Freiheit zu nehmen, das Ganze zu denken, gegen detailverliebte Wissenschaftler, Mainstream-getriebene Medien, in der sozialisierten Rückwärtsverteidigung trainierte Kirchenleute und von Wahl zu Wahl sich verhaltende, mit oder ohne ideologische Scheuklappen begrenzte Berufspolitiker, ist mutig.

Eine Frau und drei Männer haben dieses aufklärende und mutige Buch geschrieben. Sie popularisieren damit einen interdisziplinären Dialog zu Menschheitsfragen. Diese bedeutsamen Fragen, die über Jahrhunderte, ja Jahrtausende immerfort gestellt wurden und nach deren Antworten man suchte und sucht.

In der Geschichte gab es Zeiten, in denen man die Menschheitsfragen häufiger und drängender stellte als in den Jahrzehnten oder Jahrhunderten davor oder danach. Dabei veränderte sich der Adressatenkreis für Fragen und Antworten und es fielen Letztere nicht selten anders aus als erwartet.

Eine der Phasen des Fragens, des Antwortens und des Erklärens war die europäische Aufklärung. Müßig scheint es, darüber zu streiten, ob sie ein Kind der Freimaurerei oder deren Mutter war. Fest steht: Die Freimaurer stellten zur Zeit der Aufklärung Fragen und gaben neue Antworten. Vielmehr jedoch: Sie klärten ihre Zuhörer über oft schwer durchschaubare Erscheinungen ihrer Zeit auf. Sie formulierten die von ihnen ausgemachten Ursachen der Entwicklung und sahen in die Zukunft. All dies oft in einer volksnahen Sprache.

Die Autorin und die drei Autoren, mehrheitlich Freimaurerin und Freimaurer, leben diese Tradition von alten Fragen und zeitbedingten sowie manchmal fast zeitlosen Antworten. Die im Buch geschilderten Fakten findet man sicherlich in der nächsten Auflage teilweise schon wieder aktualisiert. Jedoch die DNA der Geisteshaltung der Aufklärer wird bleiben. Dies auch, weil sie der Denk- und Gefühlswelt (heute sagt man der

Denk- und Gefühlsfabrik, also dem Humankonzern) der Freimaurer entspricht. Die Autoren stehen in der Kette ihrer Freimaurerbrüder, die Dichter-Fürst oder nur Fürst, Philosoph, Theologe, die Politik karikierender Filmstar oder Präsident waren, als Komponisten oder Maler die Welt anders sahen als ein Astronaut, Kaufmann oder General.

Allen diesen Brüdern Freimaurern gedenken wir in unserer Großloge im November eines jeden Jahres. Dabei sind es manchmal »Riesen«, auf deren Schultern wir dankend stehen. Stets erinnern wir uns jedoch der Menschen, welche diese »Riesen« aufzogen, förderten und schützten – auch vor Mittelmäßigkeit in den eigenen Reihen.

Wie kommt es, dass die Freimaurerei immer wieder mutige Aufklärer hervorbringt? Vielleicht weil man in dieser Persönlichkeitsschule auch zur mutigen Aufklärerin und zum mutigen Aufklärer werden kann. Aber bleiben wir, bevor wir diese geheimnisumwobene Schule kurz besuchen, auf dem Teppich: Innovative Geister hatten und haben auch andere Heimatorte als die Persönlichkeitsschule der Freimaurer. Das formulierte schon der Freimaurerbruder Gotthold Ephraim Lessing, als er schrieb: »Freimaurerei war immer.« Damit nahm er den Logen und Großlogen ein Stück ihrer – manchmal nur eingebildeten – Exklusivität. Er gab diese ab, an eine zeitlose Geisteshaltung und Lebensweise. Die Art so zu denken, zu reden und zu handeln, wie es Freimaurer von sich verlangen sollten, ist nicht ausgestorben. Immer arbeiten weltweit Freimaurerinnen und Freimaurer an sich selbst. Üben die Königliche Kunst als optimale Persönlichkeitsschule aus. Warum dies so ist? Folgen Sie mir für wenige Zeilen bitte in die Freimaurer-Schule der Persönlichkeitsformung. Sie sollen dabei etwas erfahren über den Typus der Schüler, den Lehrplan, die Didaktik und Methodik seiner Vermittlung, über die Ziele der Ausbildung. Warum? So kann man vielleicht die Herangehensweise der mutigen Aufklärerin und ihrer Mitautoren an die heutigen Menschheitsprobleme besser verstehen.

Die Schülerinnen und Schüler wollen freie Menschen von gutem Ruf werden. Gemeint ist innerlich frei. Das scheint gelungen, wenn man es nach außen bemerkt. Ein Idealbild, dem jeder Mann und jede Frau nachstreben kann, wenn sie oder er es will. Das ist die einzige Aufnahmebedingung des Freimaurerbundes. Welch ein Glück, denn so finden sich in den Logen Menschen aus meist drei Generationen, mit unterschiedlicher Bildung und verschiedenen Berufen. Ihre sozialen Stellungen, politischen Meinungen, religiösen Überzeugungen sind nicht nur vielfältig, sondern zum Teil auch entgegengesetzt. Die Logenmitglieder haben unterschiedliche sexuelle Orientierungen, gehören unterschiedlichen Ethnien, Völkern und Staaten an. Charakterlich und damit auch vom Temperament her sind sie ein Abbild von Vielfältigkeit. Ihr Wertekanon betont Gerechtigkeit, individuelle Rechte, Toleranz, Fairness oder auch Loyalität, Respekt, Gemeinschaft, Familie. Die Schülerinnen und Schüler betrachten Gott und die Welt ganz verschieden: als Künstler, als Wissenschaftler, als Mutter und Vater, Tochter und Sohn. Übrigens: Auch die Autoren des Buches sind ein Abbild der Unterschiedlichkeit, beispielsweise der Berufswege: Ein nobelpreisverdächtiger Naturwissenschaftler, ein erfolgreicher Gründer einer börsennotierten Unternehmensgruppe und innovativ sozial Engagierte haben hier zusammengefunden.

Was eint die so ungleichen Schüler? Freimaurinnen und Freimaurer wollen an ihrer Persönlichkeit arbeiten. Eine Arbeit im Inneren, im Stillen, und doch ist die Loge als äußerer Platz optimal, weil man auf die anderen Schüler, die das gleiche Ziel haben, stößt. Man ist als Ungleicher unter Ungleichen mit gleichem Ziel unterwegs. Eine Lebensreise, die immer wieder neue Begegnungen, neue Anregungen, neues Wissen für den Einzelnen hervorbringt und sich als emotionale Gemeinschaft immer wieder neu konstituiert.

Wer bildet den Lehrkörper? Die Schülerinnen und Schüler. Besserwisserei und Umerziehungsabsichten bei Nebenbruder oder -schwester sind dabei verpönt. Auch der individuelle Anspruch, die Gesellschaft zu ändern, rangiert weit hinter dem, sich selbst zu ändern.

Somit ist maximale Toleranz das höchste Gebot in der Schule. Die Bemühung, sich selbst zu verändern, der Zweck der Schule, gibt den Lehrplan vor. Geübt wird demnach zuerst, in sich selbst hineinzuhören. Das funktioniert nur schweigend. Dann geht es bei der Übung darum, mit dem Nebenmenschen nicht nur auszukommen, sondern ihm auch zu helfen. Schließlich übt man, sich nicht als Mittelpunkt zu sehen, sondern nach fundamentalen Ursachen, nach umfassender Bewegung, ja nach dem Transzendenten zu suchen.

Gibt es spezifische Quellen, aus denen geschöpft wird? Nein, denn kaum etwas ist so eklektisch wie die Freimaurerei, welche auf Philosophien, Religionen, Geschichte, Kultur und Kunst zurückgreift und dies alles mit der Alltagserfahrung der Schüler konfrontiert.

Deutlich wird vielleicht, dass Ungleiche am gleichen Ziel mit vielfältigen Quellen arbeiten und sich dabei bemühen, tolerant zu sein. Das Ganze sowohl mit Verstand wie auch mit Gefühl. Für Ersteres eignen sich dabei besonders Symbole, von denen die Freimaurer viele erkunden und interpretieren. Für Zweiteres sind Rituale von großem Wert. Zum Teil über viele Jahrhunderte tradiert, werden sie Monat für Monat geübt.

Schließt man die Schule mit einem Zertifikat ab? Nein, man bleibt immer Schüler. Gibt es einen Leistungsnachweis? Ja, die Meinung der Mitmenschen.

Worin besteht das Geheimnis der Schule? Es gibt keines. Nur die Geheimnisse einer jeder Schülerin und eines jeden Schülers: die Selbstantwort auf die Frage, wie ich an mir arbeite.

Zu viel verraten über das, was Freimaurerei als Schule der Persönlichkeitsentwicklung ausmacht? Nein, vom Lesen eines Bauplanes und vom Studieren der Leistungen vieler Baumeister wird man nicht einmal Lehrling auf dem Bau. Das Lesen vieler Bücher über eine Schule, ihre herausragenden Schüler und deren Leistungen kann keinen jahrelangen Schulbesuch ersetzen. Man muss sich schon selbst auf die Schulbank begeben. Vielleicht treffen wir uns dort und erinnern uns, wie alles mit diesem Buch über Menschheitsfragen begann. Mich würde es freuen.

PROLOG: REVOLUTION DES DENKENS, DES SEINS UND DER TECHNIK

»Sagt mir, was bedeutet der Mensch? Woher ist er gekommen?
Wo geht er hin? Wer wohnt dort oben auf goldenen Sternen?«

HEINRICH HEINE (1797 – 1856)

Eine neue Epoche der Menschheitsgeschichte hat begonnen, und sie erfordert auch ein neues Denken. Es ist eine Revolution des Denkens, des Seins und der Technik. Heute trägt der Mensch nicht nur für seine Existenz als Individuum, sondern auch für die der Menschheit Verantwortung. Und das ist neu. Noch vor ein paar Tausend Jahren war der Mensch als Jäger und Sammler mit Holzspeeren unterwegs. Heute verändern Künstliche Intelligenz, Bio- und Gentechnologie, virtuelle Welten, Digitalkapitalismus und das anstehende Weltraumzeitalter das Menschsein in Rekordzeit. Der französische Schriftsteller und Mitbegründer der Science-Fiction-Literatur Jules Verne brachte es bereits vor 150 Jahren auf den Punkt: »Alles, was ein Mensch sich vorstellen kann, werden andere Menschen verwirklichen.« Oder wie es der Vater der US-Raumfahrt, Wernher von Braun, ausdrückte: »Ich habe gelernt, das Wort ›unmöglich‹ mit größter Vorsicht zu benutzen.« Die Zukunft ist fantastisch und bedrohlich zugleich. Zwischen Pandemien, Klimawandel und Konflikten gerät der einzelne Mensch aber auch immer öfter aus dem Fokus.

Wir sind zum Mond geflogen, wir haben den Code unserer Gene geknackt und wir haben mit dem Internet ein weltumspannendes Informationsnetz geschaffen, das jeden mit jedem und gleichzeitig mit allen zur Verfügung stehenden Informationen verbindet. Wie hat die Menschheit das alles und dazu noch in einer atemberaubenden Geschwindigkeit geschafft?

Von Holzspeeren und der Entdeckung des Feuers bis hin zur Landung auf dem Mond ist beachtlich wenig Zeit vergangen. Je weiter der Weg führt, desto mehr wird er uns verändern und offenbaren, was in der Menschheit noch alles veranlagt ist. Offensichtlich ist es tief in uns verwurzelt, nicht auf der Stelle zu verharren.

Eine Herausforderung jagt die nächste. Die nächsten Jahre werden sicher eine Bewährungsprobe: Wie gehen wir mit all diesen Herausforderungen, die zugleich auch Chancen sind, um? Verlieren wir uns dabei selbst? Wie können wir Freiheit und Individualismus bewahren? Es liegt an uns, dass daraus keine Zerreißprobe wird.

In der Gegenwart geht es zum Beispiel nicht mehr primär um die Industrialisierung und den Ersatz des Menschen als Arbeitskraft durch die Maschine, sondern immer mehr um den vermeintlichen Ersatz des Individuums, des Denkens selbst durch »Künstliche Intelligenz«. Der Mensch wird natürlich nicht von Computern oder Algorithmen unterworfen, sondern er unterwirft sich ihnen freiwillig. Wir vertrauen immer mehr auf eine Technik, die wir als Einzelne immer weniger verstehen.

Irgendwie hat man das Gefühl dabei, dass sich der Mensch seiner Selbst schämt angesichts der Technik, die er für maßlos überlegen hält. Das kann im äußersten Fall sogar so weit gehen, dass dies den Wunsch begründet, selbst so perfekt wie eine Maschine zu sein. Ein neuer Glaube an Götter, die wir selbst erschaffen, scheint zu entstehen – so könnte man das etwas ketzerisch zum Ausdruck bringen.

Wir sollten uns selbst ernst nehmen, aufrecht stehen und selbstbewusst Gestalter des Geschehens bleiben. Der Mensch ist Mittelpunkt des Seins und nicht eine ominöse Vorstellung von Technik oder Natur. Woher kommt der Mensch und wohin geht er? Was ist die Bestimmung des Menschen? Was macht das Menschsein aus? Auf der Spurensuche im Inneren und im Äußeren, auf dem Weg zum Wahren, Schönen und Guten. Dieses Buch soll hierzu durch anschauliche Beschreibungen Anregungen und Denkanstöße liefern.

Schönheit galt beispielsweise in der griechischen Philosophie als ein Beweismittel der Wahrheit. Die Fragen nach dem richtigen Leben und dem Glücklichsein stellen sich seit der Antike, eigentlich seit dem Beginn der menschlichen Zivilisation. Der Quantensprung des antiken Griechenlands, der anscheinend auf nur wenige kluge Köpfe zurückzuführen ist, bildet das Fundament dessen, was uns heute ausmacht, insbesondere im europäischen und amerikanischen Kulturkreis. Ohne dieses würde es so heute keinen Humanismus, keine Menschenrechte und keine Demokratie geben. Das Menschsein wird immer in Bewegung sein. Diese Bewegung trainiert und öffnet unseren Blick für das, was uns ausmacht und was unser innerstes und ureigenstes Bestreben ist. Das Bestreben, stets an sich zu arbeiten und morgen ein besserer Mensch zu sein als gestern, ist nichts anderes als das ewige Streben nach einem unerreichbaren Ideal. So wenig wie ein Mensch vollkommenes Glück erringen kann, so unmöglich ist es ihm, in allen Belangen perfekt zu sein. Beiderlei Streben sind jedoch der Weg, um glücklich zu leben.

Die Freiheit des Individuums – fruchtbringend mit der Freiheit der anderen verbunden – ist ein Ideal, ein Streben, eine Hoffnung, ein Versprechen, sprich: Sie ist das Lebenselixier, das die ganze Welt am Laufen hält. Nur so kann es echte Innovation, nachhaltigen Fortschritt und lebendige Demokratie geben. Nur so können wir uns als Einzelne selbst erkennen, unseren Platz und unseren Weg finden, um morgen besser zu sein als das, was wir heute sind, und so die Menschheit insbesondere zu moralischem Fortschritt befähigen. Wollen wir die Welt verändern, müssen wir mit uns beginnen.

Und natürlich leben wir heute in einer besonderen Zeit – eine Aussage, die allerdings jede Generation für sich beansprucht. Gefühlt scheint aber das, was wir »Individualismus« nennen, tatsächlich eine besondere Stufe erreicht zu haben. So möchte das Individuum heute maximale Freiheit genießen, und statt sich auf die Welt einzulassen, möchte es »geliked« und »gefollowed« werden. Kritik scheint dabei eher wenig bis gar nicht zu interessieren. Diesen Eindruck kann man so gewinnen. Gefällt die Wirklichkeit nicht, so werden alternative Fakten bevorzugt beziehungsweise erfunden und als Fake News verbreitet. Klicken, Zappen und Followen ist angesagt. Der Dialog mit dem Andersdenkenden verschwindet dabei zunehmend und man flüchtet in seine Community. Für den Begriff »Community« finden wir im *Gabler Wirtschaftslexikon* folgende Definition: »Community bezeichnet ein organisiertes und soziales Netzwerk von miteinander in Interaktion stehenden Individuen, die sich innerhalb eines spezifischen Zeitraums auf affektive sowie auf kognitive Weise wechselseitig beeinflussen und ein Zusammengehörigkeitsgefühl entwickeln. Die soziale Interaktion zwischen den Mitgliedern einer Community unterliegt dabei in der Regel einem gemeinsamen Ziel, geteilter Identität oder gemeinsamen Interessen.«[*] Überspitzt formuliert: Ihre Mitglieder kaufen die gleichen Marken, konsumieren dieselben Medien und benutzen dieselben Plattformen. Sie vertreten die gleiche Meinung, die gleiche Moral und treffen sich gegebenenfalls auf den gleichen Veranstaltungen. Hierdurch entsteht die Gefahr, dass das ernsthafte Sich-Beschäftigen und die wirkliche Auseinandersetzung mit dem Fremden und das sich daraus bildende Potenzial einer möglich werdenden Aussprache mit dem anderen nur noch in geringem Maße vorhanden ist. Man nimmt dann überwiegend das wahr, was die eigene Meinung bestätigt; man konzentriert sich also auf Informationen, die im Einklang mit bereits vorgefassten Meinungen und Überzeugungen stehen. Dabei werden naturgemäß gegenteilige Informationen weitestgehend ignoriert – die selektive Wahrnehmung schlägt erbarmungslos zu. In solch einer Community bestätigt jeder jeden und jeder sich selbst. Auf diese Weise entsteht der vielzitierte »Herdentrieb«. Dissonanzen will man unbedingt vermeiden.

---

[*] *Gabler Wirtschaftslexikon*, Wiesbaden 2018.

Die Meinungsäußerungen von anderen oder gar von mutmaßlichen Autoritäten werden vielfach unkritisch übernommen. Das fühlt sich gut an. Man lebt aber in einer Blase. Das Resultat ist bestenfalls Stillstand der eigenen Entwicklung, schlechtestenfalls sogar Rückschritt.

Schlimmer wird es nur noch dann, wenn man in seinen eigenen Vorstellungen feststeckt und dabei gleichzeitig anderen vorschreibt, was sie wie zu sagen haben. Am Ende steht oftmals eine ungesunde Mischung aus »Shitstorm«, »Häme« und »Cancel Culture«.

Eher unbemerkt zieht ein neuer Sturm auf: Die Konfliktlinien der Epoche der Digitalisierung sind in jedem Fall vielfältig. Die Freiheit ist dabei an vielen Fronten bedroht: Zum einen ist es die Digitalisierung selbst, die uns gläsern macht. Zum anderen ist es der Umgang mit der Digitalisierung, der uns Freiheit, Individualisierung und Demokratie streitig macht. Auch ist es die wirtschaftliche und soziale Teilhabe an der Digitalisierung, die einen Großteil der Weltbevölkerung zurückzulassen droht. Konflikte und Verteilungskämpfe sind vorprogrammiert. Es geht jedoch um mehr, als den Sturm nur irgendwie zu überstehen, denn er wird nicht so einfach an uns vorüberziehen. Es geht darum, die Segel richtig zu setzen und an Fahrt aufzunehmen, die Chancen und Potenziale zu nutzen, die uns zu Füßen liegen. Und sie sind enorm: Es besteht eine realistische Chance, die größten gegenwärtigen Probleme der Menschheit anzugehen, Gleichberechtigung zu schaffen und die Menschheit letztendlich zu einer »interplanetaren Spezies« zu machen, was im Übrigen das erklärte Ziel des »New Space Age« ist. Es ist davon auszugehen, dass die nächsten 200 Jahre tiefgreifendere Veränderungen für die Menschheit bedeuten werden als die vorherigen 2000 Jahre.

Betrachten wir das ganze »Treiben« noch aus einer anderen Perspektive. Im »Informationszeitalter« laufen wir Gefahr, an Informationen so gefesselt zu werden – »wir informieren uns zu Tode« –, dass sie, statt uns zu bereichern, uns Lebenszeit wegnehmen, wenn wir meinen, alles wissen zu müssen, was uns dargeboten wird.

Es braucht einige Zeit, um sich von solchen Gewohnheiten zu lösen, die zu Zwängen geworden sind, und ferner zu erkennen, dass Informationen per se nicht dasselbe sind wie heilsames Wissen oder gar Weisheit. Heute suchen viele Menschen wieder dieses verlorene Verweilen, die Zeit der Muße, die zugunsten einer angeblichen »schöpferischen Unruhe« aufgegeben worden ist. Diese endet, wenn sie nicht weiß, was sie tun soll, im Aktionismus. Da das Getane nicht sinnvoll ist und nur dafür sorgt, in Bewegung zu bleiben, ist es lediglich ein Rennen, ein Davonrennen, ein Rasen.

Es sind viel weniger die Sachzwänge als wir selbst, die uns hetzen, die uns zum Fortschritt zwingen. Fortschritt ist ein verkanntes und verräterisches Wort, denn hier wird nicht auf ein Ziel zugeschritten, sondern von etwas – wohl von der Mitte, die der Mensch im Grunde wieder sucht – »fort« geschritten. Die Ambivalenz dieses »Fortschritts« ist uns trotz aller hilfreichen Erfindungen langsam klar geworden. Aber die Ursachen, besser der Verlust jener Mitte, jenes Grundes, von dem wir uns dabei entfernen, sind noch lange nicht erkannt – und auch in der Tat schwer zu erkennen, wenn man sie zu Wort bringen will.

Sie liegen auch tief in der Wahrnehmung des technisch-naturwissenschaftlichen Denkens verborgen, das uns so viel Erfolge auf einer bestimmten Ebene gebracht hat, aber die Welt oft in einer Weise als vergegenständlicht, entseelt und entmenschlicht darstellt, dass sie als leer und öde erscheint – nicht nur gottlos, sondern »tote Materie«, eine Summe von »Stoffen und Kräften«, die wir glauben durch Erkenntnis der Ursachenketten nach Belieben berechnen und manipulieren zu können, sodass sie uns außer Zahlen und Fakten »nichts mehr zu sagen« haben und die Dichter*, die sie einst besangen, vermeintlich im Unwirklichen herumfantasieren, welt- und realitätsfremd sind. Unsere eigene Eingebundenheit in

---

* Im Sinne von »Dichter und Denker« als eine stehende Wendung, die die Verbindung von Kunst und Wissenschaft in einer Person oder Gruppe bezeichnet.

diese Welt dürfen wir nicht nur kognitiv verstehen, sondern wir müssen sie auch seelisch erfahrbar machen. Wir sollten unseren eigenen Erfahrungen trauen dürfen und uns dabei in unserem Inneren berühren lassen können. Auf diese Weise stillen wir auch unsere menschlichen Grundbedürfnisse nach Autonomie und Verbundenheit.

> Um dem Geheimnis des Lebens und der Schönheit auf die Spur zu kommen, ist es bei Weitem nicht ausreichend, die Welt ständig weiter ohne »Geistiges Band« in ihre Einzelteile zerlegen zu können. Es gilt, auch unser Denken, Fühlen und Handeln wieder miteinander zu verbinden und in Einklang miteinander zu bringen.

Goethe äußerte sich zum Mysterium des Schönen einmal mit den Worten: »Das Schöne ist eine Manifestation geheimer Naturgesetze, die uns ohne dessen Erscheinung ewig wären verborgen geblieben.«[*]

Der Preis für die großartigen Erfolge und all die Macht, die wir heute durch Technik und Naturwissenschaft haben, ist hoch, sehr hoch, jedenfalls solange nicht deren Wesen erkannt wird und damit deren Grenzen gesehen werden, sodass man sie wieder in ein menschlicheres, nicht nur kausales und funktionales Weltverständnis von der »großen Weltmaschine« einbetten, also nicht leugnen oder »abschaffen« kann, was nicht geht – wir brauchen sie –, aber im Hegel'schen Sinne sollten wir sie »aufheben«, das heißt zugleich überwinden *und* bewahren.

»An den Scheidewegen des Lebens stehen keine Wegweiser.« So soll es Charlie Chaplin einmal formuliert haben. Unsere Überfluss- und Informationsgesellschaft bringt uns eine Vielzahl an Möglichkeiten mit, die in vielen von uns den Schein trügerischer Freiheit auslösen.

Heute werden wir mit immer mehr Informationen, Nachrichten, Kommentaren und Kolumnen konfrontiert und sind dabei kaum noch in der

---

[*] Goethe: *Maximen und Reflexionen*, 1823.

Lage, Wichtiges von Unbedeutendem zu unterscheiden. Es ist nicht übertrieben, von einem digitalen und kognitiven Overflow zu sprechen. Angefangen hat es mit Zeitungen, Radio und Fernsehen. Meldungen konnten sich massenhaft verbreiten.

> Und im digitalen Informationszeitalter werden wir regelrecht überflutet mit widersprüchlichen Nachrichten, die uns oftmals den Mut rauben, eine eigene Meinung zu bilden und diese dann auch offen zu vertreten.

Leichter ist es natürlich, eine andere Meinung zu »liken« oder eben einfach nur stumm und »erschlagen« dazusitzen. Hinzu kommt noch das Dauerfeuer aus banalem Unsinn – online jede einzelne Sekunde. Alle wollen unsere Aufmerksamkeit wie auf einem billigen Jahrmarkt erheischen und das in einer Taktung, die uns krank zu machen scheint. Insbesondere Fake News und ihre inflationäre Verbreitung gefährden zunehmend auch unseren gesellschaftlichen Zusammenhalt und die Stabilität unserer Demokratie. Es ist dabei sicherlich auch nicht hilfreich, dass viele Menschen heutzutage allein vor ihren technischen Geräten wie Smartphone oder Laptop sitzen und in den sozialen Medien eine vermeintlich optimierte Version ihrer Selbst kreieren.

Grundsätzlich: Je mehr Optionen bestehen, desto mehr Entscheidungen stehen an. Und diese sind riskant, weil wir erst hinterher wissen, ob wir die richtige Entscheidung getroffen haben. So stehen wir ständig vor dem Problem, das Spannungsfeld zwischen gelebten und erträumten Möglichkeiten zu meistern. Solange wir für unsere Entscheidung überschaubare Anhaltspunkte haben, ist das kein Problem. Aber oft stehen wir vor einem Scheideweg, bei dem wir nicht mehr überschauen, was mit den vielen sichtbaren Möglichkeiten verbunden ist. Unsere Entscheidung können wir auf niemanden abwälzen. Das bedeutet Stress, oft lähmenden Stress. Hier kann einem die mittelalterliche Parabel von »Buridans Esel« in den Sinn kommen: Ein hungriger Esel steht zwischen zwei gleich weit entfernten Heuhaufen. Weil es für ihn, bei den zwei scheinbar gleichen Alternativen, keinen Anhaltspunkt für eine richtige Entscheidung gibt, verhungert er. Eine alte Geschichte, die nicht auf unsere Zeit anwendbar ist? Mitnichten, die mittlerweile unüberschaubare Vielfalt an Situationen, Informationen und Möglichkeiten lähmt oder verführt zu Ausweichhandlungen. Aber wir stehen heute an epochalen Scheidewegen in unsere Zukunft.

Vielleicht gibt es Werkzeuge, die uns dabei helfen, die Lebenswirklichkeit besser zu erkennen, und Orientierungshilfen für den richtigen Weg in die Zukunft an die Hand geben. Große Persönlichkeiten der Vergangenheit bedienten sich solcher geistigen Werkzeuge. An einigen Beispielen, die eine gewisse Stringenz erahnen lassen, lässt sich ein Blick in die Vergangenheit und Gegenwart werfen, um vielleicht schon hier die eine oder andere Anregung als Denkanstoß für unser Tun und Lassen in Gegenwart und Zukunft zu erlangen.

In **Kapitel 1** geht es um den Sprung der Menschheit von der Erde auf den Mond im wörtlichen Sinn, den tollkühne Astronauten in ihren »fliegenden Kisten« vollzogen haben. Es wird dabei ersichtlich, dass sich der Mensch zwangsläufig durch die Technik, die er einsetzt, verändert. So ist es beispielsweise heutzutage in vielen Regionen der Welt einfacher, an ein Smartphone zu kommen als an sauberes Trinkwasser. Technologie sollte grundsätzlich als Gehilfin des Menschseins verstanden werden. Eine Technik um ihrer selbst willen entmenschlicht das Geschehen ebenso wie eine Technik, die nur zur Zerstörung erschaffen wird. Wir müssen Technologie so einsetzen, dass wir sie meistern, ohne uns vom Menschsein loszulösen. Der vielleicht wichtigste Aspekt des Apollo-Programms: Jeder Mensch, der heutzutage zum Mond hinaufsieht, weiß: Dort waren wir schon, und wir können noch mehr erreichen. Auch zeigt es auf eindrucksvolle Weise, wie sehr Fortschritt und Innovation nicht von kollektiven Gedankengängen und Handlungen abhängen, sondern von freien Individuen, die gemeinschaftlich handeln.

In **Kapitel 2** wird die Frage aufgeworfen, wo revolutionäre Geister zu Hause sind. Es geht auch um den Aufbruch in eine neue Zeit. Soll der

Mond »kolonisiert« werden? Steht uns hier ähnlich wie bei der europäischen Besiedelung Nordamerikas eine Art »Mayflower-Moment« bevor? Derartige innovative Möglichkeiten von Technik und Wirtschaft sind vor allem für die Perspektive wichtig, wie wir in Zukunft das Individuum und das Kollektiv betrachten wollen. Humankapital ist nicht das Ergebnis, sondern die Ursache für eine menschengerechte Gesellschaft und den sozialen Zusammenhalt. Es ist der Stoff, der den Betrieb am Laufen hält. Das eigene Denken muss dabei frei sein, informiert und selbstbestimmt in seiner Bildung, wenn es Innovationen hervorbringen soll; schließlich ist jeder Mensch auch ein revolutionärer Geist, der nach Freiheit strebt.

Kapitel 3 beschäftigt sich mit der Position des Individuums in der gewaltigen Schöpfung des Universums. Der wissenschaftlich-technische Weg, von Kopernikus – »Der Mittelpunkt der Erde ist nicht der Mittelpunkt der Welt« – über Giordano Bruno bis zum James-Webb-Teleskop, hat buchstäblich astronomische Ausmaße. Die Sicht auf den Ursprung des Universums verändert unser Selbstverständnis, woher wir eigentlich kommen. Der Blick auf die Struktur des Universums wiederum verändert unsere Selbstverortung und die Frage, wo unser Platz ist. Selbstverortung ist einer der wichtigsten Prozesse in der Identitätsfindung und Persönlichkeitsentwicklung. Sie hilft uns nicht nur, uns im Wirrwarr der Gesellschaft, des Berufs oder des Privatlebens zu orientieren. Sie gibt uns auch einen Punkt, von dem aus wir unser Leben planen und gestalten können. Wer nicht weiß, woher er kommt, weiß nicht, wo er ist und wohin er geht. Je besser wir uns also verorten können, desto leichter fällt es uns, unsere persönlichen Werte zu entwickeln und in erreichbare Ziele umzusetzen. Dazu brauchen wir den Diskurs. Nur der Diskurs schafft Inhalte. Inhalte schaffen Werte. Werte lassen uns Ziele setzen. Das Erreichen von Zielen hilft uns dabei, uns als Persönlichkeiten zu definieren. So einzigartig wie jeder Mensch unter allen hier lebenden Menschen ist, so einzigartig ist er auch sonst in der Schöpfung des Universums. Er ist durch nichts exakt zu kopieren und durch nichts zu ersetzen. Das macht unser Leben kostbar, bedeutungsvoll und zu etwas ganz Besonderem.

Kapitel 4 dreht sich um unser Kulturelles Gedächtnis. Wir Menschen sind mit einer einzigartigen Fähigkeit ausgestattet, der Fähigkeit, Verhaltensweisen und Wissen an die nächsten Generationen weiterzugeben. Schimpansen und ihre affigen Verwandten können das so nicht; sie müssten das Rad sprichwörtlich ständig neu erfinden – wenn sie es nur könnten. Bislang ging alles auffällig schnell mit der Menschheit. Der Mensch als soziales und kulturfähiges Lebewesen erlernte zunächst den Gebrauch von handfesten Werkzeugen – später den von komplexen geistigen Werkzeugen. Irgendwo dazwischen manifestierte sich die gesprochene Sprache, insbesondere als unabdingbares Medium des Kulturellen Gedächtnisses. Ist all das in uns angelegt, damit wir den Weg gehen konnten, der uns von der Höhle bis ins Weltall gebracht hat? Wenn das zutreffen sollte: Welcher Weg ist uns noch in Zukunft vorherbestimmt oder naturgemäß möglich? Dabei hat alles unter überschaubaren Umständen angefangen. Zwischen 800 v. und 700 n. Chr. entstanden die großen Philosophien und Religionen, mit denen wir bis heute leben – hier liegt einer der tiefsten Einschnitte der Menschheitsgeschichte. Die Vision einer Menschheitsfamilie tritt zum Vorschein mit nicht verhandelbaren, universalen Grundwerten, die für alle Menschen gelten. Soweit es den europäisch-amerikanischen Kulturkreis betrifft, können wir vom Vermächtnis der antiken, christlichen und aufgeklärten Tradition sprechen. Die erste Tugend dabei ist Verantwortung; Verantwortung für sich selbst, für die unmittelbare Umgebung, aber auch Verantwortung für die eigene Stadt oder Gemeinde, für das eigene Land und die eigene Gesellschaft. Und Verantwortung ist aktuell vielleicht wichtiger denn je. Manche Experten sprechen heutzutage bereits von einer »Triple-Krise« in Form von Artensterben, Klimawandel und Pandemien. Die Betrachtungsweise und Formulierung »Der Mensch und die Natur« sollte verschwinden. Zutreffender wäre wohl »Der Mensch in der Natur«. Der Mensch ist ein Teil der Erde – als Teil im Netz des Lebens.

Die Geschichte der menschlichen Zivilisation ist mit der Entwicklung des Geldwesens eng verbunden und zentraler Inhalt von **Kapitel 5**. Das Geld ist mehr als stummer Diener, es besitzt nämlich die Rolle eines Lenkers und Anregers für die menschliche Kultur – und zwar in höchstem Maße. Bahnbrechende Errungenschaften für die Menschheit, aber auch krisenhafte Fehlentwicklungen sind so möglich. Geld ist in jedem Fall der Geburtshelfer beim Fortschritt. Geld als evolutionäres Medium zu bezeichnen, trifft den Nagel auf den Kopf. Geld ist dabei selbst stets neutral. »Das Geld hat jene sehr positive Eigenschaft, die man mit dem negativen Begriff der Charakterlosigkeit bezeichnet.«* So drückt es der Philosoph und Soziologe Georg Simmel aus. Man kann mit Geld Lebensmittel oder Waffen kaufen. Das Geldsystem selbst funktioniert nur, wenn die Menschen daran glauben. Ketzerisch sarkastisch – und mit viel Augenzwinkern – könnte man sagen, dass es sich dabei also eher um eine Religion als um eine Wissenschaft handelt. Und von staatlicher Seite werden wir gezwungen, dieses Geld zu verwenden. »In der Tat dürfte der Umstand, dass Notenbanken quasi aus dem Nichts Geld schaffen können, vielen Beobachtern als etwas Überraschendes, Seltsames, vielleicht sogar Mystisches, Traumhaftes – oder auch Alptraumhaftes – vorkommen.« So drückt es Dr. Jens Weidmann, Präsident der Deutschen Bundesbank i. R. aus.** Vielleicht ist Geld sogar das mächtigste Werkzeug der Menschheit überhaupt, sicher jedoch hat Geld zur Befreiung des Individuums geführt. Allerdings gibt es hier auch im wahrsten Sinne des Wortes eine Kehrseite der Medaille in Form einer gefährlichen Schattenseite des Geldes. Diese kommt insbesondere dann zum Vorschein, wenn Geld die Leere ausfüllt, die aus dem Verlust persönlicher und religiöser Bindungen entstanden ist.

In **Kapitel 6** wird zunächst aufgezeigt, wie das »Schwarze Gold« eine neue Epoche der Menschheitsgeschichte ausgelöst hat – alles, womit wir heute leben und arbeiten, hat irgendwie etwas mit Erdöl zu tun. Das Öl hat eine neue Weltordnung geschaffen, die bis heute anhält. Die exzessive Nutzung von Erdöl wird als einer der Hauptgründe für den Klimawandel angesehen. Die Menschheit hat es geschafft, im Äquivalent gleich

---

* Simmel: *Philosophie des Geldes*, 1900, S. 213.
** Dr. Jens Weidmann, Präsident der Deutschen Bundesbank i. R., aus seiner Rede anlässlich des 18. Kolloquiums des Instituts für bankhistorische Forschung (IBF) in Frankfurt am Main am 18.09.2012.

mehrere »Vulkane« laufen zu lassen – in Dauerschleife. Es ist scheinbar typisch für uns Menschen, dass wir Maß und Balance nur schwierig einhalten können. Aber es stellen sich neue Fragen, wie: Bedroht die Digitalisierung das Menschsein? Unser persönlicher Datensatz, also das neue »schwarze Gold«, welches Google, Facebook und Co. gar so emsig an allen Ecken und Enden aufsaugen, wird zur existenziellen Bedrohung unserer individuellen Einheit, unserer personalen Integrität und damit zur Gefahr für unser Ich, für den Kern unseres Menschseins. Wir haben mittlerweile einen zweiten Schatten, er ist digital. Er ist so messerscharf in der Darstellung unserer Persönlichkeit durch unser Nutzerverhalten, dass nicht selten inzwischen von einer digitalen Identität gesprochen wird. Die aktuelle industriell-digitale Revolution hat uns dabei selbst als Produkte entdeckt. Unsere digitale Identität ist als Massenprodukt geschaffen worden, von Google, Facebook, Amazon und Konsorten. Wir sind die Kunden; und die Produkte sind – wir selbst. Die gigantischen Kräfte der Künstlichen Intelligenz, des Überwachungskapitalismus und des Digitalismus müssen gezähmt werden. Sie müssen auf eine Art und Weise gezähmt werden, dass sie die menschliche Freiheit unterstützen und fördern. Die Menschheit wird ihr eigenes Potenzial vervielfachen. Der Mensch muss dabei aber stets selbstbestimmt und frei bleiben. Es geht also um den Grundsatz, vom Individuum her auf das Kollektiv zu denken, und nicht umgekehrt. Individualrechte und Partikularrechte sind die Wiege der Demokratie, der Freiheit, der Zivilisation und somit unzähliger Innovationen. Eine schrittweise Auflösung der Individualrechte, indem wir die Kontrolle über uns abgeben, weil es bequem ist, birgt die Gefahr des Verlusts von dem, was uns als Zivilisation ausmacht: freie und selbstbestimmte Menschen in kooperativer Verantwortung.

Das Thema: »Wann ist die Maschine ein Mensch« bewegt die Menschheit schon so lange, dass sie in unser kulturelles Denken unauslöschlich übergegangen ist, und es ist das Kernthema von **Kapitel 7**. Ein menschliches Gehirn besteht zu rund 90 Prozent aus Flüssigkeit; man könnte es also als einen »denkenden Wasserkrug« bezeichnen. Der denkende Wasserkrug ist das größte Mysterium, das wir kennen, und wir tragen es ständig mit uns herum. Der Sprung von einfachen Mechanismen wie Reflexen und anderen Grundfunktionen des Körpers zu höchsten Gedankenleistungen und Gefühlswelten ist so komplex, dass wir sie nicht darstellen können. Wenn wir also in einschlägigen Medien lesen, das Gehirn stehe kurz davor, entschlüsselt zu werden, ist das nur eines: vollkommen falsch! Auf der Grundlage der komplexen raum-zeitlichen Geometrie der sogenannten »unbelebten« Natur hat sich das Leben nach bestimmten Gesetzen entwickelt. So sieht es bereits die biblische Tradition, so sahen es die griechischen Naturphilosophen, so sahen es Theologen des Mittelalters und so sehen es die Wissenschaftler in der heutigen Zeit. Diese Geometrie bildet die Voraussetzung für den hoch geordneten Ablauf Tausender biochemischer Reaktionen, die in der Synthese der DNA und der sie enthaltenen Chromosomen gipfeln, der komplexesten Moleküle in unserem Universum und Informationsträger von Leben und Entwicklung. Ein wesentlicher Schritt zur Erkenntnis dieser Komplexität war die kurz nach Goethes Tod gemachte Entdeckung, dass alle Lebewesen aus einzelnen Zellen aufgebaut sind. Die Zahl der verschiedenen synthetisierten Verbindungen in einer einzigen Zelle umfasst mehr Stoffe als die gesamte Produktpalette der BASF, des größten Chemiekonzerns der Welt. Alle Menschen sind biologisch-technische Meisterwerke, deren Genialität wir nur ansatzweise begreifen können. Und das Beste ist, dass wir alle einzigartig sind. Doch ist diese in sich geschlossene Abgeschiedenheit des menschlichen Denkens das Beste an sich, denn der Gewinn ist nichts Geringeres als die Individualität.

In **Kapitel 8** wird der Frage nachgegangen, ob der Mensch eine »unsterbliche Maschine« werden könnte und was es generell mit dem ewigen Leben auf sich hat. Bereits vor über 150 Jahren kam Goethe in der Erstausgabe von *Nature* – heute eine der einflussreichsten Zeitschriften im Bereich der Naturwissenschaften – als hochberühmter Naturforscher zu Wort. Eine der dabei enthaltenen Maximen sagt, die Natur sei »ewiges Leben, Bewegung und Entwicklung«, und eine andere: »Leben ist ihre schönste Erfindung, und der Tod ist ihr Kunstgriff, viel Leben zu haben«. In der heutigen Zeit, die geprägt ist durch den Jugendlichkeitskult der modernen Gesellschaft und die Tendenz, den Tod zu verdrängen, erscheint diese fast positive, jedenfalls gelassen wirkende Einstellung zum Tod sehr merkwürdig. Weder wollen wir an die Endlichkeit des Lebens erinnert werden noch sind wir bereit, sie anzuerkennen, und wir entwickeln mitunter absurde Fluchtmechanismen. Die Kenntnis über den Tod gehört aber zum Erwachsenwerden dazu. Heute wissen wir dank der modernen Strukturbiologie, dass eines der wesentlichen Geheimnisse des Lebens tatsächlich die fast kristalline Ordnung der einzelnen Moleküle, Makromoleküle und der aus ihnen gebildeten »biomolekularen Maschinen« ist. Die höchst verwickelten und höchst dynamischen Lebensvorgänge, die sich aus der Interaktion der Moleküle im Inneren der Zellen und zwischen den Zellen eines Organismus ergeben, sind das große Zukunftsthema der Biowissenschaften des 21. Jahrhunderts, der »Systembiologie«. Derzeit beginnt in den Lebenswissenschaften diese Erweiterung vom Molekül zum System, vom Kristall zum Menschen, vom Teil zum Ganzen. Auf diese Weise wird es möglich werden, unser Wissen von den Molekülen und den vielfältigen biochemischen Reaktionen in ein geistiges Bild der materiellen Grundlagen des Lebens zu integrieren.

Es ist eine Ironie der Geschichte, dass die Fragmentierung der heutigen postmodernen Wissenschaften immer stärker den Bedarf offenbart, im Sinne Goethes ganzheitlich zu denken – davon handelt **Kapitel 9**. Die Epoche um 1800 stellt einen Umbruch in der Geschichte der Wissenschaft und der Konzepte der Natur dar: In den Vordergrund der Forschung treten Fragen der Organisation des Lebendigen, insbesondere in seiner Beziehung zu den physikalisch-chemischen Grundgesetzen, aber auch mit ihren religiösen, philosophischen und ethischen Implikationen. Wenn in einer radikalen Konsequenz der gesamte Organismus – das heißt die Vielheit der Zellen – nur als eine große Ansammlung von »Reagenzgläsern« aufgefasst wird, besteht die Gefahr, dass ein humanes Bild des Menschen infrage gestellt wird. Betrachtet man das Konzept des lebendigen Organismus als System, dann stellt dieses System – bezogen auf seine Größe – das komplexeste Gebilde unseres Universums dar. Goethe hat die Naturwissenschaft herausgefordert, er wollte sie als ganzheitlich verstehen: Wie sie wirkt und was sie bewirkt. Heute, da unsere Erkenntnisse immer tiefer und gleichzeitig vielfältiger werden, sind Universalgelehrte wie Goethe kaum noch vorstellbar. Wer hat heute schon die Kapazitäten, von der Philosophie über die Astronomie und Mathematik bis hin zur Quantenphysik mitreden zu können? Der Unwille, zu wagen zu denken, scheint in vielerlei Aspekten in unserer Gesellschaft tief verankert zu sein. Wissenschaft ist immer auch Austausch und Diskurs. Wer diskutiert, muss bereit sein, Erkenntnisse zu erlangen, die einem selbst klarmachen, dass man unrecht hat und eventuell sogar gescheitert ist. Wer nicht diskutiert, Wahrheiten infrage stellt, wird die Wahrheit über das eigene Scheitern jedoch vermutlich niemals erfahren. Grundsätzlich: Hier ist das Aufeinanderzugehen der Naturwissenschaften und der Geisteswissenschaften, die einstens Humaniora hießen und noch heute in der angelsächsischen Welt sinnvoller Humanities genannt werden, mehr denn je gefragt. Die beiden Kulturen müssen wieder zusammenkommen, und dafür mag der Name Goethe vorbildlich sein.

Wie können diese Sphären zusammengebracht werden? Im **Kapitel 10** geht es insbesondere auch um Einbeziehung aller Perspektiven, ohne den Standpunkt zu verlieren oder unverbindlich zu sein. Wir verfügen über alle Informationen, die wir brauchen, können diese aber nicht verbinden und anwenden, weil uns das Bewusstsein dazu fehlt. Wie kann dafür ein Bewusstsein entwickelt werden? Perspektivenwechsel fanden schon immer in der Menschheitsgeschichte statt, die Herausforderung heute ist allerdings, nicht eine Perspektive die vorherige ablösen zu lassen, sondern alle möglichen Perspektiven einnehmen zu können, um dann durch Zusammenschau die richtige Lösung zu erkennen. Die Menschen nahmen im Laufe der Zeit ihr Schicksal selbst in die Hand, indem sie mittels Vernunft, die jedem Menschen innewohnt, sich und die Welt erklären. Mit dem Schritt der Objektivierung und der rationalen Reflexion war zwar die Eigenverantwortung geboren, aber sie stellte auch eine Trennung von einer Ganzheit dar. Und seit dieser Trennung, die im Laufe der Jahrtausende immer größer wurde, entwickelte sich bei den Menschen die Sehnsucht nach Einheit. Dieser Vorgang allerdings trug zur Entwicklung des Bewusstseins bei. Karl Jaspers beschreibt ihn als geistigen Entwicklungsprozess, der den bewussten und reflektierten Menschen hervorbrachte, mit dem wir bis heute leben. Die rationale Welt- und Seinsdeutung ist dabei die philosophische Methode, denn dabei wird versucht, die Welt und ihre Ursache zu erklären. Die Mystik hingegen stellt einen überrationalen, deshalb geheimnisvollen Weg dar, die Ursache des Seins zu erfahren. »Lernen ist Erfahrung. Alles andere ist einfach nur Information.« So hat es Albert Einstein ausgedrückt. Kann die Auflösung aller Perspektiven erfahren werden? Das Staunen beschreibt das Ergriffensein, das Zurücktreten vor etwas rational Ungreifbarem, es geht einher mit Affektivität, und in diesem Moment, wo scheinbar die Zeit stillsteht, findet Erfahrung statt. Das Staunen steht am Anfang jeglicher Erkenntnis.

Der letzte Abschnitt ist als beispielhafter **Exkurs und Denkanstoß** aufzufassen: Neben dem Begriff »Humanismus« taucht im Laufe der Geschichte immer wieder ein Phänomen auf, das »Freimaurer« genannt wird. Freimaurer werden mit der Aufklärung und der Entstehung der Demokratie in Verbindung gebracht. Aber ihr plötzliches Auftauchen muss überhaupt nicht bedeuten, dass hier etwas Neues entstanden ist. Wann, wie und wo die ersten Freimaurer sich ihren Namen gaben und Logen* bildeten, lässt sich bis heute schlussendlich nicht genau belegen, ist aber auch nur nachgeordnet von Bedeutung. Die Freimaurerei, oftmals auch als Königliche Kunst bezeichnet, versteht sich als ein ethischer Bund freier Menschen mit der Überzeugung, dass die ständige Arbeit an sich selbst zu Selbsterkenntnis und einem menschlicheren Verhalten führt. Die fünf Grundideale der Freimaurerei sind dabei Freiheit, Gleichheit, Brüderlichkeit, Toleranz und Humanität. Der Begriff »Königliche Kunst« ist aber nicht durch die Freimaurerei allein belegt. Vielmehr finden wir ihn erstmalig bei Platon als *basilikê technê*, der damit die Philosophie, die Liebe zur Weisheit, meinte. Und so sehen wir bei genauerem Hinschauen bei

---

* Der Begriff »Loge« bezeichnet sowohl den Zusammenschluss von Freimaurern in einer örtlichen Organisationsform (meistens als Verein) als auch den Raum im Ritual oder das Logenhaus.

den Freimaurern auch viele Hinweise und Verbindungen zu den Schlaglichtern des freien Denkens, der jahrtausendealten Idee von Freiheit und Menschenwürde. »Freimaurerei war immer« – das sagte schon der Dichter Gotthold Ephraim Lessing. Wenn man Lessings Gedanken folgt, dann ist »Freimaurerei« nicht nur immer gewesen, sondern sie ist zeitlos. Also auch eine Methode für die Zukunft?

KAPITEL I

DIE MENSCHHEIT MACHT EINEN SPRUNG

»Whoopee!«

MIT DIESEM AUSRUF BETRAT APOLLO-ASTRONAUT CHARLES »PETE« CONRAD JR.
AM 19. NOVEMBER 1969 ALS DRITTER MENSCH DEN MOND.

A. TOLLKÜHNE ASTRONAUTEN IN IHREN FLIEGENDEN KISTEN

Es rüttelte, schüttelte, war laut, stickig, eng und schummrig. Es gab keine Sitze, sondern man musste sich irgendwo festhalten. Die Wände, die vor dem sicheren Tod durch das Vakuum des Weltalls schützten, konnte man mit einem Schraubenzieher einfach durchbohren. Die Armaturen waren voller Knöpfe und Lämpchen, ein falscher Tastendruck konnte ins Verderben führen. Sollte ein Landebein defekt sein, gab es keinen Ersatz und man würde auf immer und ewig stranden. Und zu allem Überfluss lebte man nun schon mehrere Tage auf engstem Raum, ohne Möglichkeit, sich ordentlich zu waschen, bei dürftiger Belüftung. Auch die in Tuben gepackte Verpflegung war nicht das, was man sich beim Bioladen um die Ecke wünscht. Am besten aß man nicht zu viel von dem Zeug, denn eine richtige Toilette gab es auch nicht im Raumschiff.

Kurzum: In der Mondlandefähre der Apollo-Missionen war es nicht besonders gastlich. Wer diese Arbeit machte, war einer der Besten überhaupt und musste verdammt starke Nerven haben, um alles gut über die Bühne zu bekommen. Professionalität musste an oberster Stelle stehen. Nur wer eine harte und bedingungslose Ausbildung hinter sich gebracht hatte, war überhaupt in der Auswahl für einen Job, bei dem die lebendige Heimkehr alles andere als sicher war. Monatelanges Training, Tausende Seiten Handbücher, Geologieunterricht, technische Abhandlungen und unzählige Stunden im Simulator waren nur ein Teil dessen, was es zu absolvieren galt, um ein solcher renommierter und anerkannter Profi zu werden.

Die Frage lautet: Was für ein Mensch muss man sein, um sich an die Spitze einer mehrere Millionen PS starken Rakete zu setzen und zu denken »wird schon schiefgehen«? Man muss wagemutig sein, optimistisch, vielleicht auch ein wenig ignorant, selbstherrlich und überheblich. Doch waren und sind Astronauten keine Draufgänger, sondern Menschen, die das verkörpern, was in der Raumfahrt steckt. Damals wie heute arbeiten viele Tausend Menschen an dem Traum der Menschheit, unseren Planeten zu verlassen und nach den Sternen zu greifen. Die Technik dahinter ist so komplex, dass es eben nicht mal einfach so geht, wie einen Flughafen in Berlin zu bauen. Die Raumfahrt und die Naturgesetze erlauben so gut wie keine Fehler. Und der Weg zum Mond war steinig und voller Rückschläge. Die Technik dafür wurde in Rekordzeit auf der Erde und im Weltraum entwickelt. Sie war so kompliziert, dass zu Beginn eher von Rückschlägen als von Erfolgen die Rede sein konnte. »Kaputnik« spottete die amerikanische Presse über die ständig explodierenden Weltraumraketen, welche die Astronauten eines Tages in den Weltraum bringen sollten. Wer also würde sich freiwillig einem solchen Risiko aussetzen?

Leidenschaft, Hingabe und Perfektion sind gefragt, um der Unbill des Weltraums zu begegnen. Verändern diese Herausforderungen und die Erfolge, die wir bei deren Bewältigung feiern, nicht nur die Menschheit, sondern auch das Menschsein? Die Erkenntnis, dass es nicht nur möglich ist, als Mensch Autos, Flugzeuge und Raumschiffe zu bedienen, sondern das Universum, seine Dimensionen und seine Naturgesetze zu erfassen, muss uns zu denken geben: Von Holzspeeren und der Entdeckung des Feuers bis hin zur Landung auf dem Mond ist beachtlich wenig Zeit vergangen. Je weiter der Weg führt, desto mehr wird er uns verändern und offenbaren, was in der Menschheit noch alles veranlagt ist. Offensichtlich ist es tief in uns verwurzelt, nicht auf der Stelle zu verharren. Neben den genannten Vorzügen, die ein Astronaut in seiner Veranlagung haben sollte, um zu bestehen, kann Humor nicht schädlich sein – und die Besatzung von Apollo 12 hatte diesen zweifellos. Sie hatte ihre ganz eigene Art und Weise, mit der Verantwortung umzugehen, eine milliardenschwere Rakete im Cockpit des Raumschiffs zu bedienen.

»Ich bin bei dir, Babe,« ließ Alan Bean verlauten, als er und sein Kommandant, Pete Conrad, mit dem Landeanflug auf den Mond begannen. Er hatte allerlei liebevolle Kosenamen für seinen Kommandanten ausgeheckt, und die ganze Welt konnte es mithören. Was Teamgeist, Freundschaft und Spaß im Job bedeutete, trieb die Verantwortlichen der NASA mit Sicherheit nicht selten zur restlosen Verzweiflung. Die Astronauten der Apollo-12-Mission zeichneten sich im Umgang miteinander vor allem durch ihre saloppe und direkte Art aus. Wenige Sekunden nach dem Start von der Erde wäre die Rakete aufgrund gleich zweier Blitzeinschläge beinahe abgestürzt, was die Crew bis zum Einschwenken in den Erdorbit mit unflätigem Fluchen und nervösem Gelächter quittierte. Einige der derben Funksprüche von Pete Conrad würde man heutzutage wohl vorsichtshalber zensieren. Die drei Astronauten zeigten, dass sie zu keiner sakralen Mission auf dem Weg waren, sondern dass sie Menschen aus Fleisch und Blut waren, die verdammt noch mal fluchen und frotzeln durften, wenn ihnen danach war. Und im Raumschiff waren sie die Chefs, nicht die Bodenstation.

Die zweite Landung auf dem Mond wurde 1969 weltweit in Fernsehen und Radio übertragen. Als Conrad nach dem erfolgreichen Aufsetzen auf der Oberfläche die Luke öffnete und die Leiter der Mondfähre hinabstieg, wartete die gespannte Menschheit darauf, welche geschichtsträchtigen und eindrucksvollen Worte der dritte Mensch auf dem Mond bei seinem ersten Sprung von der Fähre auf den Boden des Erdtrabanten von sich geben würde. Und er enttäuschte niemanden: »Whoopee!«, rief Conrad. Er hatte damit eine Wette gewonnen. »Juchhu« – zu Deutsch. Er hatte schlichtweg einen unfassbaren Spaß. Den Landepunkt der Fähre nannte er, bescheiden wie er war, schlichtweg »Pete's Parkplatz«. In den kleinen Handbüchern, welche die Astronauten während ihres Mondspaziergangs an den Ärmeln ihrer Raumanzüge angebracht hatten, fanden sich zwischen geologischen Anweisungen Bilder von leicht bekleideten Pin-up-Girls mit zweideutigen Arbeitsanweisungen. Ihre Freunde hatten sie für die beiden dort hineingeschmuggelt. Es war keine Seltenheit, dass Astronauten unerlaubte Gegenstände mit auf ihre Reisen nahmen, ein Stück weit wohl auch, um sich ein wenig ihres subversiven und unbeugsamen Geistes zu erhalten. In der routinemäßigen Quarantäne, in die man Astronauten vorsichtshalber verlegte, nachdem sie auf der Mondoberfläche waren, trugen die Männer von Apollo 12 lustige Kinder-Baseballmützen mit Propellern. Beinahe, so wird berichtet, wäre ihnen das beste Selfie der Menschheitsgeschichte auf dem Mond gelungen, hätte Alan Bean nicht den heimlich organisierten Selbstauslöser für die Kamera verbummelt.

Doch sollte man sich nicht täuschen lassen: Conrad und seine Kollegen waren Vollblutprofis, studierte Experten, die auf unzählige Stunden hinter dem Steuerknüppel von Kampfjets und Testflugzeugen blicken konnten. Nicht wenige Astronauten des Apollo-Projekts waren teilweise promovierte Ingenieure und Fachleute, die nicht nur die Höllenmaschinen hin- zum Mond und zurückbrachten, sondern als Experten maßgeblich an der Entwicklung der Technik beteiligt waren. Hinter dem Witz und dem Charme des Teams von Apollo 12 standen Hingabe und Profession, welche die Mission zu einem revolutionären Erfolg machten. Nicht umsonst wurde Pete Conrad in seiner Karriere zu einer internationalen Weltraumlegende. Die NASA verlangte viel von ihren Astronauten: Neben der knallharten Ausbildung waren Teamgeist, Individualität und Selbstbestimmtheit zwingend gefragt. Denn spätestens auf der Rückseite des Mondes ist man mutterseelenallein auf sich selbst gestellt. Und gerade dieses Konzept führte das Apollo-Programm bis zum Mond und zurück – Katastrophen, Unfällen, Missgeschicken und Technikpannen zum Trotz.

Der bahnbrechende Erfolg der Apollo-12-Mission hatte vielerlei Gründe. Im Gegensatz zur ersten Mondlandung kam rechenstarke Computertechnik zum Einsatz, die beinahe eine Punktlandung am Zielort ermöglichte und somit vollkommen neue Standards der Raumfahrt und der Technik allgemein setzte. Mit dem Abwenden der vollkommenen Katastrophe direkt beim Start hatten die Astronauten gezeigt, dass sie trotz aller Schwierigkeiten und Unklarheiten die komplexeste Maschine im Griff hatten, die bis dahin gebaut worden war. Die Meisterleistungen jener Tage können heute gar nicht hoch genug eingestuft werden, da quasi jede Entwicklung eine Pionierleistung auf unbekanntem Gebiet war. Und diese Pionierleistungen haben ihre Spuren hinterlassen, nicht nur auf dem Mond, sondern ganz gewiss auch auf der Erde und in uns Menschen selbst.

B. TECHNIK, DIE BEGEISTERT UND JEDEN VON UNS VERÄNDERT

Der Mensch verändert sich zwangsläufig durch die Technik, die er einsetzt. Egal, wie individuell und eigenständig wir sind, stets bleiben wir ein Produkt unserer Umwelt und unseres Umfeldes. Wer gesund und reich geboren wird, hat nach wie vor bessere Chancen im Leben, es zu Wohlstand, Bildung und Anerkennung zu bringen, als ein anderer, der in weniger glücklichen Umständen auf die Welt kommt und aufwächst. Doch auch die Technik verändert uns. Wir kommunizieren anders als vor 60 Jahren, als die Mondlandefähre noch mit einem Computer ausgestattet war, der heute bei keinem Smartphone mehr ausreichend wäre. Auch leben wir in vollkommen anderen räumlichen Umständen als unsere Vorfahren.

> Heutzutage ist es in vielen Regionen der Welt einfacher, an ein Smartphone zu kommen als an sauberes Trinkwasser.

Früher war die Eisenbahn ein aufregendes, waghalsiges und unsicheres Geschäft. Ihre Ausbreitung dauerte Jahrzehnte, und doch revolutionierte sie die Industrialisierung, das Reisen, die Wirtschaft und den kulturellen Austausch. Die Welt wurde kleiner, doch in nachvollziehbarem und vergleichsweise gemächlichem Tempo. Das Automobil revolutionierte die Fortbewegung noch schneller als die Dampfmaschine. In Rekordzeit wurden Städte und Orte angepasst, um Raum und Platz für diese neue Form der Mobilität bereitzustellen. Der Mensch geriet immer mehr ins Hintertreffen. Die Menschen wurden durch die Dampfmaschine und die Eisenbahn mit neuen räumlichen, sozialen und wirtschaftlichen Strukturen konfrontiert.

Doch die Geschwindigkeit, mit der dieser Wandel vonstattenging, beschleunigte sich. Mit dem Ersten Weltkrieg begann ein noch nie dagewe-

sener Technikschub. Flugzeuge wurden binnen weniger Jahre von toll-
kühnen Klapperkisten zu gefährlichen Waffen entwickelt. Während man
wenige Jahre vorher noch zu Pferd ins Feld zog, wurden Soldaten nun
mit Lastwagen und Panzern an die Front geschickt, um dort um ihr Leben zu kämpfen. Der technische Fortschritt verlor spätestens mit dem
Ersten Weltkrieg seine Unschuld, indem er in seinen »Materialschlachten«
den Soldaten das Menschsein de facto absprach. In einem bis dahin völlig unbekannten Maße zeigte sich das Talent der Menschen, sich gegenseitig so fortschrittlich wie möglich und mit der besten Technik, die zu
haben war, umzubringen.

Dass Krieg Innovationen mit sich bringt, haben die Weltkriege schreck-
lich und beeindruckend zugleich unter Beweis gestellt. Der Innovations-
schub, der nun ausgelöst wurde, hat sich seitdem potenziert und hält bis
heute an. Von Teebeuteln über Schokoriegel bis hin zu Impfungen, Ra-
ketentriebwerken und Computern – all das hat das Leben in einem atemberaubenden Tempo verändert. Das läutete eine vollkommene Veränderung des Menschseins ein. Arbeiten, Leben, Reisen, Heilen, all das und
mehr wäre ohne diese Erfindungen ganz anders.

Die Raketentechnik, die das Team in Peenemünde um Wernher von
Braun für Hitler entwickelte, war dem Rest der Welt um Jahrzehnte voraus, was die Ingenieure nach dem Krieg zu begehrten Fachleuten
machte, Nazi-Vergangenheit hin oder her. Von Braun und seine Leute
waren so innovativ, dass bis heute die verrücktesten Verschwörungstheorien darüber kursieren, welche Wunderwaffen das Regime angeblich
noch in petto hatte. Von Ufos bis hin zu geheimen Basen wird dem grau-
samen, doch eigentlich vollkommen inkompetenten und korrupten Regime so einiges zugetraut.

Kein Wunder also, dass sowohl die Sowjetunion als auch die Vereinigten Staaten diese Technik wollten. Mit der Entwicklung der Atombombe
wurde die schrecklichste Bedrohung, die wir bis heute kennen, Wirklichkeit: Mit Atomwaffen bestückte Raketen können jeden Punkt der Welt in
wenigen Minuten erreichen. Eine seit dem Ende des Kalten Krieges eigentlich vergessene Angst ist heute wieder zurückgekehrt und stellt un-

ser sicher geglaubtes Leben abermals auf den Kopf. Die Raumfahrt, wie wir sie heute kennen, war kein Selbstzweck. Salopp gesagt ist sie Huckepack geritten auf dem Rennen, wer die besseren Atomraketen entwickelte – und zufällig war die russische Rakete stark genug, um Juri Gagarin 1961 als ersten Menschen überhaupt in den Weltraum zu bringen. Kaum zu glauben: Da die Amerikaner bereits Jahre zuvor leichtere Atombomben entwickelt hatten als die Sowjets, waren die entsprechenden Raketen anfangs weniger leistungsstark konzipiert worden – warum sollte man auch teure Technik verschwenden? So war man den Russen einfach eine Nasenlänge hinterher, wenn es um leistungsfähige Triebwerke ging.

Mit Sputnik 1 wurde am 4. Oktober 1957 der erste Satellit der Menschheit in den Erdorbit gestartet. Der Satellit selbst war alles andere als beeindruckend. Eine zugegebenermaßen geschmackvoll entworfene Kugel aus Titan und Aluminium, mit Antennen, Batterien und zwei Funksendern – mehr war unter dem enormen Druck und der gebotenen Eile nicht machbar gewesen. Etwas anderes als einen andauernden Piepton gab Sputnik nicht von sich, bevor er nach einigen Monaten ostentativer Präsenz beim Wiedereintritt in die Erdatmosphäre verglühte. Die Botschaft der Sowjetunion an die Welt hingegen war mehr als beeindruckend – und schockierend, insbesondere für die Vereinigten Staaten. Spätestens mit Sputnik 2, an Bord die unglückliche Hündin Laika, war klar: Anstelle eines auf Hochglanz polierten Satelliten würde man schon bald Wasserstoffbomben an die Spitze der Raketen setzen können und jeden Winkel der Vereinigten Staaten und ihrer Alliierten in Angst und Schrecken versetzen. Die Sowjets hatten die Amerikaner bei der Atombombe und bei der Wasserstoffbombe eingeholt und nun bei der Raketentechnik sogar überholt. Sie hatten ihre technische Überlegenheit demonstriert, die westlichen Verbündeten der NATO hatte den feindlichen Raketen damals anscheinend nichts Vergleichbares entgegenzusetzen. »Wir werden sie wie Würstchen herstellen«, hatte der Chef des Sowjetstaates, Nikita Chruschtschow, über die massenhafte Herstellung seiner Raketen gewitzelt und damit die Urangst des Westens vor der völligen nuklearen Vernichtung im Kern getroffen.

Chruschtschow war nicht nur ein einmaliger Rhetoriker, sondern auch ein intelligenter Stratege. Nur wenigen eingeweihten Experten dürfte klar gewesen sein: Das Ganze war eine Finte. Die Sowjetunion hatte gerade einmal zwei fertige Raketen, und von einem schnellen Einsatz im Krieg konnte keine Rede sein. Die Raketen waren zu groß, übermotorisiert und es benötigte Tage, sie zu betanken und startklar zu machen. Maß der Dinge war sowohl bei den Sowjets als auch bei den Vereinigten Staaten nicht etwa, wie man Satelliten in die Umlaufbahn bekommen sollte. Stattdessen überlegte man, was ein fertiger Atomraketensprengkopf wiegen könnte, und entwickelte in diesem Sinne die Raketen. Fertige Sprengköpfe gab es damals übrigens noch nicht. Es war also nicht nur die Geburt der Raumfahrt, sondern vor allem die der interkontinentalen Atomwaffen. Später sollte man von dem MAD-Prinzip sprechen, *mutually assured destruction,* sprich der gegenseitigen zugesicherten Vernichtung. Treffenderweise steht MAD für das englische Wort *mad,* zu Deutsch: irre.

Der Kalte Krieg war universell: Er fand in den Köpfen, zu Land, zu Wasser, in der Luft und eben auch im Weltraum statt. Mitunter kam es aus heutiger Sicht zu absolut bizarren Ideen. Geradezu ein Evergreen der Absurditäten war etwa der Vorschlag, einen Satelliten in eine Umlaufbahn zu bringen, der in der Lage sein sollte, andere Satelliten mit kleinen Geschossen zu zerfetzen. Kurzum: nichts anderes als eine überdimensionierte Weltraumschrotflinte. Glücklicherweise wurde eine solche nie eingesetzt, denn was einmal im Orbit herumfliegt, bleibt für länger dort oben und richtet jede Menge Ärger an. Tatsächlich jedoch wurden Satelliten eingesetzt, die Fotos auf Magnetfilmen speicherten, die mit kleinen Landekapseln zurück auf die Erde geschossen werden mussten, da man noch nicht in der Lage war, Fotos digital zu übermitteln. In der heutigen Zeit, in der wir belanglose Fotos und Videos bei jeder Gelegenheit über das Internet kommunizieren, geradezu unvorstellbar. Bis heute sind militärische Weltraumprogramme nur schwer nachzuvollziehen. Nichts Genaues weiß man nicht – was die Nationen in den vergangenen Jahren in den Erdorbit gebracht haben, bleibt ihr wohlgehütetes Geheimnis.

Die Technik für moderne Raketen stammt aus dem Dritten Reich, das zusammen mit dem Faschismus 1945 untergegangen ist. Die Techniker und Ingenieure jedoch, die im Küstenort Peenemünde an Hitlers geheimer »Vergeltungswaffe 2«, kurz V2, gearbeitet hatten, hatten überlebt und waren nun gefragte Leute. Die V2-Rakete war Tausende Male in London niedergegangen und hatte Terror verbreitet. Genau genommen war das ganze V2-Projekt vollkommener Wahnsinn, es band Ressourcen, kriegsrelevante Technik und kostete unzähligen Menschen in den Konzentrationslagern ihr Leben. Dennoch: Die V2 war die erste von Menschenhand geschaffene ballistische Rakete und war als erste Maschine überhaupt in die obere Atmosphäre eingedrungen. Alles, was die Menschheit bis heute in den Erdorbit jagt, beruht auf diesen Entwicklungen. Es war hier etwas entstanden, was die Siegermächte richtigerweise als technischen Quantensprung erkannten, der seiner Zeit um viele Jahrzehnte voraus war. Einen solchen vergleichbaren Vorsprung können wir uns heute gar nicht mehr vorstellen. Damals jedoch muss es ein regelrechter Horror gewesen sein, wozu Hitlers Regime technisch in der Lage gewesen war.

Sowjets und Amerikaner taten alles, um Baupläne und Experten in die Hände zu bekommen. Zu erschreckend war die technische Überlegenheit der Aggregat 4 (A4), der technische Name der V2, gewesen. Der Chefkonstrukteur der sowjetischen Raumfahrt war der Ingenieur Sergei Pawlowitsch Koroljow. Die Terrorherrschaft Stalins hatte ihm übel mitgespielt, nur knapp hatte er politische Verfolgung und Zwangsarbeitslager lebend überstanden. Direkt nach Kriegsende jedoch sollte er, nun im Range eines Obersts, alles untersuchen, was er über das deutsche Raketenprogramm in Erfahrung bringen konnte. Gesagt, getan: Knapp ein Jahr später kehrte Koroljow in die Sowjetunion zurück. Im Gepäck hatte er die Baupläne der V2 – mehrere Hundert deutsche Ingenieure und Techniker hatte er vorsichtshalber gleich mitgenommen. Jedoch konnte er die Deutschen nicht ausstehen und sorgte dafür, dass sie schon bald wieder nach Hause geschickt wurden. Ihr Wissen aber nutzte er. Sein Team baute die V2 nicht nur nach, sie entwickelten sie zu dem weiter, was die erste funktionsfähige, weltraumfähige Trägerrakete der Menschheit wurde. Koroljow war hartnäckig, zäh und ein hervorragender Projektmanager. Er war die Geheimwaffe der Sowjets, bis zu seinem Tode blieb seine Identität unter Verschluss – sehr zu seinem Widerwillen.

Koroljow war der Kopf der Bande, die den Sowjets Sputnik bescherte. Seine Idee war es auch, auf seine vollkommen übermotorisierte Rakete eine Kapsel mit einem Menschen zu setzen. Und so wurde Juri Gagarin, keine 20 Jahre nach dem Bau der V2 in Peenemünde, der erste Mensch überhaupt, der in die Erdumlaufbahn vorgedrungen ist. Zwar war alles automatisiert und er hatte herzlich wenig mehr zu tun, als aus dem Fenster zu blicken und sein Staunen kundzutun, aber eine großartige Leistung war es dennoch. Der sympathische und zurückhaltende Kampfpilot Gagarin wurde rasch zum sowjetischen Idol des Fortschritts und der Überlegenheit des Ostens über den Westen. Der Westen begegnete ihm mit entrüsteter Anerkennung: Die Amerikaner waren wieder zu langsam gewesen. Während Gagarin die Erde komplett umkreist hatte, konnten die USA nur Raketen vorweisen, die einen Menschen zwar nach oben brachten, aber nicht oben halten konnten – und das auch zunächst einmal nur in der Theorie. Ein Desaster für die Amerikaner und eine Bestätigung für Wernher von Braun, der schon lange darauf bestanden hatte, dass die amerikanische Weltraumbehörde ihm das Ruder in die Hand geben würde. Doch wer war Wernher von Braun, der als eine der kontroversesten Personen der neueren Technikgeschichte gilt?

Auch die Amerikaner hatten alles und jeden des deutschen Raketenprogramms, dessen sie habhaft werden konnten, über den Atlantik nach Hause verschifft. Im Gegensatz zu Koroljow hatten sie nicht nur die Techniker ergattert, sondern die führenden Köpfe der deutschen Raketenentwicklung, unter ihnen einen alten Bekannten, Wernher von Braun. Auch andere seines Teams waren über den Atlantik eingeflogen worden.

Als der Einmarsch der Sowjets in Deutschland bevorstand, waren die Wissenschaftler zunächst ins beschauliche Alpenvorland verlegt worden. Als sich die Gelegenheit bot, stellte man sich den einmarschierenden amerikanischen Truppen. Unter strengster Geheimhaltung hatte die US-Regierung die Ingenieure nach und nach aus Deutschland herausgeschleust. Ihre Familien mussten aber zunächst noch bleiben. Doch trauten die Amerikaner den deutschen Ingenieuren nicht über den Weg: Sie hatten schließlich Waffen entwickelt, die auf London gezielt hatten und die durch das Zwangsarbeitersystem der Konzentrationslager in Massen gebaut worden waren. Viele Tausend Menschen hatten beim Bau der Waffen ihr Leben gelassen. Von Braun war sogar Mitglied der Partei Hitlers und auch noch Mitglied der Allgemeinen SS gewesen, quasi der zivile Arm der SS, dem nicht selten prominente oder führende Köpfe aus der Wissenschaft beigetreten waren, um sich beim Regime beliebter zu machen.

C. DER MEPHISTOPHELISCHE ASPEKT DES FORTSCHRITTS

Wernher von Braun: Sein Traum war schon früh immer nur die Raumfahrt gewesen, doch war er letzten Endes ein Genie, das den Pakt mit dem Teufel eingegangen war. Als charismatische Persönlichkeit hatte er Hitler überzeugen können, ihm alles zu geben, was er verlangte – wohl wissend, dass die V2 militärstrategisch gesehen nutzlos war. Von Braun ging es um seine Forschung und Entwicklung, und er tat alles, um sich durchzusetzen. Dennoch galt er als schwierig, früh war er als Genie und Primadonna gleichermaßen bekannt. Er wusste um seine revolutionäre Kompetenz und spielte sie aus. Gleichzeitig gewann er rasch Freunde, integrierte sich immer stärker in die amerikanische Kultur. In den Verhören mit den amerikanischen Geheimdiensten machte er keinen Hehl aus seinen Verbindungen zu Hitler, das wäre auch nicht zu verheimlichen gewesen. Die amerikanische Gesellschaft interessierte sich nicht allzu sehr für die Vergangenheit eines Besiegten, und von Braun beließ es auch dabei. In öffentlichen Interviews spielten seine unrühmlichen Verbindungen ins Regime so gut wie keine Rolle.

In den Vereinigten Staaten wollte zunächst von staatlicher Seite dennoch niemand, dass er und seine Männer die Gesichter der amerikanischen Weltraumfahrt sein sollten. Doch wusste man, dass ihr Know-how unbezahlbar war. Auch die Sowjets hätten von Braun und sein Team gerne für sich gewonnen und hatten atemberaubende Angebote unterbreitet – vergebens. Die deutschen Wunder-Ingenieure hatten bereits unter einem Regime gedient und wollten ein zweites Mal keinen solchen Fehler begehen – auch weil sie wussten, wie die Sowjetunion mit deutschen Gefangenen umgegangen war.

Zunächst versuchte es das amerikanische Militär erst einmal auf eigene Faust, ohne die deutschen Ingenieure. Mit vielen Versprechungen und guten Vorsätzen ausgestattet, startete eine Rakete nach der anderen – und explodierte. Anstatt im Triumph zu enden, fielen sie als spektakuläre Funkenregen herab.

Letztendlich hatte es die Führungsspitze aus Militär und Politik buchstäblich satt und involvierte Wernher von Braun stärker in das Raumfahrtprojekt. Kriegsvergangenheit hin oder her: Schließlich hatte man die Nationalsozialisten besiegt und es ging um alles oder nichts. Und von Braun lieferte: Mit seiner Weiterentwicklung der V2 schaffte er schließlich das, was dem Militär nicht gelungen war, und startete den ersten amerikanischen Satelliten in den Weltraum, den Explorer 1. Kurz nach dem Erfolg von Gagarin entsandte die NASA mit von Brauns Rakete Alan Shepard als »ersten freien Menschen« ins Weltall. Zwar konnte von Brauns Rakete nicht mit der von Koroljow mithalten, aber mit Charme und einem hervorragenden Marketing wurde das Ereignis dennoch als Riesenerfolg dargestellt. Als Direktor seiner Abteilung wurden die deutschen Raketenwissenschaftler über Nacht zu amerikanischen Nationalhelden. Von Braun wurde eines der führenden Gesichter des amerikanischen Weltraumprogramms, sogar Walt Disney buchte ihn für seine Unterhaltungsprogramme. So quatschte von Braun Kennedy und seinen Leuten Dollar um Dollar ab und baute Stück für Stück eine größere Rakete nach der anderen – bis hin zur berühmten Saturn 5 (Saturn V) Rakete, die durchaus als modernes Weltwunder bezeichnet werden darf und bis heute ihresgleichen sucht. Ohne von Braun und seine penetrante Art, sich durchzusetzen, hätte die Mondlandung sehr viel länger auf sich warten lassen, wenn sie überhaupt möglich gewesen wäre. Nach Koroljows Tod 1966 wurden die technischen Defizite und die unzureichende finanzielle Ausstattung des sowjetischen Weltraumprogramms immer eklatanter, sodass das Projekt letztendlich heimlich eingestellt wurde. Das Wettrennen zum Mond war am Ende gar keines mehr.

Der Umgang mit von Braun und seinen Leuten zeigt, wie sehr das Menschsein zwischen Licht und Dunkel schwankt. Eine Technik, die vorgesehen war, um Tod und Verderben zu bringen, wurde von ihrem eigenen Chefentwickler nun dazu eingesetzt, die Träume von Jules Verne umzusetzen und Menschen auf den Mond zu bringen. Einem Todesengel gleichend ist der Mensch zu unglaublichen Taten und Gedanken in der Lage. Technik, die primär zur Massenvernichtung entwickelt und gebaut wurde, hat gleichzeitig die Welt in ein Erstaunen versetzt, welches das Menschsein bis heute prägt.

> Jeder Mensch, der heutzutage zum Mond hinaufsieht, weiß: Dort waren wir schon, und wir können noch mehr erreichen. Auch zeigt es auf eindrucksvolle Weise, wie sehr Fortschritt und Innovation nicht von kollektiven Gedankengängen und Handlungen abhängen, sondern von freien Individuen, die gemeinschaftlich handeln.

Um frei zu handeln, braucht man Vertrauen. Zwar zähneknirschend, aber bekommen haben von Braun und die übrigen an dem Projekt beteiligten Deutschen dieses Vertrauen dennoch. Es war ein vollkommen neues Denken, wie man innovatives Humankapital einsetzen konnte. Tausende Männer und Frauen in unzähligen Unternehmen waren damit beschäftigt gewesen, den Traum vom ersten Fußabdruck auf dem Mond wahr werden zu lassen. Eine ganze Nation wurde in ein Projekt integriert, das astronomische Kosten generierte, um wenige Astronauten auf den Mond zu bringen. Nie wieder in der Menschheitsgeschichte gab es eine derartige gesamtgemeinschaftliche Leistung. Die freigesetzte Innovationskraft hält bis heute an – so wanderten viele Programmierer der NASA später in die Wirtschaft ab und ließen sich in der Bucht von San Francisco nieder. Die Region sollte man später Silicon Valley nennen.

D. TECHNOLOGIE MUSS ALS GEHILFIN DES MENSCHSEINS VERSTANDEN WERDEN

Die Geschichte der Mondflüge ist eine Lehrstunde der Menschheit und des Menschseins, die wir niemals vergessen sollten. Eine Technik um ihrer selbst willen entmenschlicht das Geschehen ebenso wie eine Technik, die nur zur Zerstörung geschaffen wird.

Ein sogenanntes höheres Ziel, wie das der Mondlandung, wurde und wird immer unter Kritik geraten, und das zu Recht. Während wir es auf der Erde nicht schaffen, Armut, Hunger und Krankheit zu bekämpfen, müssen wir uns immer wieder die Frage stellen, welche Ziele schwerer wiegen: Humanität oder Fortschritt der Menschheit? Gleichzeitig dürfen wir nicht in Stagnation verfallen und komplexe Fragen allzu sehr vereinfachen. So kann Armut niemals nur mit Geld bekämpft werden, genau so wenig, wie wir den Hunger in der Welt besiegen, wenn wir nur ein bisschen weniger essen – ohne an unseren sonstigen Lebensumständen etwas zu ändern. In den Mittelpunkt all unseres gesellschaftlichen Handelns haben wir als »westliche Kultur« das Individuum gestellt. Die gleichwertige Anerkennung eines jeden Menschen als ebenbürtig führt zu Pflichten und Rechten. Sie schafft Freiheit, indem sie dem Einzelnen Grenzen aufzeigt – zum Schutz und Wohl seiner Mitmenschen und seiner selbst. Diese Grenzen müssen wir auch bei Technik und Innovation beachten. Der universelle und unbeschränkte Einsatz von Technik führt zu

Diktatur, Terror und Autokratie. Gleichzeitig müssen Menschen frei genug sein, um Technologie so einzusetzen und zu entwickeln, wie sie es für richtig halten – jedoch eben innerhalb der definierten Grenzen. Geplante Innovation ist ein Widerspruch in sich. Grenzenlose Innovation ist Anarchie. Wichtig ist vor allem eines: Technologie muss als Gehilfin des Menschseins verstanden werden und nicht als Massenkonsumprodukt oder Waffe. Wir müssen Technologie so einsetzen, dass wir sie meistern, ohne uns vom Menschsein loszulösen.

Mit den ersten Schritten auf dem Mond durch die Landung von Apollo 11 hatte die Menschheit einen Sprung gemacht, ganz so, wie es Neil Armstrong, als erster Mensch auf dem Erdtrabanten überhaupt, gesagt hatte. Gleichzeitig aber machte auch das Menschsein einen »Quantensprung«. Die Erkenntnis, dass der Mensch todbringende Technik einsetzt, um Unglaubliches zu leisten, ist für uns heutzutage absolut normal. Technologische Rekorde und Meisterleistungen nehmen wir immer seltener zur Kenntnis. Bis heute waren gerade einmal zwölf Menschen auf dem Mond. Dennoch hat sich das kollektive Gefühl, dass »wir« auf dem Mond waren, noch zu Lebzeiten dieser zwölf so sehr in unserem Denken und Handeln manifestiert, dass wir alle weiteren Innovationen und Leistungen immer wieder daran messen. Wir waren auf dem Mond, was kann daran gemessen also so schwer sein, zum Mars zu kommen? Krieg und Elend zu besiegen? Den Klimawandel zu stoppen?

> Die Mondastronauten repräsentierten als Individuen die gesamte Menschheit. Sie waren keine Maschinen, sondern absolvierten das größte Technikabenteuer der Menschheit, das wir bis heute kennen. Dabei waren sie nicht Schergen irgendeines Regimes, sondern freie Individuen, mit all ihren Stärken und Schwächen.

Dass der »Faktor« Mensch die Technik, die er geschaffen hat, nicht immer so ganz beherrscht, zeigte der vierte Mensch auf dem Mond, Alan Bean. Von ihm wird erzählt, dass er den heimlich mitgebrachten Selbstauslöser nicht mehr finden konnte; auch sollte er die erste Fernsehkamera aufstellen, die Live-Bilder und sogar in Farbe von der Mondoberfläche zur begeisterten und gespannt wartenden Welt senden sollte. Es wäre eines der größten medialen Ereignisse der Menschheitsgeschichte geworden. Bean jedoch soll vergessen haben, dass die Kamera sehr empfindlich war und niemals direkt ins Sonnenlicht gerichtet werden durfte, aber er tat genau das – versehentlich. Vielleicht hatte die Kamera auch während der wenig geruhsamen Reise gelitten. Wie auch immer, das Ergebnis war desolat, sehr zum Verdruss der NASA und der Fernsehmoderatoren. Seine Schusseligkeit zahlte ihm ironischerweise eine andere Kamera heim, die sich bei der Landung der Kapsel auf der Erde gelöst und ihn beim Herunterfallen beinahe erschlagen hätte. Bean wurde ebenfalls einer der bedeutendsten und hochdekoriertesten Astronauten aller Zeiten.

KAPITEL 2

REVOLUTIONÄRE GEISTER UND DER GRIFF NACH DEN STERNEN – WIR SIND ZURÜCK IM WELTRAUM

»Wenn ein Mensch zu anderen Himmelskörpern fliegt und dort feststellt, wie schön es doch auf unserer Erde ist, hat die Weltraumfahrt einen ihrer wichtigsten Zwecke erfüllt.«

Jules Verne

A. WO REVOLUTIONÄRE GEISTER ZU HAUSE SIND

Der französische Autor Jules Verne gilt nicht nur als einer der Begründer der Science-Fiction, sondern war das, was man einen revolutionären Geist nennen sollte. Der vor über 200 Jahren geborene Schriftsteller hatte so verrückte Ideen und Vorstellungen von moderner Technik, dass die Leute hin und weg waren von seinen Fantastereien. Nur wenige ahnten damals: Viele seiner angeblich irren Ideen sollten umgesetzt werden. Er hatte das Talent, den damals neuesten Stand der Wissenschaft zu adaptieren und in utopische Zukunftsvisionen umzuwandeln. In unzähligen Büchern, Aufsätzen, Kurzgeschichten und Bühnenstücken erschuf er eine schöne neue Welt von morgen, mit einem weisen, halb ernsten, halb amüsierten Blick auf die Menschheit, voller Abenteuer und Spaß. Er beeinflusste Generationen von Lesern. Und tatsächlich: Der Begründer der modernen Raketentechnik war als Kind nicht nur einer seiner begeisterten Fans, sondern wurde maßgeblich durch Jules Verne beeinflusst, sich der Wissenschaft zu widmen.

Im damaligen Hermannstadt, dem heutigen Sibiu in Rumänien, hatte Hermann Oberth buchstäblich eine zündende Idee: Nicht mit einer gigantischen Kanonenkugel, wie Jules Verne es vorhatte, schickte man Menschen ins Weltall, sondern mit einer Rakete. Genauer gesagt: mit mehreren hintereinandergeschalteten Raketen, die eine Einheit bilden. Seine Arbeiten bildeten die Grundlagen für die bahnbrechenden Entwicklungen der Ingenieure um Wernher von Braun und seinem Team. Alles, was wir heute in den Weltraum schießen, beruht auf Oberths Grundidee von mehrstufigen Raketen, die mit flüssigem oder festem Treibstoff betrieben werden. Als revolutionärer Geist stellte er außerdem bereits vor knapp 100 Jahren seine Vorstellung von Ionentriebwerken vor, die bei modernsten Weltraumprojekten zum Tragen kommen. Er formulierte außerdem die Grundlagen, die bis heute für die meisten Weltraummanöver gelten. Als Berater war Oberth stets gefragt, sodass er sogar am Filmklassiker *Frau im Mond*, einem Schwarz-Weiß-Film aus der Zeit zwischen den Weltkriegen, mitwirkte. Als der Film im Oktober 1929 im futuristisch geschmückten Ufa-Palast in Berlin uraufgeführt wurde, war unter den Gästen sogar Albert Einstein anzutreffen.

Wie auch Wernher von Braun gilt Oberth als umstrittener Charakter. Oberth hatte mit Überzeugung am Raketenprogramm im Dritten Reich mitgewirkt und hatte sich nach dem Krieg nur langsam von den Ideologien lösen können. Gemeinsam mit von Braun hatte er, unter falscher Identität, in Peenemünde an der Waffentechnik gearbeitet. Seine eigene Tochter war eine talentierte Raketentechnikerin gewesen, die bei den Arbeiten an einer der V2-Raketen von Brauns bei einem Unfall ums Leben kam. Licht und Schatten sind auch im Geiste des genialen Oberth nahe beieinander. Es zeigt abermals, wie schwer es ist, das Menschsein nicht aus dem Blick zu verlieren, wenn die Menschheit einen Sprung macht.

Die physikalischen Grundlagen der Raumfahrt von heute sind kaum anders als damals. Zugegeben: Die Technik ist raffinierter, die Digitalisierung weiter vorangeschritten und die schiere Zahl an Satelliten, die unseren Planeten umkreisen, ist atemberaubend. Wichtiger als die Technik ist heute die Kommerzialisierung. Das große Geld wird mit Daten gemacht, die dank Satelliten um den Globus rauschen. Das »New Space Age« ist der Sieg der Marktwirtschaft im Weltall. Der Markt dieser neuen Welt ist viele Hundert Milliarden Euro schwer – mit Potenzial nach oben. Während gerade in Deutschland, der Wiege der Raumfahrt, eher kleine Konzernabteilungen und mittelständische Start-ups in der Raumfahrt vor sich hin kleckern, wird in der Welt rangeklotzt, was das Zeug hält. Die bekannten Gesichter der Raumfahrt sind nur die Spitze des Eisbergs. In den Vereinigten Staaten entwickeln Unternehmen zukunftsweisende Raumfahrtprogramme, von denen man in Deutschland nicht einmal träumen kann. Nicht nur, weil weniger Geld vorhanden ist. Der Braindrain von Fachkräften aus Deutschland, also die Abwanderung spezialisierter und ausgebildeter Experten, ist dramatisch. Gute Leute werden überall gebraucht, und viele starke Volkswirtschaften wollen dafür bezahlen. Ein von Braun oder ein Oberth wären heute vermutlich nach dem Studium bereits in die Vereinigten Staaten ausgewandert.

Die revolutionären Geister von heute haben also die freie Wahl, wo sie ihrer Profession nachkommen wollen. So finden sich deutsche Ingenieure überall in der Welt. Gleiches gilt für Mediziner, Handwerker, Naturwissenschaftler und noch viele mehr. Dies soll jedoch keine Kritik sein, sondern eine nüchterne Feststellung: Die Globalisierung hat die Freiheit geschaffen, sich das Leben so gut zu machen, wie es geht.

> Wie ein Land aussieht, das seinen Bürgern die Ausreise nicht gestattet, haben wir in Deutschland bereits erlebt. Wie ein Land aussieht, das sich im Wettbewerb um die besten Köpfe und Geister behaupten muss, sehen wir gerade.

Fachkräfte wollen Geld verdienen. Sie wollen auch ihrer Profession nachkommen. Das gilt für das Handwerk und für Pflegekräfte genauso wie für Akademiker und alle anderen. Das Problem dabei ist: Eine Gesellschaft kann nicht nur aus Millionären bestehen. Diejenigen, die den Betrieb aufrechterhalten, sind nun mal auch die Müllmänner, die Kanalarbeiter, die Krankenschwestern, die Handwerksleute, die Kindergärtnerinnen und so weiter. Während sich Akademiker mit Chancengleichheit und Gerechtigkeit beschäftigen, können sich Krankenschwestern aus einem Krankenhaus in einer deutschen Großstadt das Leben in eben dieser nicht mehr leisten. Die Müllabfuhr muss manchmal den Unrat von Leuten wegbringen, die unter Umständen nicht einmal in der Lage sind, sauber ihren Müll zu trennen, während Letztere aber penibel auf ihre Ökobilanz achten. Ein in Deutschland inzwischen berühmtes Internetvideo eines Landwirts brachte es vor einigen Jahren auf den Punkt: Wir können nicht alle mit Latte Macchiato in einem Café sitzen und die nächste Dating-App entwickeln – es braucht Leute, die sich die Hände schmutzig machen. Gleichsam können wir nicht erwarten, gesellschaftliche Innovation zu erwirken, wenn wir uns nicht den Realitäten stellen: Gute Arbeit kostet, hochspezialisierte Arbeit kostet noch mehr. Die absolute Spitze ist selten, schwer zu bekommen und kann sich eigentlich aussuchen, wo sie arbeiten möchte. Während in Deutschland Raumfahrtingenieure oder auch Informatiker mit Verträgen auf Basis der öffentlichen Hand in Instituten arbeiten, verdienen sie in Amerika ein Vielfaches und können sich fachlich so richtig austoben. Außerdem: Warum finden sich so viele deutsche Handwerker in Dubai, Australien, Skandinavien, Amerika und Asien?

Revolutionäre Geister, verrückte Wissenschaftler mit bahnbrechenden Erfindungen: Sie wollen ein Zuhause, das sich auszahlt. Sie brauchen ein Umfeld, das sie fördert und fordert. Und damit unterscheiden sie sich in keiner Weise vom Rest der Gesellschaft. Die Möglichkeit, sich frei zu entwickeln, selbstbestimmt zu entfalten, das Beste aus sich herauszuholen, sich ein gutes und erfolgreiches Leben zu schaffen, das war und ist das große, das wichtigste Versprechen des Westens. Revolutionäre Geister wie Jules Verne sind nicht die Ursache freier Gesellschaften, sondern die Folge. Dafür spricht übrigens die deutsche Geschichte: Die erste funktionsfähige Rakete, die in der Lage war, in die oberen Bereiche der Atmosphäre vorzudringen, war die als Terror-Waffe der Nazis entwickelte V2 – ihr Vater: Wernher von Braun. Es kam dem Regime gar nicht in den Sinn, die Technik für die Forschung zu nutzen. Viel eher hätte man von Braun und einige seiner führenden Ingenieure beinahe exekutiert, als der Verdacht aufkam, dass sie nicht ganz bei der Sache seien. Konrad Zuses erster funktionsfähiger Universalrechner hatte im Regime ebenfalls keine Chance auf eine gewinnbringende zivile und universitäre Nutzung, er wurde ohnehin kurz vor Weihnachten 1943 bei einem Luftangriff zerstört.

Das Problem der freien Forschung und der freien Entwicklung ist heute nicht die Frage, in welchem Regime man lebt – zumindest im Westen. Es ist die Frage des Geldes. Eine Gesellschaft, die mehr Professuren für den Fahrradverkehr als für Raumfahrtsysteme unterhält, wird zur wünschenswerten Entschleunigung des städtischen Verkehrs beitragen, aber schon bald im Hightech-Bereich endgültig abgehängt sein. Gleichzeitig ist eine Gesellschaft, die sich nicht um die Zukunft des Planeten kümmern und nicht nachhaltiger wirtschaften möchte, ebenfalls zum

Scheitern verurteilt. Es gilt die Balance zu finden, den richtigen Rahmen zu schaffen und zu erkennen, was »Humankapital« eigentlich bedeutet: Es geht um nicht weniger als freie, selbstbestimmte Arbeit, um Wohlstand, Freiheit und Entwicklung zu erwirtschaften.

Dahinter steckt das Menschenbild, das unsere Kultur seit Jahrhunderten prägt. Jeder Mensch trägt einen göttlichen Funken in sich. Dieser Funke entzündet geistige und technische Revolutionen, die uns »zu den Sternen« tragen können.

B. AUFBRUCH IN EINE NEUE ZEIT – DIE FOLGEN DER MONDLANDUNG FÜR DEN INDIVIDUALISMUS

Leider vergessen viele von uns immer öfter, wie unglaublich weitreichend die Veränderungen sind, die das Apollo-Projekt für die Menschheit mit sich gebracht hat. Das Raumfahrtprogramm hat Technik notwendig gemacht, um auf den Mond zu kommen, die wir heute täglich einsetzen. Ohne Raumfahrt und andere technisch-wissenschaftliche Großprojekte gäbe es kein weltumspannendes Internet, keine Satelliten, keine Solarzellen, keine Wasserstoffzelle, keine Mobiltelefone, keine integrierten Schaltkreise und schon gar keine Computer, die wir mit uns herumtragen können. Vor allem letzterer Aspekt kann gar nicht genug hervorgehoben werden. Der Grund: Solche Großprojekte sind geeignet, die Aktivitäten vieler Tausender Menschen aus Wissenschaft, Ingenieurwesen, Wirtschaft und Politik in kooperativer Weise zu bündeln.

Heute mag der Staat Kalifornien in den Vereinigten Staaten große Probleme haben – Millionen können oder wollen sich das Leben dort nicht mehr leisten und wandern in andere Staaten aus. Der Grund dafür ist unter anderem bei den großen Softwareunternehmen zu finden, die ganze Landstriche beherrschen und aufgrund der hohen Gehälter die Preise so sehr in die Höhe getrieben haben, dass den »einfachen Menschen« nichts mehr im Portemonnaie übrig bleibt. Das ist die Kehrseite ungebremster Innovation. Und doch sollten gerade wir Europäer nicht mit Häme diese Entwicklung kommentieren, denn Kalifornien ist eine der größten Volkswirtschaften der Welt und beherbergt die teuersten und erfolgreichsten Unternehmen der Welt – in Deutschland ist mit Abstand nichts Vergleichbares zu finden.

Den Ursprung dieses geradezu märchenhaften Reichtums findet man beim Apollo-Projekt und anderen großen Programmen. Die Ingenieure und Softwareentwickler der NASA suchten nach ihren erfolgreichen Projekten neue Anstellungen und Perspektiven. Und so gründeten sich im Silicon Valley immer mehr Unternehmen und Dienstleister, die mit Computern ihr Geld verdienen – sie nutzten den Standortvorteil, der bereits kurz nach dem Zweiten Weltkrieg zu sehen war: Viele Unternehmen der Halbleiterbranche hatten sich bereits in der Region niedergelassen, die nicht nur klimatisch, sondern auch aufgrund ihres dichten Netzes von hochrangigen Universitäten für solche Innovationen außerordentlich attraktiv war. Sie waren die Namensgeber der Region. Immer mehr Wissenschaftler und Experten verließen ihre Institute, Universitäten oder deren Tochterunternehmen und machten sich selbstständig.

Die Früchte dieser Arbeit kennen wir alle, und wir arbeiten täglich mit den Produkten von Steve Jobs oder Bill Gates. Die neuesten Errungenschaften der Branche sind bereits mehrere Generationen weiter als ihre Gründerväter und versprechen atemberaubende Technik, die wir uns noch gar nicht vorstellen können. Nicht alles bekommen wir mit, eigentlich sogar eher weniger, als wir denken.

> Die Softwarelösungen der letzten zehn Jahre sind so weitreichend und umfangreich, dass es schlichtweg nicht mehr möglich ist, ihnen hinterherzukommen. Sie übertreffen an Leistungskraft bei Weitem das, was in den 70 Jahren zuvor zusammengenommen in diesem Bereich entwickelt worden ist.

Somit haben wir zweierlei Triebfedern für den Individualismus im und durch das Silicon Valley: Einzelne Unternehmer haben sich mit Innovation und Hartnäckigkeit durchgesetzt – und es waren, freundlich ausgedrückt, viele Schlitzohren dabei. Ihre Technik ermöglicht es nun den folgenden Generationen, ebenfalls Innovation hervorzubringen. Es sind Daniel Düsentriebe, die Ideen entwickeln und im Zusammenwirken mit einer geistig aufgeschlossenen Umgebung zur allgemeinen Anwendung bringen. Und ihre Errungenschaften erleichtern uns das Leben in vielerlei Hinsicht. Das Arbeiten verändert sich. Und andere können von diesen Errungenschaften profitieren und ihrerseits eigene Innovationen und Erfindungen hervorbringen. Ein Beispiel: Wer moderne Raketentriebwerke entwickeln will, braucht nicht nur das Know-how, sondern auch die Möglichkeit, dieses einzusetzen. Dazu werden leistungsstarke Rechner, gute Software und eine gute Ausbildung benötigt. Über die Digitalisierung fällt es viel leichter, Innovationen auszutauschen, zu vergleichen und neue Innovationen daraus zu schöpfen. Mit diesen neuen Triebwerken dann werden neue Satelliten in den Weltraum gebracht, die unser Internet schneller machen oder aber auch beispielsweise unsere Anstrengungen gegen den Klimawandel unterstützen. Dabei muss es nicht ad hoc die gleiche bahnbrechende Erfindung sein wie das Smartphone. Es geht um die Freiheit, als eigenständiger Mensch buchstäblich den Kopf frei zu haben, um eigene Lösungen zu entwickeln, eigene Projekte zu beginnen, eigene Ideen zu vermitteln oder gesellschaftliche Innovationen hervorzubringen.

> Das eigene Denken in jedem von uns ist die Triebfeder, welche die freie Gesellschaft am Laufen hält.

Die Autobahn, mit der die Daten-Waren transportiert werden, ist das Internet. Heute, in Zeiten zunehmender Regulierung, zeigt sich, wie komplex die Digitalisierung geworden ist. So bestehen auf der einen Seite Bestrebungen autokratischer Systeme, das Internet unfrei zu machen, indem nur noch bestimmte Informationen für die eigene Bevölkerung erreichbar sind. Das geschieht, um die Machtposition des Systems zu schützen. Doch geht es um mehr als Regulierung, es geht auch um die perfekte und totale Überwachung. Was wir uns hier nicht vorstellen können, ist in anderen Weltgegenden bittere Realität: Chats auf dem Smartphone werden mitgelesen und sogar vom Staat kommentiert. Man bekommt einen freundlichen Hinweis, wenn man mit jemandem chattet, der dem System nicht genehm ist. Punktesysteme, die systemtreuen Menschen Vorteile im alltäglichen Leben verschaffen, Dissidenten jedoch die Existenz erschweren sollen, sind technisch möglich und haben bereits eine erste Testphase hinter sich. Das Problem:

> Erzwungenes Mitläufertum hat in der Menschheitsgeschichte noch nie zu Gutem geführt und schon gar nicht zu dauerhafter Innovation.

Innovation bedeutet nämlich auch, Probleme offen anzusprechen und Lösungen zu erarbeiten. Wer Probleme nicht straffrei ansprechen darf, lässt das mit der Innovation auch einfach bleiben. So ist der staatliche Filter der Loyalität kein Sieb, das nur die Systemtreuesten durchlässt und sie innovativ arbeiten lässt, sondern eine Brandmauer, deren Feuer die Gesellschaft zu ersticken droht.

Hyperregulierung ist ein weltweites Problem, auch bei uns. Immer wieder erleben wir, wie staatliche Institutionen immer neue Gesetze zum Umgang mit dem Internet und den zugehörigen Medien entwickeln. Und immer wieder warnen Experten wie der Chaos Computer Club, Verfassungsrechtler oder Unternehmer vor der ungebremsten Regulierungswut der Staaten. Die Regulierung droht heimlich Huckepack zu fahren auf Themenfeldern wie zum Beispiel dem Klimaschutz und dabei staatliche Kontrolle zum gesellschaftspolitischen Imperativ zu machen. Ein in Teilen unfreies Internet ist bereits heute auch in Europa der Fall, und teilweise aus guten Gründen. Organisierte Kriminalität, Extremismus und autoritaristische Propaganda dürfen nicht frei in einem freien Medium grassieren. Auch Partikularinteressen müssen geschützt werden. Und doch müssen wir lernen, beim Internet nicht vom Medium her auf das Individuum zu denken, sondern umgekehrt:

> Das eigene Denken muss frei sein, informiert und selbstbestimmt in seiner Bildung, wenn es Innovationen hervorbringen soll.

C. STEHT UNS EIN MAYFLOWER-MOMENT BEVOR?

Technisch weniger spektakulär als vor 60 Jahren, doch mit dem Besten, was gutes Konzernmarketing zu bieten hat, landete 2017 die erste wiederverwendbare Raketenstufe von SpaceX, dem inzwischen geradezu legendären Weltraumunternehmen des Milliardärs und Tausendsassas Elon Musk. Von den meisten Europäern unbemerkt ist in den letzten Jahren einiges geschehen. Ein belächeltes und wenig Erfolg versprechendes Weltraumprojekt eines reichen Migranten ist heute das maßgebliche Unternehmen in den USA, wenn es um die Raumfahrt geht. Und man hat viel vor: Die NASA, die Weltraumbehörde der Vereinigten Staaten, hat den Auftrag zur Entwicklung und zum Bau einer neuen Landefähre für die nächste Mondmission eben an SpaceX gegeben. Ein absolutes Prestigeprojekt. In wenigen Jahren soll die nächste bemannte Landung stattfinden. Es bieten sich ungeahnte Möglichkeiten: Schon jetzt ist klar, dass neue Technologien zum Einsatz kommen sollen und entwickelt werden, die uns ein paar gute Schritte tiefer ins 21. Jahrhundert tragen werden. Vom Mond aus gesehen ist der Mars das nächste Ziel und die Chancen stehen gut, dass wir noch in diesem Jahrhundert einen Fuß auf den roten Planeten setzen.

Und letztlich ist klar, dass der Blick auf den Mond nie wieder der gleiche sein wird. Wir werden nachts nicht mehr denken: »Dort waren einmal Menschen«, sondern »Was die heute dort wohl wieder arbeiten?«. Die Arbeiten auf unserem Erdtrabanten werden zu einem Brennglas unserer Gesellschaft und ihrer Werte.

Die Ausdehnung globaler Wirtschaft auf den Mond – so das gewollt würde – wäre nichts anderes als die logische Folge der nächsten Landung. Für das Leben auf der Erde selbst bedeutet das, dass alles, was auf dem Mond geschieht, unter besonderer Beobachtung stehen wird, beginnend mit der Entscheidung, ob der Mond nicht ähnlich wie die Antarktis unter den besonderen Schutz der Weltgemeinschaft gestellt werden sollte. Sollte es zu einer wirtschaftlichen Nutzung des Mondes kommen, so werden Unsummen investiert werden, um ein gutes Bild dort oben abzugeben. Man wird eigene Mond-Social-Media-Experten einstellen. Themen wie Herkunft, soziale Gerechtigkeit, Ethnie, Religion, Wohlstand oder politische Einstellung werden dort oben schnell zum heißen Eisen werden. Auf der Erde wiederum werden sich selbsternannte Experten eine goldene Nase damit verdienen, all das zu bewerten und selbige missbilligend darüber rümpfen.

An all das hat im Dezember 1972 wohl niemand ernsthaft zu denken gewagt. Der US-Astronaut Eugene A. Cernan aus Chicago verließ am 14. Dezember 1972 als letzter Mensch die Mondoberfläche, nachdem er zuvor mit dem letzten Flug des Apollo-Programms zum Mond befördert worden war. Er hat damals quasi das sprichwörtliche Licht als Letzter ausgeknipst und den »Mondladen« erst einmal für lange Zeit dichtgemacht.

Künftig wird man dem Mond aber nicht nur eine Stippvisite abstatten wollen. Vielmehr geht es um Möglichkeiten von Leben und Arbeiten auf dem Erdtrabanten: Soll über die Erkundung des Universums hinaus die Menschheit dort oben auch forschen und Rohstoffe abbauen?

Soll der Mond »kolonisiert« werden? Steht uns hier ähnlich wie bei der europäischen Besiedelung Nordamerikas eine Art »Mayflower-Moment« bevor? Derartige innovative Möglichkeiten von Technik und Wirtschaft sind vor allem für die Perspektive wichtig, wie wir in Zukunft das Individuum und das Kollektiv betrachten wollen.

Leistung wird heute als Ware gesehen – als Zahlungsmittel, ganz gleich in welchem politischen System wir leben. Vom Kapitalismus über den Kommunismus bis hin zur sozialen Marktwirtschaft ist eines klar: Ein Staat ist immer die Leistung einer Gemeinschaft oder mehrerer Gemeinschaften. Diese Leistung wird nicht von einem gleichgeschalteten, gleich denkenden und gleich handelnden Kollektiv erbracht, im Gegenteil. Sie ist die Summe der Leistung einzelner Individuen in einem günstigen kooperativen Umfeld. Und es gilt, dass aller Fortschritt und die vollkommen neue Perspektive eines möglichen Lebens auf dem Mond eben genau dies verdeutlicht.

D. JEDER MENSCH IST EIN REVOLUTIONÄRER GEIST, DER NACH FREIHEIT STREBT

»Humankapital« ist keine Investition in die Gesellschaft, denn das würde die freie Verfügung von Individuen nach wirtschaftlichen Gesichtspunkten bedeuten.

Humankapital ist nicht das Ergebnis, sondern die Ursache für eine menschengerechte Gesellschaft und den gesellschaftlichen Zusammenhalt. Es ist der Stoff, der den Betrieb am Laufen hält.

Es tut sich also ein dialektisches Verhältnis auf: Individuum und Gesellschaft bedingen sich gegenseitig, das Medium ist das Humankapital. Das Individuum ist das kleinste Element, das wir in einer Betrachtung von

Gesellschaft darstellen können. Es hat Rechte, also Privilegien, aber auch spezifische Pflichten, die es in der Verantwortung auch für andere wahrnehmen muss; deshalb schließen sich Gleichmacherei und Individualität aus. Damit es kein Missverständnis gibt: Gleichwertig ist jedes Individuum gegenüber dem anderen. Individuen sind aber insbesondere in ihren Fähigkeiten nicht gleich, sie unterscheiden sich. Das ist es, was man Diversität nennen könnte und woraus sich eine freie, demokratische Gesellschaft zusammensetzt und diese überhaupt als eine solche definiert.

> Gleichmacherei bedeutet, sich nicht durch Bildung, Können oder Passion abgrenzen und definieren zu können.

Das Individuum geht in der Menge unter vielen unter. Es wird degradiert zu einer gleichgeschalteten Funktionseinheit, die nicht denken, sondern handeln soll, um kollektives Kapital zu erwirtschaften. Bestenfalls darf sie in den sozialen Medien versuchen, sich abzuheben, in dem sie, wie alle anderen auch, möglichst ausgefallene Bilder und Kommentare online stellt. Das mag eine Dystopie sein, doch ist sie vielerorts bereits Realität.

Kein Mensch gleicht dem anderen. Jeder hat andere Bestrebungen, Talente, Wünsche und Fähigkeiten. Er profitiert davon, dass er etwas besser kann als andere und dass andere etwas besser können als er selbst. Eine funktionierende Gesellschaft ist ein buntes Geschehen aus Individualität, in der jeder seinen Platz suchen, finden und ändern darf. Im gleichen Atemzug bedeutet also Humankapital, dass das Individuum bei dieser Suche gestärkt werden muss. Gleichzeitig muss es dabei vor Ungerechtigkeit und Unrecht geschützt werden. Das ist nicht Gleichschaltung, sondern das, was Demokratie bedeutet: Gleiche Rechte für alle Individuen.

Die wenigsten Menschen sind Genies, schaffen bahnbrechende Erfindungen oder häufen ein Vermögen an, weil sie irgendwie eine gute Idee hatten, um Geld zu verdienen. Auch wenn es ungerecht ist: Das ist der Preis, den wir dafür zu zahlen haben, dass wir Individuen sind. Die

Gesellschaft funktioniert eben nicht, wenn wir alle Millionäre sind. Wir brauchen auch Menschen, die die vermeintlich »niederen« Arbeiten erledigen, die eben nicht »nieder« sind: in der Pflege, der Abfallbeseitigung, im Einzelhandel, beim Straßenbau und vieles andere mehr. Was aber essenziell ist, das ist die Würde des Menschen und die Anerkennung dieser Leistung, denn sie halten den Laden am Laufen.

Und darum kann der nächste Schritt auf dem Mond einen Quantensprung bei der Betrachtung des Menschseins auf der Erde mit sich bringen: Eine Gesellschaft wird von Individuen getragen. Die Wissenschaftler auf dem Mond haben eine genauso wichtige Aufgabe wie die Bäckersleute, die uns morgens mit frischen Brötchen versorgen, oder die Bauarbeiter, die unsere Straßen in Schuss halten. Nur dann, wenn wir begreifen, dass Gerechtigkeit, Wohlstand, Anerkennung und Selbstverwirklichung nicht durch Gleichschaltung und Kollektivität, sondern durch kooperative, verantwortungsbewusste Individualität, Demokratie und Rechtsstaatlichkeit erreicht und erhalten werden können, haben wir eine Chance, unsere Freiheit zu bewahren. Wenn wir die Fähigkeit verlieren, Leistung anzuerkennen und unserem Gegenüber zu sagen: »Gut, dass du diese Aufgabe erledigst, denn ich kann das nicht«, verlieren wir uns letztendlich selbst, denn wir können uns nicht mehr als das definieren, was wir können, gerne machen und gerne wollen. Wir würden untergehen als Arbeitsdrohnen und Funktionseinheiten einer digitalisierten und globalisierten Marktwirtschaft. Wir würden verkennen, was der Mensch an sich ist:

> Ein jeder Mensch ist auf seine Weise ein revolutionärer Geist, der die Anarchie in seinem Kopf nur deswegen nicht ausleben will, weil Vernunft und Moral, Gesetz und Gewissen ihn binden und ihm gleichzeitig Freiheit geben.

Jules Verne hat in seinen Romanen stets die Regeln beachtet, die notwendig sind, wenn man eine gute Geschichte erzählen möchte. Man braucht nicht nur eine gute Handlung, sondern vor allem mitreißende und interessante Charaktere. In seinem Roman *Von der Erde zum Mond* ist der Industrieverband der Kanonenhersteller im amerikanischen Baltimore nach dem Bürgerkrieg verzweifelt, denn Frieden ist schlecht fürs Geschäft. In einer irrwitzigen Debatte erklärt der Präsident des Clubs, man solle eine große Kanone bauen, um damit Menschen zum Mond zu schießen. Ein einziger Marketing-Gag, der zeigen soll, was die Kanonenindustrie alles kann. Doch anstatt schöne neue Kanonen zu kaufen, versammelt sich im Roman die ganze Welt hinter dem Projekt und läutet damit ein neues Zeitalter der Menschheit ein. Am Ende verfehlen die drei Astronauten in der Kanonenkugel den Mond und umkreisen ihn nur, anstatt auf ihm zu landen. Ihre Bahn führt sie am Ende wieder zurück auf die Erde, dort werden sie als Helden gefeiert:

> Stellvertretend für die ganze Menschheit haben sie als Erste überhaupt die Erde verlassen und die Perspektive auf die irdische Heimat für immer verändert.

KAPITEL 3

DER BLICK INS ALL IST DER BLICK IN UNS SELBST

»In jedem Menschen, in jedem Individuum,
betrachtet sich eine Welt, ein Universum.«

GIORDANO BRUNO

A. VON MÖNCHEN, TELESKOPEN UND AUSSERIRDISCHEN

Das Universum ist voller Leben, um die Sterne kreisen unzählige Planeten, die unserer Erde ähnlich sind – diese Ansicht vertrat der Universalgelehrte Giordano Bruno, Mönch, Priester, Philosoph, Astronom und Denker der Renaissance. Seit seiner Jugend war er für seine, sagen wir, leicht subversive Art bekannt. So befand er sich als junger Mönch auf der Flucht, unter anderem, weil er seinen Unmut gegen die unflexible Kirchenlehre kundtat, indem er Schriften des heiligen Hieronymus kurzum in die Latrine geworfen hatte. In Rom fand er keine feste Heimat, obwohl er sich dem Papst buchstäblich zu Füßen geworfen hatte. Bei der Sache mit der Latrine war er zu weit gegangen. Seine Wanderungen führten den Verbannten durch ganz Europa. Er lernte Menschen und Länder kennen in einer Zeit, in der sich das Abendland in einer Revolution befand. Die Renaissance brachte in diesen Jahren Umbrüche in allen Fragen des Lebens mit sich. Seine Begegnungen und Erlebnisse prägten ihn in seinen Ansichten über Religion, Gott, die Wissenschaft und die Philosophie. Und es wurde nicht gerade besser, was seine Loyalität zur Kirchenlehre betraf. Obwohl er kein absoluter oder entschiedener Gegner der katholischen Kirche war, so machte er sich seine eigenen Gedanken und widersprach der Kirche in vielerlei Hinsicht.

Als schillernde Persönlichkeit der Renaissance hatte er sowohl den Intellekt als auch die Verbindungen, um sich allerlei neuartiges Wissen anzueignen. Dabei machte er sich nicht nur Freunde. Er lehnte es schlichtweg ab, dass Jesus der Sohn Gottes sein sollte. Seine Sicht auf das Universum war jedoch geradezu revolutionär, indem er sagte, Gott sei in allem, was ist. Das heliozentrische Weltbild des Kopernikus entwickelte er weiter. Für ihn war klar: Die fernen Lichter am Firmament sind nicht nur Planeten, sondern Sonnen. Um sie kreisen andere Planeten. Und die Unendlichkeit des Universums beherbergt eine unendliche Zahl von Leben. Kurzum: Bruno war ein echter, sehr intelligenter, aber sozial isolierter »Nerd«; dazu war er auch noch sehr schlecht darin, sich unterzuordnen. Und so bestand sein Leben in großen Teilen darin, der Kirche auf den Schlips zu treten.

»Hiernach gibt es nicht eine einzige Welt, eine einzige Erde, eine einzige Sonne, sondern so viele Welten, als wir leuchtende Funken über uns sehen (...) Es ist ausgesprochen töricht und gemein zu glauben, es gäbe keine anderen Sinne, keine anderen Intelligenzen, als sie unseren Sinnesorganen erscheinen.«[*]

Der Mensch nicht allein im Universum? Das hatte gesessen und so manchen Kirchengelehrten vom Stuhl geworfen. Ungeheuerlich! Der Pantheismus von Bruno und seine damit verbundenen astronomischen Erkenntnisse waren nicht das, was den politisch-kirchlichen Institutionen in die Agenda passte. Um noch einen draufzusetzen, entsann Bruno geistige Reisen ins Weltall: Mit seinem Werk *De Immenso et Innumerabilibus* (deutsch: *Das Unermessliche und Unzählbare*) öffnete er weit über 300 Jahre vor dem ersten Raumflug in Gedankenexperimenten den Weltraum für die Menschheit. Er wusste, dass er keinen Beweis für seine Theorien erbringen konnte. Und doch war er in Gedanken schon so weit, dass er Reisende zu den Sternen ersann – Astronauten. Er hatte kein Fernrohr, kein Teleskop, sondern nur seinen Verstand, mit dem er auf Reisen ging. Er war ein revolutionärer Geist, der auf erstaunliche und besondere Weise einen Blick auf Philosophie, Theologie und Ethik entwickelt hatte – und all das ohne das Internet.

Heute stehen wir vor der nächsten Revolution. Mit dem James-Webb-Teleskop der amerikanischen Weltraumbehörde NASA bricht ein neues Zeitalter der Beobachtung des Weltraums an. Es geht um die ganz großen Erkenntnisse. Mit einem Blick, der zeitlich sehr nahe heran an den Urknall reicht, späht das Teleskop in die Tiefen des Weltalls. Bereits die ersten Bilder, die veröffentlich wurden, ließen erahnen, was uns bevorsteht. Wie sieht die Struktur des Universums aus? Wie ist es entstanden? Wie entwickeln sich Sterne und Galaxien? Und nicht zuletzt: Gibt es andere bewohnbare oder vielleicht sogar bewohnte Planeten im Universum?

---

[*] Bruno: *De l'infinito, universo e mondi*, 1584.

Es ist die Fortsetzung der Reise, die mit Bruno begann, die über die Geschwister Herschel führte und die mit Hubble, Armstrong und Hawking und vielen anderen weiterging. Der Traum vieler Astronomen ist wahr geworden und die Warteliste, das Teleskop mit Aufträgen versehen zu dürfen, ist sehr lang. Es ist bereits absehbar, dass das Webb-Teleskop nicht nur immense Erkenntnisse über die Entstehung des Universums bringen, sondern auch einen verblüffend scharfen Blick auf Planeten geben wird. Wo gibt es Wasser, Sauerstoff oder eines Tages vielleicht sogar Anzeichen von Leben? Dabei steht schon jetzt fest, dass der tiefe Blick in den Kosmos die Welt verändern wird. Durch das Internet, die Medien und die vernetzte Wissenschaft sind es nicht mehr nur einzelne Experten, die den Blick in das Universum genießen dürfen. Die Bilder und Daten stehen dem ganzen Planeten Erde zur Verfügung. Es ist so, als ob die ganze Menschheit die Gelegenheit haben würde, mit ein und dem gleichen Fernglas in die Ferne zu spähen.

Die Sicht auf den Ursprung des Universums verändert unser Selbstverständnis, woher wir eigentlich kommen. Der Blick auf die Struktur des Universums wiederum verändert unsere Selbstverortung und die Frage, wo unser Platz eigentlich ist.

Und die Möglichkeit, fremdes Leben zu entdecken, wirft die ganz großen Fragen der Menschheit und ihrer eigenen Zukunft auf. Es geht um nicht weniger als um das Leben selbst: Wer bin ich? Woher komme ich? Wohin gehe ich? Und: Wozu das alles eigentlich? Frei nach Nietzsche: Wir blicken in das Universum und das Universum blickt zurück.

Bruno war aber nicht nur ein nerdiger Apostat, sondern ein echter Denker und Philosoph. Er schrieb diverse philosophische und auch mystische Dialoge. Das Universum sei demnach das Abbild Gottes. Alles, was ist, sei mit Geist und Leben erfüllt und beseelt. Das Universum sei immer und würde immer sein. Kein Himmel, keine Hölle, keine Schöpfung und kein Weltuntergang, zu dem das Jüngste Gericht auf die Menschen warte. Zusammengefasst lässt sich sein Denken so ausdrücken: Alles und jeder ist von Gott. Gott ist unendlich, kennt keinen Anfang und kein Ende. Es sei geradezu eine Verunglimpfung dieser großartigen Schöpfung, wenn man davon ausgehe, es gebe nur eine Erde und nur die Menschen seien vernunftbegabte Wesen im Universum.

> Und so geht es um nicht weniger als um die Position des Individuums in dieser gewaltigen Schöpfung. Die »Leere« blickt zurück und offenbart sich in ihrer unfassbaren Fülle und Vielfalt.

Anstatt eine kleine grüne Insel inmitten von nichts zu sein, wird die Erde mit all ihren Bewohnern zu einem Trabanten unter Trilliarden von Sternen. Wie viele andere intelligente Lebensformen mag es wohl geben im Universum? Bereits der Fund einer einzigen anderen jenseits der Erde wird uns die Frage offenbaren: Was macht uns eigentlich so besonders? Nicht nur, dass es unseren Stolz treffen würde, sollte sich herausstellen, dass die Menschheit nicht die Krone der Schöpfung sein könnte, sondern ein unbedeutender »Underdog« in den unendlichen Weiten des Weltraums. Es würde auch uns alle im Einzelnen betreffen, denn wir würden zum ultimativen Perspektivenwechsel gezwungen werden: Was interessiert mich der Rasen meines Nachbarn vor der Tür, wenn der ganze Planet nur der Vorgarten der Milchstraße ist?

B. NEUE PERSPEKTIVEN FÜR DIE MENSCHHEIT UND FÜR DEN EINZELNEN

Es gilt also, die Perspektive zu wechseln. Seit jeher üben die Sterne eine unbeschreibliche Faszination auf die Menschheit aus. Seitdem wir Struktur und Größe des Universums vermessen können, offenbaren sich auch buchstäblich astronomische Dimensionen. Bereits die Größe unseres Sonnensystems kann ein Mensch kognitiv eigentlich gar nicht mehr erfassen, er kann es nur mit abstraktem Wissen. Alles darüber hinaus verschwimmt zu einer Wahrnehmung, die wir nur noch in unserer Vorstellung erreichen können. Und es ist sehr schwierig, sich in einem Gedankenkonstrukt zu positionieren, das man nicht wirklich sehen und auch nicht wirklich begreifen kann. Wo verorten wir die Menschheit im Universum? Wo verortet sich der Einzelne?

Das uns nächste Sonnensystem ist Alpha Centauri im gleichnamigen Sternbild Zentaur. Es ist ein Doppelsternensystem, das von einem Roten Zwerg, also einer wirklich kleinen Sonne, umkreist wird. Zusammen ergeben sie ein Dreifachsonnensystem. Die kleinste des Gespanns, Proxima Centauri, wird wiederum von einem Planeten umkreist. Es ist der Planet, der uns außerhalb unseres Sonnensystems am nächsten ist. Er gilt sogar als aussichtsreicher Kandidat, dass auf ihm Leben zumindest möglich erscheint. Und das in gerade einmal vier Lichtjahren Entfernung. Auf das uns zugängliche Universum als Ganzes bezogen gibt es Vermutungen, es könne bereits in unserer eigenen Galaxie, der Milchstraße, möglicherweise bis zu 1 Million Planeten geben, deren Bedingungen grundsätzlich mit Leben vereinbar wären. Die mittlere nachbarliche Distanz zwischen diesen wäre (ganz grob aus den Dimensionen der Galaxie abgeschätzt) somit einige Hundert Lichtjahre. Wie die Entwicklung des Lebens auf der Erde zeigt, mussten aber Milliarden Jahre vergehen, bis sich aus sehr primitiven Anfängen komplexe vielzellige Organismen entwickelten, und nochmals Hunderte von Millionen Jahren bis zum Auftreten intelligenter Wesen. Von dieser Erfahrung ausgehend, wird also auch unter den optimistischsten Annahmen nur ein ganz winziger Bruchteil der angenommenen 1 Million Planeten unserer Galaxie intelligentes Leben in unserem Sinne haben oder gehabt haben. Die mittlere Distanz zwischen solchen Planeten würde sich dann wiederum (einer einfachen groben Überschlagsrechnung folgend) auf viele Tausend Lichtjahre belaufen; würden wir noch andere Galaxien einbeziehen, so würden sich nachbarliche Distanzen im Bereich bis zu Millionen oder gar Milliarden von Lichtjahren ergeben.

Dennoch: Bezogen auf die Dimensionen des Universums mit seinen derzeit 100 Milliarden Galaxien würde selbst ein einziger Planet pro Galaxie mit intelligentem Leben eine unvorstellbar große Anzahl von Zivilisationen im Sinne von Giordano Bruno ergeben. Damit könnte sich jedoch die Perspektive drastisch ändern: Bisher gehen wir davon aus, dass die Erde eine kleine blaue Insel inmitten von einem unwirtlichen und gigantischen Nichts ist. Die Vorstellung jedoch, dass wir möglicherweise in (astronomisch gesehen) beinahe greifbarer Nähe ein anderes grünendes Land inmitten dieses Nichts finden könnten, sollte uns zum Nachdenken bringen. Auch der viertnächste Nachbarstern von uns, Barnards Pfeilstern, beherbergt mit großer Wahrscheinlichkeit einen Planeten, auf dem Leben möglich sein könnte.

> Der wissenschaftlich-technische Quantensprung, von Kopernikus – »Der Mittelpunkt der Erde ist nicht der Mittelpunkt der Welt« – über Bruno bis zum James-Webb-Teleskop ist buchstäblich astronomisch.

Aus Sicht von Astronomen ist es nicht mehr ausgeschlossen, dass wir Hinweise und Indizien nicht nur für primitive Lebensformen, sondern für vielleicht sogar höhere Formen des Lebens finden könnten. Sollte so etwas gefunden werden, so kann man darüber spekulieren, ob es möglicherweise sogar Hinweise auf intelligentes Leben geben könnte, wie etwa zivilisatorische Abgase in der Atmosphäre, oder Hinweise auf Funkverkehr. Allerdings: Verglichen mit den mit heutiger Technik informationstechnisch überbrückbaren Distanzen sind die Entfernungen zu infrage kommenden Exoplaneten typischerweise Millionen bis Milliarden Mal größer, die Stärke elektromagnetischer Signale wäre also bis zu Milliarden mal Milliarden Mal kleiner. Auf so große Distanzen noch Hinweise auf Leben zu finden, wird keine einfache Sache sein. Aber wer weiß, was zukünftige technische Entwicklungen zu bieten haben: Zu Zeiten von Goethe hielt niemand es für möglich, interkontinentale Videogespräche in Echtzeit zu führen.

Ein interstellarer Nachrichtenaustausch wäre allerdings noch viel schwieriger zu realisieren: Bereits zwischen dem oben erwähnten Planeten im Orbit von Alpha Centauri und der Erde besteht eine Entfernung von vier Lichtjahren oder ca. 38 000 Milliarden Kilometern; bei der physikalisch größtmöglichen Signalgeschwindigkeit, der Lichtgeschwindigkeit, wäre eine Nachricht also vier Jahre unterwegs; bei einer Nachricht von einem Planeten auf der anderen Seite unserer Heimatgalaxie wären es bereits Zehntausende von Jahren, bei »außergalaktischem Funkverkehr« würden es sogar Millionen von Jahren werden. Intelligente Wesen, die an einem solchen Nachrichtenaustausch interessiert wären, müssten die Lebensdauer der Olympischen Götter bei weitem übertreffen. Nach heutigem Stand der Lebenswissenschaften scheint eine solch lange individuelle Dauer auf organischer Grundlage wohl ausgeschlossen; und es ist fraglich, ob viele an einem Dialog interessiert wären, bei dem die Antwort einer »benachbarten« Zivilisation so viele Generationen benötigt wie vom Neandertaler zum heutigen Astronomen. Selbst wenn man den Spekulationen aus der IT-Branche folgen wollte, nach denen intelligentes Leben auch auf Kristallbasis möglich ist: Ob die komplexen Schaltkreise solcher »intelligenten Kristalle« bei ihren Tausenden oder gar Millionen Jahre dauernden Reisen im Weltall die Schäden durch die kosmische Strahlung überstehen? Schließlich, sollte es solche super langlebigen intelligenten Kristalle geben: Welches Interesse sollten sie an der Erde haben?

Fazit: Sollte es »Aliens«, also hochintelligente Wesen auf anderen Planeten weit außerhalb unseres Sonnensystems, geben, so wäre ein Dialog mit ihnen auf der Basis unserer heutigen naturwissenschaftlichen Kenntnisse wohl ausgeschlossen.

Anders wäre es vielleicht mit den oben skizzierten spekulativen Möglichkeiten, deren Existenz irgendwo in den endlosen Weiten des Weltalls nicht nur aus philosophischen und astrophysikalischen Gründen für grundsätzlich wahrscheinlich zu halten, sondern sogar experimentelle Hinweise zu finden: Odysseus konnte aus dem auf einer Insel aufsteigenden Rauch auf intelligente Bewohner schließen, auch wenn er kein Schiff hatte, um dort hinzufahren.

Vielleicht finden wir tatsächlich in den nächsten Jahrzehnten (oder Jahrhunderten?) derartige Hinweise – oder zumindest Spuren von ihnen. Und nun wird es spannend: Wir suchen nach den anderen. Was ist, wenn andere genauso neugierig sind und nach uns suchen? In der Popkultur ist diese Frage seit nunmehr 70 Jahren präsent und inzwischen tief in unserer Kultur verwurzelt. Science-Fiction beschäftigt sich meistens mit eben dieser Frage. Von wohlwollenden, witzigen und uns sehr ähnlichen Außerirdischen bis hin zu böswilligen Eroberern, die der Menschheit den Garaus machen wollen, ist da so ziemlich alles dabei.

Wie oben ausgeführt, wird es aufgrund der unvorstellbar großen Entfernungen im Weltall und den sich hieraus ergebenden unvorstellbar langen Reisezeiten wohl bei aufregenden Science-Fiction-Filmen und -Romanen bleiben. Auch berühmte Physiker lieben solche die Fantasie anregenden Erzählungen; sie haben keine Probleme, sich ein Pferd als runde Kugel oder den Mond als großen Käsekuchen vorzustellen und daraus sogar experimentell verifizierbare Schlüsse zu ziehen, wie die Fallgeschwindigkeit des Pferdes oder die Umlaufbahn des Mondes. Bei ihren spekulativen Äußerungen zu Science-Fiction-Themen darf deshalb wohl ein Augenzwinkern nicht übersehen werden. So hat der weltberühmte Physiker Stephen Hawking davor gewarnt, was passieren würde, sollte man Außerirdische finden.

Eine Konsequenz des großen Publikumsinteresses an möglichen »Aliens« ist das wieder erwachte Interesse in den USA an außergewöhnlichen Himmelserscheinungen. Anstatt von Verschwörungstheorien zu reden und merkwürdige Sichtungen vorschnell als Wetterballons, geheime Testflüge oder irres Gerede abzutun, widmet man sich nun mit vollem Ernst diesem Thema. In einer Abendsendung im US-Fernsehen gab Barack Obama zu, dass man schlichtweg nicht wisse, was die unidentifizierten Phänomene über den Vereinigten Staaten seien. Moment mal: Das fortschrittlichste und größte Militär der Welt weiß nicht, wer oder was über seinen Kopf hinwegfliegt, geschweige denn, wie?

Was ist geschehen? Von der europäischen Öffentlichkeit kaum wahrgenommen machen die amerikanischen Behörden gerade Nägel mit Köpfen. Über Jahrzehnte hinweg wurden immer wieder nicht erklärbare Flugsichtungen berichtet – unter dem Begriff »Ufo«. Was lange Zeit als Verschwörungstheorien oder Anderweitiges abgetan wurde, wird nun ernsthaft verfolgt. Und das mit drastischen Maßnahmen und viel Geld.

Allerdings will man von dem nach jahrzehntelanger Diskreditierung inzwischen bizarr und lächerlich anmutenden Begriff »Ufo« bewusst Abstand nehmen. Das Pentagon hat daher eine neue Bezeichnung auserkoren: Ufos (für »Unidentified Flying Object«) heißen nun »UAP«, »Unidentified Aerial Phenomena«.

Nicht nur, dass die amerikanische Weltraumbehörde sich offiziell nun dem Thema von Ufo-Sichtungen – jetzt eben UAPs – widmet. Auch und vor allem der Militärapparat ist angelaufen und arbeitet nun mit Hochdruck daran, die Frage zu lösen, was da nun seit Jahrzehnten in der Luft und tatsächlich auch in den Ozeanen eigentlich geschieht. Für Europäer absolut unvorstellbar: Das Pentagon, das größte Verteidigungsministerium der Welt, hat amtliche und ultimative Anforderungen an alle Teilstreitkräfte gesendet. Der Tonus: Das Militär wird verpflichtet, alles an die Regierung zu übermitteln, was man über unerklärliche Phänomene in den Akten und aktuelle Sichtungen hat. Ein solches Projekt hat in Wirklichkeit vermutlich praktische Ziele einer verbesserten Luftüberwachung und der Entwicklung der dafür erforderlichen Technologie; aber eine fantasiereiche Begründung fürs allgemeine Publikum ist in der amerikanischen Medienlandschaft sicher eine gute Idee und erleichtert die Bewilligung von Finanzmitteln.

Was immer die diesen Phänomenen zugrunde liegenden Fakten sind: Die nächsten Jahre werden spannender als jeder Politthriller, was die Aufklärung des Ganzen betrifft.

C. SEID UMSCHLUNGEN, BILLIONEN – DIE FREIHEIT, EIN GANZ BESONDERER MENSCH IM RIESIGEN UNIVERSUM ZU SEIN

Die Erkenntnis, dass wir mit großer Wahrscheinlichkeit nicht die klügsten Kinder im Block sind, sollte uns eigentlich nicht schockieren. Das Universum ist viel zu groß, als dass es sein könnte, dass wir die Einzigen und vor allem die Besten sind. Das bringt uns in die Bredouille: Nicht nur, dass die allerwenigsten Menschen von sich sagen können, sie gehören zu den Besten ihres Fachs oder ihrer Profession. Immerhin können wir erahnen und verstehen, wer besser als wir selbst ist und warum. Es geht um viele Dinge, die wir kennen und einschätzen können: Herkunft, Vermögen, Bildung, Geschlecht, Gesundheit, Intelligenz, Talent – sie alle bestimmen unsere Chancen in der Gesellschaft. Auch wenn es oftmals alles andere als fair zugeht.

Doch sollten wir uns langsam mit der Erkenntnis anfreunden, dass wir nicht einmal wissen, was in unseren benachbarten Sternsystemen geschieht. Wir können uns nicht einmal vorstellen, was oder wer dort leben könnte und wie deren Position zu uns ist. Die einsame Insel, auf der wir uns wähnen, ist nicht aus Gold, und am Ende eine von vielen, die auch nicht weniger zu bieten haben.

> Selbstverortung ist einer der wichtigsten Prozesse in der Identitätsfindung und Persönlichkeitsentwicklung.

Selbstverortung hilft uns nicht nur, uns im Wirrwarr der Gesellschaft, des Berufs oder des Privatlebens zu orientieren. Sie gibt uns auch einen Punkt, von dem aus wir unser Leben planen und gestalten können. Wer nicht weiß, woher er kommt, weiß auch nicht, wo er ist und wohin er geht. Je besser wir uns also verorten können, desto leichter fällt es uns, unsere persönlichen Werte zu entwickeln und in erreichbare Ziele umzusetzen. Dazu brauchen wir den Diskurs. Nur der Diskurs schafft Inhalte. Inhalte schaffen Werte. Werte lassen uns Ziele setzen. Das Erreichen von Zielen hilft uns dabei, uns als Persönlichkeiten zu definieren. Doch muss es nicht nur um Ziele gehen: Wir müssen auch Grenzen abstecken, was wir erreichen wollen, erreichen können oder sogar ausschließen. Unsere Fähigkeit zu abstraktem Denken hilft uns dabei. Der Grad an Abstraktion, wenn es um die Überlegung geht, ob wir alleine im Universum sind oder nicht, ist sehr hoch und fordernd. Doch könnte es dank des James-Webb-Teleskops nun buchstäblich jeden Tag so weit sein, dass wir die Bestätigung dafür erhalten, dass auch da draußen Leben ist – die Suche nach Biosignaturen im All ist schließlich generell eine der wichtigsten Herausforderungen der heutigen Astronomie. Und damit ändert sich unsere Selbstverortung dramatisch. Mit einem Schlag sind wir eben nicht mehr die exotische und einzigartige Insel im Ozean, sondern ein Archipel unter vielen. Wir sind nicht mehr einzigartig und toll, sondern eventuell alltäglich oder sogar schlichtweg rückständig und kindisch.

Das muss aber keineswegs etwas Schlechtes sein, was uns zur Verzweiflung treiben sollte – ganz im Gegenteil. Wie großartig wäre diese Erkenntnis, dass wir nicht alleine sind, nicht die Besten, nicht die Klügsten und vielleicht auch nicht einmal die Schönsten. Davon ausgehend, dass wir acht Milliarden Menschen auf der Erde sind, könnten wir im galaktischen Rahmen von unzähligen anderen Planeten mit intelligenten Individuen umgeben sein. Und doch:

So einzigartig, wie jeder Mensch unter allen hier lebenden Menschen ist, so einzigartig ist er auch sonst in der Schöpfung des Universums. Er ist durch nichts exakt zu kopieren und durch nichts zu ersetzen.

Das macht unser Leben kostbar, bedeutungsvoll und zu etwas ganz Besonderem. Die Perspektive, vielleicht nur am Beckenrand zu stehen und nicht unbedingt der beste Schwimmer zu sein, ändert nichts daran. Sie kann uns viel eher dazu anspornen, den Sprung in die Tiefen zu wagen und zu sehen, was da draußen ist. Es ist der Perspektivenwechsel, der uns wachsen lässt. Es ist mehr als nur extrem unwahrscheinlich, dass wir in Bälde die Gelegenheit haben, auf fremden Planeten anderer Sternsysteme herumzuspazieren und am Himmel fremde Sonnen zu sehen, während wir uns dabei in einer fremden Sprache mit Außerirdischen unterhalten. Wohl aber können wir uns selbst besser verorten, da wir verstehen, wo wir sind. Wir können planen, wohin wir gehen und was wir sein wollen. Das gilt für die Menschheit als Ganzes und auch für jeden Einzelnen. Dazu müssen wir die Erde nicht verlassen.

Auch Giordano Bruno hat die Erde nicht verlassen. Seine Raumfahrt hat in seinem Geiste stattgefunden. Er bereiste in seinen Gedanken den Weltraum nicht mit dem Ziel, ihn zu entdecken, sondern um sich als Mensch darin besser verorten zu können. Seiner Ansicht nach war das Universum genauso unendlich, wie Gott unendlich ist. Als Teil dieser Schöpfung ist der Mensch einem Engel gleich in der Lage, mit seinem Verstand alle Grenzen zu überwinden und die Unendlichkeit der Schöpfung zu erfassen. Bruno, der mitunter arrogante, selbstgerechte und nicht gerade von Demut gesegnete Universalgelehrte, starb für seine subversive Art, seine Renitenz und sein ständiges Revoluzzertum. Nach langjähriger Haft und Folter wurde er im Jahr 1600 in Rom auf dem Campo de' Fiori auf dem Scheiterhaufen verbrannt. Am gleichen Platz, einem der zentralen Roms, zeugt heute ein Denkmal von seinem Wirken: Heute blickt Bruno als beeindruckende Skulptur auf den Platz herab und ruft zum Freidenken auf, mit der Widmung: »Für Bruno. Vom Zeitalter, das er voraussah. Hier, wo das Feuer brannte.«

KAPITEL 4

UNSER KULTURELLES GEDÄCHTNIS – DER UNTERSCHIED ZWISCHEN MENSCH UND AFFE

»Diese Achse der Weltgeschichte scheint nun rund um 500 vor Christus zu liegen, in dem zwischen 800 und 200 stattfindenden geistigen Prozess. Dort liegt der tiefste Einschnitt der Geschichte. Es entstand der Mensch, mit dem wir bis heute leben.«[*]

KARL JASPERS[**]

[*]   Vgl. Jaspers: *Gesamtausgabe*, 2017.
[**] Karl Theodor Jaspers (*1883 in Oldenburg, Deutschland; †1969 in Basel, Schweiz) war ein deutscher Psychiater und Philosoph von internationaler Bedeutung und gehört zu den bedeutendsten Philosophen des 20. Jahrhunderts. Nach 1945 war Jaspers einer der profiliertesten Wissenschaftler, die zur Neubegründung und Wiedereröffnung der Universität Heidelberg beitrugen. Er lehrte zuletzt an der Universität Basel und wurde zwei Jahre vor seinem Tod auch Schweizer Staatsbürger.

A. MENSCHEN MÜSSEN DAS RAD NICHT STÄNDIG NEU ERFINDEN – AFFEN SCHON ...

Er war nicht nur einer der Väter des Wiederaufbaus der Universität Heidelberg nach dem Zweiten Weltkrieg. Als Mediziner, der sich in der Psychiatrie mit seinem Werk der *Allgemeinen Psychopathologie* schon einen Namen gemacht hatte, wurde er aufgrund seines zweiten großen Werkes *Psychologie der Weltanschauungen* letztlich auf einen philosophischen Lehrstuhl der Universität Heidelberg berufen. Als seltenes Ausnahmetalent ging er zeitlebens tiefe Freundschaften mit einigen der bedeutendsten Persönlichkeiten der deutschen Nachkriegszeit ein, wie etwa Hannah Arendt, die bei ihm ihre Doktorarbeit geschrieben hatte, und Martin Heidegger. Jaspers interessierte sich für Menschen, wie sie denken, wie sie »funktionieren« und miteinander kommunizieren.

Sein philosophischer Blick auf die Geschichte der Menschheit war nicht der eines klassischen Historikers, sondern insbesondere auch der eines Psychologen. Anders als Historiker betrachtete er das große Ganze auf der Suche nach Gemeinsamkeiten im Sinne der menschlichen Existenz, indem er vor allem eines nicht aus den Augen verlor: das Verhältnis zwischen der Menschheit und dem Individuum als kleinstem Element der Gesellschaft, und zwar das dialektische Verhältnis von Kultur, Einzelnem und Gemeinschaft zueinander.

Dabei postulierte er den sogenannten Begriff der Achsenzeit. Quasi überall, weltweit, geschah ein kultureller Sprung. Karl Jaspers definiert damit in seinen geschichtsphilosophischen Betrachtungen *Vom Ursprung und Ziel der Geschichte* (1949) die Zeitspanne von ca. 800 bis 200 v. Chr. In dieser Zeitspanne hätten die Gesellschaften von vier voneinander unabhängigen Kulturräumen gleichzeitig bedeutende Fortschritte – vor allem philosophische – gemacht. Man könnte daher sogar von einem synchronen Parallelismus der Kulturen sprechen. Jaspers spricht von einer »Achse der Weltgeschichte«. Ihm zufolge fand in diesem Zeitraum die geistige Grundlegung der gegenwärtigen Menschheit statt. Es entstanden die Grundkategorien, in denen der Mensch noch heute denkt. Und damit wurde der moderne Mensch überhaupt erst hervorgebracht.

Doch fangen wir an dieser Stelle erst einmal bei Adam und Eva an, sprichwörtlich gesehen. Es geht um die Entwicklung, die hin zum Homo sapiens führte, und vor allem darum, was den modernen Menschen eigentlich zu eben diesem macht. Was unterscheidet den Menschen von seinen nächsten Verwandten, den Affen? Genetisch jedenfalls nicht sehr viel. Vom Erbgut her stimmen zum Beispiel Mensch und Schimpanse zu mehr als 90 Prozent überein. Genetisch gesehen sind daher Schimpansen unsere nächsten Verwandten im Tierreich. Sie stehen dem Menschen entwicklungsgeschichtlich auch deutlich näher als Gorilla und Orang-Utan, den beiden anderen Vertretern der Menschenaffen. Wenn der Unterschied genetisch so winzig ist, was ist es dann, was den Menschen aus der Familie der Primaten so hervorstechen lässt? Was steckt in diesen verbliebenen »wenigen Prozenten«, die uns so besonders machen?

> Wir Menschen sind mit einer einzigartigen Fähigkeit ausgestattet, der Fähigkeit, Verhaltensweisen und Wissen an die nächsten Generationen weiterzugeben. Schimpansen und ihre affigen Verwandten können das so nicht; sie müssten das Rad sprichwörtlich ständig neu erfinden – wenn sie es nur könnten.

Wir Menschen dagegen geben unsere Intelligenz – unsere Erfahrungen und Erfindungen – erfolgreich kulturell weiter. Auf diese Weise konnte sich die Menschheit ihre heutige Intelligenz und ihre Fähigkeiten über viele Jahrtausende aufbauen – auf dem angesammelten Wissen früherer Generationen. Diese hoch entwickelten Möglichkeiten »kultureller Vererbung« machen den gravierenden Unterschied zwischen dem Menschen und seinen nächsten Verwandten aus dem Tierreich aus. Die Fähigkeiten, die notwendig sind, um Wissen weiterzugeben, sind komplexe Sprache und Erinnerungsvermögen. Das Interessante am Erinnerungsvermögen ist, dass es kulturell als eine Art Wissenspool zu funktionieren vermag, das ohne Schrift oder Bildschriften auskommen kann. Es gibt andere Mittel, wie Gesang, Geschichten am Lagerfeuer, das Beibringen von diversen Techniken von Älteren an Jüngere und natürlich Rituale. Sie alle benötigen eine Sprache, die sich wiederum immer komplexer gestaltet, je größer der Wissenspool wird und je öfter er angezapft werden muss und je mehr Menschen interagieren. Eine Kultur entsteht. Wichtig ist natürlich auch die Intelligenz, die notwendig ist, um den Mechanismus der Verbindung von Sprache, Kulturwissen und Geschicklichkeit voll auszuschöpfen. In den »letzten Prozenten«, die uns genetisch vom Schimpansen unterscheiden, scheint also eine wesentliche Grundlage des Menschseins an sich verborgen zu sein. Es sind diese »wenigen Prozente«, in denen von der genetischen Seite her der Unterschied steckt, der uns nicht nur Stöckchen bearbeiten lässt, um an schmackhafte Larven in einem Termitenbau zu kommen, sondern auch hoch differenzierte Gesellschaften mit Millionen von Mitgliedern gründen und hochkomplexe Geräte bauen lässt, bis hin zu Teilchenbeschleunigern, Raumschiffen, Quantencomputern und Fusionsreaktoren.

Wir müssen uns dazu auch den grundsätzlichen Fragen stellen, wenn wir das Menschsein als etwas hervorheben wollen, was uns von anderen Lebewesen unterscheidet. Der Mensch hat sich eine Welt geschaffen, die ihm entspricht, die er bedienen kann und die ihm dient. Es grenzt eigentlich an ein Wunder, dass ein Geschöpf, das vor wenigen Jahrtausenden noch in »Höhlen« lebte, in der Lage ist, auch dank seiner einzigartigen kooperativen Fähigkeiten, Überschallflugzeuge zu entwerfen und zu fliegen, ohne dabei abzustürzen.

Es stellen sich mehrere Fragen. Erstens: War das Leben in der Steinzeit so schwierig, dass eine Intelligenz notwendig war, die der unseren entspricht, um zu überleben? Oder war der Höhlenmensch ein Wesen mit einem übermotorisierten Gehirn, das nur darauf wartete, ausgelastet zu werden? Oder ist all das in uns angelegt, damit wir den Weg gehen konnten, der uns von der Höhle bis ins Weltall gebracht hat? Und welcher Weg ist uns noch in Zukunft vorherbestimmt oder naturgemäß möglich? Auch wenn wir nicht das Produkt einer bewussten Schöpfung sein sollten, sondern das Ergebnis einer evolutiven Naturentwicklung, so stellt sich dennoch die Frage: Wann haben wir unser Limit erreicht, falls es so etwas überhaupt gibt? Das »letzte Prozent« also, das uns vom Affen unterscheidet, ist wesentlich und hat uns an die Spitze der Lebewesen auf der Erde erhoben, mit allen Folgen und Konsequenzen für uns und eben diese.

B. SCHLUSS MIT DEM STÄNDIGEN WANDERN – LASST UNS HÜTTEN BAUEN, WEIZEN ERNTEN UND BIER BRAUEN

Wer nicht weiß, woher er kommt, weiß nicht, wo er ist und wohin er geht. Wenn wir auf die Menschheit heute blicken, müssen wir immer einen Blick hinter uns werfen, um uns zu vergewissern, dass wir nicht vom Weg abgekommen sind. Gehen wir nun ein paar Tausend Jahre zurück in der Menschheitsgeschichte. Nach kosmischen Maßstäben ist das nicht einmal ein Wimpernschlag, wenn Zeit, Raum und Materie mit dem Urknall vor ca. 13,8 Milliarden Jahren entstanden sind. Bislang ging alles auffällig schnell voran mit der Menschheit.

> Der Mensch als soziales und kulturfähiges Lebewesen erlernte zunächst den Gebrauch von handfesten Werkzeugen – später den von geistigen Werkzeugen. Irgendwo dazwischen manifestierte sich die gesprochene Sprache, insbesondere als unabdingbares Medium des Kulturellen Gedächtnisses.

Unsere Vorfahren kannten vor Zehntausenden von Jahren bereits Sprache, Musik, Gesang, bildende Kunst und somit auch Mythologien. Und es gab bereits erste Vorstellungen vom Leben nach dem Tod, wie kunstvolle Bestattungen unter Beweis stellen.

Mit den Jahrtausenden kultureller Vererbung erweiterte sich der Wissensschatz, Stück für Stück. Aus Höhlenbewohnern wurden Nomaden. Sie lernten die Welt kennen und wie sie in ihr überleben konnten. Gemessen an heutigen Innovationen wurden damalige Neuerungen nur verhältnisweise quälend langsam eingeführt. Auf die Idee, einen Feuerstein zu behauen, um ein Werkzeug daraus zu machen, muss man erst mal kommen. Es gibt aber keinen Grund, unsere Vorfahren für ihre einfache Lebensweise zu belächeln. Wer von uns kann von sich ernsthaft behaupten, die Idee von Pfeil und Bogen hätte er auch gehabt?

Irgendwann muss man sich darüber einig geworden sein, dass das ewige Umherziehen nicht glücklich macht. Was heute quengelnde Kinder auf dem Rücksitz sind, waren damals Familien, die unzählige Kilometer weit zogen, um neue Jagdgründe zu erschließen. Zankereien und Anstrengungen bei den Wanderungen mit inbegriffen. Gute Ideen waren willkommen, um das Leben zu erleichtern. Es brauchte Jahrtausende, bis aus Lederüberzügen und Strohdächern echte Zelte und schließlich stabile und behagliche Hütten wurden.

Und wer es bequem hat, der sitzt gerne abends zusammen und unterhält sich über dies und das. Und man kommt auf gute Ideen, etwa jene, dass man gar nicht herumziehen muss, wenn man das Essen vor der Haustüre einfach anbaut. Zugegeben: Es gibt auch Theorien, die besagen, weniger die Nahrungsquellen wären ausschlaggebend gewesen für die neolithische Revolution, die aus Nomaden Bauern machte, als vielmehr die Erkenntnis, dass sich mit dem Anbau von allem Möglichen berauschende Dinge herstellen ließen, die unterhaltsam und im Handel sehr einträglich waren. Vermutlich fanden sich viele Gründe gleichzeitig, um das Vagabundenleben zu beenden. Doch auch wenn dem nicht so war: Es liegt auf der Hand, dass die Idee vom Anbau von Getreide bis hin zur Erkenntnis, dass Vergorenes berauschend sein kann, nicht so weit hergeholt ist. Die Ergebnisse sind jedoch die gleichen. Der Anbau von Getreide macht dessen Bevorratung notwendig. Vorräte lässt man nicht einfach irgendwo zurück, sondern man lebt dort, wo die Vorräte sind und wo man sie bewachen und zubereiten kann.

Das Sesshaftwerden der Menschheit brachte nicht nur Ackerbau und Viehzucht mit sich. Es war vor allem eine kulturelle Revolution.

Es wurden bleibende feste Werte geschaffen, man identifizierte sich noch stärker mit seiner direkten Umwelt, und langsam entstand ein Begriff dessen, was eine Heimat ist. Und Heimat stiftet nicht nur verstärkt Eigentum, sondern auch Identität. Kaum etwas ist für ein Individuum wichtiger als eine stabile, integre und vor allem krisenfeste Identität. Diskurse schaffen Inhalte. Inhalte schaffen Werte. Werte schaffen komplexe Kulturen. Komplexe Kulturen beeinflussen das Individuum sehr stark. Dieses dialektische Verhältnis zwischen Identität, Kultur, Heimat und Individuum führt geradezu zu einer weiteren Kulturrevolution: Ein dauerhaftes Kulturelles Gedächtnis entsteht, das weit über den bisherigen Stand der Menschheitsentwicklung hinausgeht. Plötzlich ist alles einfacher. Es ist leichter, seine Familie durch den Winter zu bekommen. Dörfer entstehen, mit festen Gebräuchen, festen Handelsrouten und einem ständigen Wissensaustausch. Aus kleinen Höfen und Siedlungen werden Dörfer und Sippen. Und was einerseits laut und beengend sein kann, fördert andererseits den Austausch und die Kultur stärker als jedes Lagerfeuer in der sicheren, aber dunklen und unbequemen Höhle.

C. MEINE STADT, MEIN VIERTEL, MEIN HAUS, MEINE HEIMAT

Aus ersten Dörfern wurden Prototypen von Städten, mit Stadtmauern und allem Drum und Dran. Und dann ging es noch schneller. Aus Jahrtausenden wurden Jahrhunderte. Immer schneller wurden Erfindungen und Innovationen eingeführt. Eigentum, Identität, Heimat und Zugehörigkeit schufen gleich verschiedene Kultur- und Wissenssphären. Leider aber gab es schließlich auch immer mehr, für das es sich scheinbar zu kämpfen und zu töten lohnte. Eigentum und dessen Raub und Verteidigung gehören zu den Haupttriebfedern der Menschheit, die uns bis heute in Bewegung bringen. Wir mögen uns selbst dafür verabscheuen, doch hat sich immer wieder erwiesen, dass unser Konflikt- und Aggressionspotenzial, das vielleicht mehr an das neurobiologische Erbe unserer Primatenvorfahren erinnern mag als an Philosophenkönige, gleichzeitig das größte Innovationspotenzial mit sich bringt, das wir kennen – sofern es gelingt, die destruktiven Seiten unter Kontrolle zu halten.

Glücklicherweise aber können wir mehr, als um unser Eigentum zu kämpfen. Wir können damit handeln, es vermehren und unseren Lebensstandard erhöhen. Die Erfindung des Geldes als Recheneinheit, Zahlungs- und Wertaufbewahrungsmittel befeuerte insbesondere die wirtschaftliche und technische Entwicklung der Menschheit. Von Anfang an ist der Mensch auf ein soziales und politisches Miteinander bezogen und angewiesen.

> Mit dem Aufkommen der Idee von Geld und Zahlungsmitteln wurde Eigentum zu etwas Abstraktem, zu etwas, das man vermehren, hegen und pflegen kann. Auch geistiges Eigentum lässt sich verkaufen und zu Geld machen.

Und vor allem ist die Niederschrift dieses Wissens im wahrsten Sinne des Wortes kultur- und identitätsschaffend. Es kann gar nicht überschätzt werden, wie wichtig für uns als moderne Menschen die Möglichkeit ist, mit Wissen Wohlstand zu generieren. Bildung und Kultur sind somit ein unendlicher Innovationspool geworden, den wir ewig füllen können, um aus ihm Innovation, Wohlstand und Demokratie zu schöpfen. Dabei hat alles unter überschaubaren Umständen angefangen. Zwischen 800 v. und 700 n. Chr. entstanden die großen Philosophien und Religionen, mit denen wir bis heute leben – hier liegt der tiefste Einschnitt der Menschheitsgeschichte. Die Vision einer Menschheitsfamilie tritt zum Vorschein mit nicht verhandelbaren, universalen Grundwerten, die für alle Menschen gelten. Schon die Griechen hatten erste Ideen, was es bedeuten könnte, wenn alle Menschen gleich wären und kein Unterschied zwischen Mann und Frau oder Sklave oder Bürger gemacht werden würde. Diese Ideen reichen bis heute, von den großen Kirchengelehrten über die Nürnberger Kriegsverbrecherprozesse bis hin zu der Formulierung der Menschenrechte.

Der Buchdruck wurde über die Jahrhunderte mehr und mehr das analoge Internet: So schnell eben ein Mensch eine Druckmaschine bedienen und ein Pferd reiten kann, wurden Gedanken, Informationen und Nachrichten verbreitet. Insbesondere für die Entwicklung der Demokratie war der Buchdruck eine grundlegende Bedingung. Die Französische Revolution, die Europa und die Welt veränderte, hätte ohne die Druckerzeugnisse aus der Zeit des amerikanischen Unabhängigkeitskrieges wohl so nie stattgefunden. Der Buchdruck brachte die Ideen von Freiheit, wie sie im Kulturellen Gedächtnis verankert waren und sind, zu Papier und verteilte sie in bis dahin unglaublicher Geschwindigkeit in alle Ecken der westlichen Welt. Es entstand ein Weltbild, das Humanismus und Aufklärung befeuerte und den Menschen in den Mittelpunkt rückte.

Schließlich entwickelten sich das Geschichts- und Fortschrittsdenken, die Naturwissenschaften und das mechanistische Weltbild.

> Von der Industriezivilisation mit Erdöl als Triebfeder – mit dem Auffinden der ersten ergiebigen Ölquelle im Jahre 1859 – bis hin zur Informationszivilisation mit der ersten funktionstüchtigen programmgesteuerten binären Rechenmaschine 1941 und dem Start des Internets als Arpanet 1969 war es nur ein kurzer Zeitsprung.

Von der Entdeckung der Kernspaltung im Jahre 1938, die auf einem Labortisch stattfand, der eher einem Küchentisch glich, bis zur Zündung der ersten Atombombe lagen gerade einmal sieben Jahre. Den strukturellen Aufbau der DNA zu entschlüsseln und im Modell nachzubilden gelang im Jahre 1953. Und 1969 setzte der erste Mensch seinen Fuß auf den Mond. Bereits seit Jahren fahren Fahrzeuge auf dem Mars hin und her und erkunden ihn. Bemannte Marsflüge rücken in greifbare Nähe. Im Jahr 2008 ging die größte jemals von Menschen gebaute Maschine in Betrieb, der Large Hadron Collider am schweizerischen CERN. Die Raumsonde Voyager 1 verließ am 25. August 2012 als erstes menschengeschaffenes Objekt die Heliosphäre und sendet noch immer Messdaten zur Erde. Und wie geht es weiter?

Die Menschheit bereitet sich auf den nächsten Sprung vor. Mit der Digitalisierung erweitert sich der Wissensschatz täglich um ungeheure Mengen an Daten, Schriften und Ideen. Es entsteht Stück für Stück eine digitale Weltkultur. Diese ist kein Ersatz für den eigentlichen Kulturbegriff und die eigentliche Identitätsbildung durch Kultur. Vielmehr bekommen wir einen stärkeren Zugriff auf das, was sich das »Kulturelle Gedächtnis« nennen lässt.

D. BIBEL UND GRIECHISCHE PHILOSOPHEN PRÄGEN MASSGEBLICH DAS EUROPÄISCHE KULTURELLE GEDÄCHTNIS

Was bedeutet Kultur, wie kommt sie zustande und was bedeutet sie für die Identität des Einzelnen? Diesen Fragen widmen sich beispielsweise Wissenssoziologie und Kulturwissenschaft. Die Idee, einen interdisziplinären Ansatz zu verfolgen, also Geschichte, Kultur und Psychologie in die Lösung dieser Fragen einzubeziehen, ist nicht neu.

In diese Kerbe schlägt die Theorie des Kulturwissenschaftlers und Ägyptologen Jan Assmann[*]. Sein Ansatz des Kulturellen Gedächtnisses

---

[*] Prof. Dr. Jan Assmann (* 1938) ist ein deutscher Ägyptologe, Religionswissenschaftler und Kulturwissenschaftler; Emeritus der Ruprecht-Karls-Universität Heidelberg; Träger des deutschen Historikerpreises und des Friedenspreises des Deutschen Buchhandels; gehört zu den führenden und thesenstärksten Kulturtheoretikern unserer Zeit; Gastprofessuren unter anderen in Paris, Jerusalem, Oxford und Chicago.

geht davon aus, dass der Einzelne durch die Gesellschaft geprägt wird, deren Kultur sich historisch entwickelt hat. Demzufolge sind es Riten, Sprache, Bilder und Texte, welche die Zeiten nicht nur überdauern, sondern ganze Kulturen beeinflussen und somit die individuelle Identität prägen. Er verfolgt somit ein ähnliches systemisches Denken wie Karl Jaspers. Die Folge dieses Denkens war und ist unweigerlich, das Individuum als etwas Besonderes zu betrachten, etwas Schützenswertes. Dabei wird das Rad nicht jedes Mal neu erfunden, ganz im Gegenteil. Es handelt sich dabei zum Beispiel um Bilder oder Traditionen, die über Jahrhunderte gelebt wurden, die sich dabei stets entwickelt haben und ein fester Bestandteil unseres Lebens und kulturellen Selbstverständnisses sind. Diese Erinnerungskultur ist ein essenzieller Bestandteil dessen, was Assmann als das europäische Kulturelle Gedächtnis beschreibt. Es ist die Basis unseres Selbstverständnisses und letztlich dessen, was die Kultur und Identität Europas ausmacht. Damit passen Assmanns Gedanken bis heute zu gängigen Theorien der Sozialwissenschaften, wie etwa die des Sozialkonstruktivismus nach Berger und Luckmann, die das dialektische Verhältnis von Einzelnen und Gemeinschaft so formulierten, dass ihre Arbeiten zu diesen Ideen bis heute absolute Standardwerke sind. Doch geht Assmann weniger als Berger und Luckmann von der Internalisierung von Normen und Wertesystemen als regelgebende Instanzen aus als von einer kontinuierlichen Weitergabe von Traditionen, Wissen und Kultur. Es ist wie ein Fluss, ein Feld, in dem wir uns bewegen. Das europäisch(-amerikanische) Kulturelle Gedächtnis geht maßgeblich zurück auf die Griechen – gemeint sind hier natürlich vor allem ihre Philosophen – und auf die Bibel. Von keinen anderen Bereichen und Inhalten wurden Europäer und Amerikaner mehr beeinflusst und geprägt. Im Vordergrund steht dabei ein Humanismus der Einheit. Er basiert auf dem, was allen Menschen gemeinsam ist – so verschieden Menschen im Übrigen als Angehörige unterschiedlicher Religionen, Nationen und Kulturen auch sein mögen.

E. VON DER GOTTEBENBILDLICHKEIT DES MENSCHEN UND SEINER VERANTWORTUNG ALS TEIL IM NETZ DES LEBENS

Bezogen auf die Griechen kann man von der platonischen Idee des Menschen sprechen, und biblisch lässt sich das mit der Gottebenbildlichkeit des Menschen ausdrücken.

Das kann man auch als Grundvoraussetzung für den Humanismus benennen. Der gemeinsame Ursprung aller Menschen impliziert die gleichen Rechte, Pflichten und Privilegien für jeden Einzelnen. Die Menschenrechte können beispielsweise nur dann Sinn ergeben, wenn sie allgemein gültig sind, ungeachtet von Religion, Herkunft oder Vermögen. Das ist jedoch mitnichten imperialistisches Denken, das anderen Kulturen unsere westlichen Werte aufzwingt, im Gegenteil. Es ist die Folge eines Denkens, das sich tief in den Fundamenten des Christentums und des aufgeklärten Abendlandes wiederfindet, nämlich die Anerkennung des göttlichen Funkens in jedem Menschen, der uns alle auf die gleiche Stufe erhebt. Es ist der erste Platz auf dem Podest, den wir uns alle gegenseitig zugestehen müssen. Wenn wir das nicht tun, schaffen wir diesen Platz ab, wir verlieren unsere eigene, individuelle Würde. Darum führt kein Weg daran vorbei, dass wir diese individuellen Rechte universell allen Menschen zugestehen müssen, ganz gleich, ob ihr Kulturkreis oder ihre Religion dieses Zugeständnis machen will oder nicht. Das mag eine Bürde sein, doch ist es auch eine Chance. Den individuellen Rechten des Individuums stehen allerdings auch allgemeine Menschenpflichten zur Seite. Zu diesen gehören beispielsweise menschenfreundliches Handeln, Hilfsbereitschaft, Gewissensverpflichtung, Brüderlichkeit und Friedfertigkeit. Letztendlich kann auch nur Demokratie mit diesem Menschenbild von Bestand sein.

Der Weg bis hin zu der Erklärung der Menschenrechte ist nicht in einzelnen Schritten begangen worden, sondern war ein durchgehender, fließender Prozess, in dem das tief verankerte kulturelle Wissen lebendig abgerufen und gestaltet wurde.

Als einen wesentlichen Entwicklungsschritt und Höhepunkt der europäischen Geistesgeschichte und des sich daraus entwickelnden Humanismus' erkennen wir immer noch die Zeit der Renaissance und der Aufklärung an. Sie leitete die Geburt der Revolutionen für die Erringung von Freiheit und Menschenrechten ein.

Die geistige Heimat Europas bildet sich vor allem aus der hellenistisch-römischen Antike, den humanistischen Ideen des Christentums und letztlich der Aufklärung. Auf diese Weise wurden Demokratie, Rechtskultur, Menschenrechte und moderne Wissenschaften hervorgebracht. Menschenrechte und Menschenwürde sind also übergeordnete Instanzen. Sie waren schon immer da, ganz gleich, ob sie in Gesetzen formuliert worden sind oder nicht. Wir finden sie in unserem Kulturellen Gedächtnis. Sie stehen über staatlichen und gesellschaftlichen Konstruktionen, weil diese wandelbar und instabil sind. Gerade im 20. Jahrhundert haben wir mehrmals erlebt, was es bedeutet, wenn staatliche Systeme sich an die Spitze stellen – Menschlichkeit und Menschenrechte werden so staatlichen Ideologien untergeordnet. Die Folgen sind leider nur allzu oft Autokratie, Unrecht, Terror und Krieg gewesen.

Soweit es den europäisch-amerikanischen Kulturkreis betrifft, können wir also vom Vermächtnis der antiken, christlichen und aufgeklärten Tradition sprechen. Die erste Tugend dabei ist Verantwortung; Verantwortung für sich selbst, für die unmittelbare Umgebung, aber auch Verantwortung für die eigene Stadt oder Gemeinde, für das eigene Land und die eigene Gesellschaft. Hierbei kommt manchem Betrachter aber auch das religiös orientierte Motto »Bewahrung der Schöpfung« in den Sinn. Das Wort »Bewahrung« erinnert an die Verantwortung des Menschen für seine Umwelt – natürlich eher in der Rolle eines Gärtners –, während der Begriff »Schöpfung« insbesondere den Gedanken einer gemeinsamen Welt der Menschheit und aller Lebewesen hervorhebt. Darüber hinaus wird mit »Schöpfung« auch ein metaphysischer Inhalt ausgedrückt.

Der Mensch sollte in jedem Fall nicht als Zerstörer der Schöpfung auftreten. Der Mensch als Teil der Natur ist mitverantwortlich für ihren Erhalt – das Verstehen, Schützen und Regenerieren der Ökosysteme und der Biodiversität ist die Basis für das Wohlergehen und das Überleben des Menschen und aller anderen Lebewesen.

Wir befinden uns heute im größten Massensterben, was die Artenvielfalt anbelangt, seit dem Ende der Dinosaurierzeit vor 65 Millionen Jahren. Beim letzten großen Sterben waren unter anderem die Dinosaurier die Opfer.

> Manche Experten sprechen heutzutage bereits von einer »Triple-Krise« in Form von Artensterben, Klimawandel und Pandemien.

In jedem Fall verschwinden in zunehmendem Maße viele der evolutionären Begleiter des Menschen und die genetische Vielfalt nimmt rasant ab. Während die vorherigen Massensterben der Erdgeschichte durch Umweltkatastrophen ausgelöst wurden, ist das jetzt stattfindende große Artensterben vom Menschen verursacht. Entscheidend ist jetzt ein ganz konkretes Umdenken:

> Die Betrachtungsweise und Formulierung »Der Mensch und die Natur« sollte verschwinden. Zutreffender wäre wohl »Der Mensch in der Natur«. Der Mensch ist ein Teil der Erde – als Teil im Netz des Lebens.

Dass unsere Ozeane im Plastikmüll regelrecht versinken, kann durchaus als modernes Menetekel verstanden werden. So ist der sogenannte »Great Pacific Garbage Patch« (deutsch: »großer pazifischer Müllteppich«) zwischen Kalifornien und Hawaii zum Sinnbild für das Problem des Plastikmülls in den Ozeanen geworden. Er wird auf eine Größe von 1,6 Millionen Quadratkilometer geschätzt – das entspricht etwa viereinhalb Mal der Fläche Deutschlands. Aber auch der Marianengraben als tiefster Punkt des Ozeans und als einer der abgelegensten Orte der Welt in Tiefen von etwa 11 000 Metern kann sich der Geißel des Plastikmülls nicht entziehen. Auf dem Boden des Marianengrabens findet man Plastik und andere nicht abbaubare Artefakte menschlicher Konsumtätigkeit.

F. ALLES NUR GEKLAUT? BIBEL UND GRIECHEN INTERPRETIEREN DAS ALTE ÄGYPTEN

Aber kommen wir wieder zurück zur Bibel und den Griechen und dem von Jan Assmann in diesem Zusammenhang verwendeten Begriff der Zweistöckigkeit des europäischen Kulturellen Gedächtnisses. Was ist darunter im weiteren Sinne zu verstehen?

> Entscheidend ist unter dieser Betrachtungsweise vor allem der Umstand, dass sowohl die Griechen als auch die Bibel in ihrem eigentlichen Kern als Ursprung auf Ägypten zurückblicken.

Assmann beschreibt an dieser Stelle das, was für die europäische Kultur so wesentlich ist: Es ist das Zusammenspiel von Tradition und lebendiger, durchgehender Weitergabe auf der einen Seite und die Kombination von zwei antagonistischen Weltanschauungen auf der anderen Seite. Er nutzt hierbei den Begriff der Zweistöckigkeit.

Was verbirgt sich hinter dieser Zweistöckigkeit? Sowohl die Bibel als auch die antike griechische Kultur bauen auf der Kultur des Alten Ägypten auf. Bibel und Griechen interpretieren das Alte Ägypten aber vollkommen unterschiedlich: Auf den Punkt gebracht ist das biblische Bild von Ägypten ein negatives und das bei den griechischen Philosophen vorzufindende ein positives. Die Bibel versucht, sich mit aller Macht von der ägyptischen Kultur abzugrenzen und damit ihre Eigenständigkeit zu untermauern. Dabei kommt ein verzerrtes, polemisches Ägyptenbild zum Vorschein. Bei den Griechen hingegen zeigt sich stets ein Verhältnis zur ägyptischen Kultur, das von faszinierter Bewunderung geprägt ist.

Das Verblüffende dabei ist:

Diese beiden Bausteine, das Ägyptenbild der Griechen und das der Bibel, sind gleichermaßen die Basis des europäischen Kulturellen Gedächtnisses und somit der europäischen Kultur.

Das Wiederaufleben der Antike durch die Renaissance war gleichzeitig das Wiederaufleben des antiken Bildes, das sich die Griechen von Ägypten gemacht hatten. Die Götter der antiken Ägypter haben die Zeiten überdauert, indem ihre Stereotypen als Ur-Formen weiterentwickelt und weiterverwendet wurden. Charakteristische Anteile in der Mythologie der ägyptischen Göttermutter Isis finden sich so in der christlichen Vorstellung der Mutter Gottes in Person von Maria wieder. Oder: Das archetypische Dreigestirn Isis – Osiris – Horus in Ägypten spiegelt sich, so könnte man es verkürzt formulieren, ein stückweit und auf einer anderen Ebene, in der Heiligen Dreifaltigkeit Gottvater – Sohn – Heiliger Geist im Christentum wider. Grundsätzlich sei an dieser Stelle erwähnt, dass das Prinzip der Trinität in vielen Religionen eine Rolle spielt. Diese göttlichen Triaden lassen sich also im antiken Ägypten, im Christentum und ebenso im Hinduismus, Zoroastrismus oder im Zen-Buddhismus finden. Auch hier lassen sich viele Zusammenhänge mit dem Überlieferungssystem eines Kulturellen Gedächtnisses erklären.

Aber was ist nun mit »unseren ägyptischen Wurzeln« genau gemeint? Auf den ersten Blick ist in unserer Kultur über ägyptische Wurzeln wenig bekannt – und das hat zunächst einmal ganz offensichtliche historische Gründe. Im Alten Testament werden Berührungspunkte mit dem Alten Ägypten proaktiv verdrängt – es gibt sogar eine gewisse Art der Feindschaft gegenüber dem Pharaonenreich.

Es liegt auf der Hand: Die Israeliten hatten viel Zeit in Ägypten verbracht; der Exodus beschreibt das Bild Ägyptens, mit dem das Volk Israels seine eigene Identität mitbegründete. Im Geisteskosmos des Judentums gibt es jedoch verschwiegene ägyptische Motive, die im Christentum vollends zum Durchbruch gelangten und auf diese Weise nach Europa importiert worden sind. Jan Assmann ist überzeugt, dass im Christentum viel unbewusstes ägyptisches Erbe weiterlebt. Zum Beispiel entsprechen die biblischen zehn Gebote den Lebensregeln aus Ägypten – zum Teil wortgleich. Aber auch das Thema der Inkarnation ist ein altägyptisches. Die Fleischwerdung Gottes in Jesus Christus, so Assmann, hat ihr Vorbild in der Fleischwerdung des Horus in den Pharaonen. Die ägyptischen Könige galten nämlich als Inkarnationen des Gottes Horus.

Die christlichen Ideen von der Unsterblichkeit der Seele und auch die von einem Gottesgericht nach dem Tod stammen ebenfalls aus dem Pharaonenreich. Bis heute ist unsere Jenseitsvorstellung ägyptisch geprägt. Der im Alten Ägypten allgemein verbreitete Glaube an das sogenannte »Totengericht des Osiris« stützt sich auf die Hoffnung, dass der Strebsame und Gerechte im Jenseits gewissermaßen einen Ausgleich für die irdische Unvollkommenheit findet und so seinen »rechten Lohn« erhält. Hier findet sich unsere allgemeine Jenseitsvorstellung im Kulturellen Gedächtnis wieder. Im Mittelpunkt steht hier das Bewusstsein, für die eigenen Taten verantwortlich zu sein. Götter lassen sich eben nicht mehr durch irgendwelche Opfergaben bestechen. Der Mensch wird als Individuum vielmehr ernst genommen und selbst zur Rechenschaft gezogen. Das ist überaus wichtig, denn das ist die Grundlage für das Völkerrecht und die Menschenrechte. Denn Eigenverantwortlichkeit setzt auch Rechte, Pflichten und Privilegien voraus, also für einen Einzelnen oder eine Gruppe geltendes, besonderes Recht. Recht und Gerechtigkeit sind auch die Grundpfeiler demokratischen Denkens. Das Totengericht des Osiris lässt sich somit als ein Baustein dessen bezeichnen, was viel später zu Bürgerlichkeit, Gleichberechtigung und Freiheit werden sollte.

Wie sah nun aber konkret die ägyptische Jenseitsvorstellung aus? Der Tote wird hier im Jenseits in der Halle des Gerichts vor Osiris, den ägyptischen Gott des Jenseits, den obersten Richter des Totengerichts, geführt. Das Herz des Verstorbenen wird dann dort gegen die Wahrheit gewogen. Und die Alten Ägypter haben dies auf sehr anschauliche Art und Weise zum Ausdruck gebracht.

> Das Herz steht in Ägypten für das Gewissen; es leitet den Menschen und sein Urteil, es ist ein unabhängiges Wesen aus einem höheren Sein, das im Körper Wohnung genommen hat.

Die Wahrheit wird beim Prozess des Wiegens als Feder dargestellt. Diese Feder steht symbolisch für den Wesenskern der ägyptischen Ma'at, den Zentralbegriff des altägyptischen Denkens – verkörpert als Göttin der Wahrheit und Gerechtigkeit. Ma'at lässt sich auch als »Gleichgewicht«, »Harmonie«, »Weltenordnung/Ur-Ordnung«, »Gerechtigkeit« oder »Gesetz« übersetzen. Die Feder symbolisiert insbesondere den luftigen und damit transzendenten Aspekt von Ma'at, der alle Formen des Seins zu durchdringen vermag. Das Herz des Verstorbenen wird also abgewogen, um zu sehen, ob der Verstorbene mit der Ma'at übereinstimmt. Ist das Herz leicht und unbeschwert von Sünden, so wird sich beim Vorgang des Wiegens gegenüber der Ma'at-Feder ein Gleichgewicht einstellen. Symbolisch ausgedrückt befindet man sich also dann im Einklang mit der Ma'at. Im negativen Sinne führt ein von Sünden beschwertes Herz zu einem schlechten Ergebnis auf der Waage. Der ägyptische Gott Thot fungiert als der göttliche Schreiber und hält das Messergebnis fest. Thot verkörpert die Weisheit und die Wissenschaft und gilt als Begründer ägyptischer Geheimlehren, insbesondere auch was die Alchemie und die Regeln der Baukunst anbelangt. Zugleich ist er der Gott der Intelligenz, der Lehrer der Künste und Wissenschaften und der Erfinder von Sprache und Schrift. Thot wurde in der griechischen Mythologie mit Hermes gleichgesetzt und später mit ihm zu Hermes Trismegistos verschmolzen. Der Beiname Trismegistos bedeutet in der Übersetzung »der dreimal Größte«.

Der altägyptische Mensch erlebt das Herz als inneren Gesprächspartner, der aber sehr wohl eine distanzierte Meinung haben kann. Es trifft oder korrigiert ethische Entscheidungen, deren Richtigkeit oder Fehlerhaftigkeit es anzeigt. Das Herz führte, so das Empfinden der Alten Ägypter, eine Art Eigenleben – es klopft, es schmerzt, es rast oder hüpft vor Freude – und wurde deswegen als eigenständiges Wesen betrachtet. Das ging sogar so weit, dass es in Ägypten ein verbreiteter Brauch war, das eigene Herz mit bestimmten Formeln so zu beschwören, damit es am Tag des »Jüngsten Gerichts« nichts von eventuellen Missetaten preisgäbe. Für die Ägypter war es scheinbar eine nicht angenehme Vorstellung, dass sich das Herz verselbstständigt und wie das eigene, aber unabhängige Gewissen Zeugnis von den Untaten im persönlichen Leben gegenüber dem obersten Richter des Totengerichts gibt.

Übrigens haben die Alten Ägypter keine lineare Zeitvorstellung wie wir gehabt. Vergangenheit, Gegenwart und Zukunft waren in Ägypten nicht auf einer gedachten Linie von links nach rechts im übertragenen Sinn angebracht. Vielmehr sprach man von einer zyklischen, immer wiederkehrenden Zeit und von der ewigen Dauer als einer Folge und Wiederholung von Regelmäßigkeiten. Es liegt somit auf der Hand, dass man sich in Ägypten sehr stark mit dem Tod und der (Wieder-)Geburt auseinandergesetzt hatte. Das Streben nach der Richtigkeit im ethischen Sinn wird jedoch nicht nur im Hinblick auf das jenseitige Gottesgericht gefordert, sondern es findet seinen Lohn auch auf Erden: Als die Ägypter in der ersten Phase des Neuen Reiches, im 16./15. Jahrhundert vor Christus, den Gipfel ihrer Weltmachtstellung erreichten, bildete sich einerseits die Entfaltung der Persönlichkeit und andererseits die geistige Gleichberechtigung der Menschen untereinander heraus. Kein Wunder, schließlich wird das Herz eines jeden Menschen beim Totengericht gewogen und so zur Rechenschaft gezogen – ob als hochgestellter Beamter oder als einfacher Landarbeiter. Der Ägypter lernte auf diese Weise den Wert des Menschen als Einzelwesen erkennen und gelangte schließlich zur Entdeckung des Ich-Bewusstseins – und das bereits lange vor der Achsenzeit nach Karl Jaspers.

Man kann das Alte Ägypten durchaus als ersten »Zentralstaat« der Welt bezeichnen. Der gesellschaftliche Frieden hat dort auch so lange wie nirgendwo sonst gehalten. Einer der Erfolgsgaranten war sicherlich die Innenstabilisierung durch das Ma'at-Prinzip – für den Einzelnen selbst und auch für die Gesellschaft. Das ägyptische Erziehungsideal wollte den Einzelnen zum »Baustein im Ordnungsgefüge« machen – durch Verbindung des »Eigen-Sinns« mit dem »Gemein-Sinn«.

Jan Assmann drückt das in seinem Buch *Ma'at* so aus:

»Mit dem Konzept der Ma'at hat eine vergleichsweise sehr frühe Kultur auf höchster Abstraktionsstufe einen Begriff geprägt, der menschliches Handeln und kosmische Ordnung miteinander verknüpft und damit Recht, Moral, Staat, Kult und religiöses Weltbild auf eine gemeinsame Grundlage stellt.«[*]

Die Ma'at ist also ein gesamtheitliches Prinzip. Es vereinigt Staatswesen, Moral, Philosophie und Theologie. Erst in den folgenden Jahrhunderten gliederten sich die einzelnen Stränge heraus und traten einzeln hervor. Jedoch waren sie alle bereits in der Ma'at enthalten, sie entfalteten sich mit dem Fortschreiten der Kultur. Ihre Prinzipien waren also schon im Kulturellen Gedächtnis angelegt – es ist von Ägypten bis zum heutigen Tage an uns weitergegeben worden.

---

[*] Assmann: *Ma'at*, 2006, S. 17.

G. DIE ACHSENZEIT – EIN PLÄDOYER FÜR EINEN KOSMOPOLITISCHEN HUMANISMUS

Kommen wir noch einmal zurück zu Karl Jaspers und seiner Achsenzeit. Was ist nun konkret unter den geschichtsphilosophischen Betrachtungen Karl Jaspers zu verstehen, die als Achsenzeit eine »Achse der Weltgeschichte« schlaglichtartig beleuchten?

Aus der Achsenzeit gingen die ersten gestifteten Religionen wie der biblische Monotheismus mit den Propheten des Alten Israel, der Zoroastrismus mit Zarathustra in Persien oder der Buddhismus mit Buddha in Indien hervor sowie die ersten philosophischen und theoretischen Schriften der Philosophen in Griechenland und Konfuzius und Laotse in China. Für Jaspers war die Achsenzeit die Epoche, die das Menschsein bis heute geprägt hat. In dieser Zeit wurden die Grundsätze gelegt, die unser heutiges, modernes Denken prägen. Sie sind die Grundpfeiler der Philosophie und der Weltreligionen.

Wenn man so will, setzte ab der Achsenzeit der systematische Gebrauch geistiger Werkzeuge ein. Man teilt die Anfänge der Menschheitsgeschichte in Steinzeit, Bronzezeit und Eisenzeit ein, entsprechend durch den Gebrauch der tatsächlichen Werkzeuge aus Stein, Bronze und Eisen. Im gleichen Sinne kann man also von der Achsenzeit nach Jaspers sprechen, in der dann geistige Werkzeuge wie »moralischer Universalismus«, »Transzendenzbezug« und »Einsicht in die Symbolizität der Symbole« erstmals fast zeitgleich und in mehreren Teilen in Form einer bestimmten Art des Denkens zum Einsatz kamen und auf diese Weise die großen Philosophien und Religionen, mit denen wir bis heute leben, entstanden sind. Die gesamte Menschheit machte einen Sprung – zeitgleich, überall auf der Welt. Jaspers nennt die Achsenzeit eine »geistige Grundlegung der Menschheit«.*

Er sagt dazu: »Was mit diesem Ursprung gemeint ist, das ist nicht eine biologische Artung und Abstammung aus einer Wurzel, sondern

---

* Vgl. Jaspers.

das Menschsein als Einheit aus höherem Ursprung.«* Wenn Jaspers vom Durchbruch und einer Einweihung des Menschseins schreibt, dann läuft damit seine Theorie auf folgende Grundannahme hinaus: Es gibt nur eine Wahrheit und nur eine Menschheit. Damit ist dann die Achsenzeit ein »Plädoyer für einen kosmopolitischen Humanismus«, wie es Jan Assmann ausdrückt.**

Für Jaspers bedeutet die Achsenzeit eine Art von Mutation – der Mensch im Ganzen macht einen Sprung. In der Achsenzeit entsteht der Homo sapiens axialis, die Spezies, der wir selbst angehören. Die Signatur dieser Mutation ist eine enorme Ausweitung der menschlichen Welt ins Unendliche, sowohl nach außen, in Richtung Transzendenz in Gestalt von Metaphysik und Monotheismus, als auch nach innen, in Richtung Seele, Subjektivität und Innenwelt, in Gestalt von Mystik, Spiritualität, Gnosis und anderen Erscheinungsformen dessen, was Paulus den »inneren Menschen« nannte.***

---

* Vgl. Jaspers.
** Assmann: *Achsenzeit*, 2018, S. 283.
*** Vgl. Assmann, Sundermeier (Hg.): *Die Erfindung des Inneren Menschen*, 1993.

KAPITEL 5

GELD: DIE GEHEIME STAATSRELIGION ODER: GELD REGIERT DIE WELT – ABER WER REGIERT DAS GELD?

»Je größer die Rolle des Geldes als Wertkondensator wird – desto weiter wird es von der notwendigen Bindung an eine Substanz fortrücken ... Man könnte dies als eine steigende Vergeistigung des Geldes bezeichnen. Denn das Wesen des Geistes ist, der Vielheit die Form der Einheit zu gewähren.«[*]

GEORG SIMMEL, PHILOSOPH UND SOZIOLOGE[**]

---

[*] Simmel: *Philosophie des Geldes*, 1900, S. 190.
[**] Georg Simmel (*1858 in Berlin; † 1918 in Straßburg) war ein deutscher Philosoph und Soziologe und stand in der Tradition der Lebensphilosophie, aber auch der des Neukantianismus.

A. GELDSYSTEME FALLEN NICHT VOM HIMMEL – SIE WERDEN VON MENSCHEN GEMACHT

Kleider machen Leute. Mit Geld ist es genauso. Besser gesagt: Geld macht Leute, Leute machen Geld. Und genauso ist es mit dem Umfeld, in dem wir leben. Wie unser Zuhause, unsere Heimat oder unser Arbeitsplatz. Der Mensch wird von seinem Umfeld geprägt und andersherum. Das mag keine neue Erkenntnis sein, doch Georg Simmel war um 1900 einer der ersten Soziologen, der daraus ein wirkliches Thema machte und seine Ideen hinsichtlich der Wechselwirkungen von Individuum und Gesellschaft verfeinerte. Der Sohn jüdischstämmiger Kaufleute – Simmels Vater war einer der Mitbegründer der berühmten Sarotti-Schokolade – war in Berlin aufgewachsen und hatte die boomende Stadt in all ihren Vor- und Nachteilen erlebt.

Der waschechte Berliner Simmel kam lange Jahre eigentlich kaum raus aus Berlin. Und auch wenn er in den gebildetsten Kreisen der Stadt verkehrte, hatte er zeitlebens mit Judenfeindlichkeit zu kämpfen – obwohl sein Vater noch vor seiner Geburt vorsorglich zum Katholizismus konvertiert hatte, auch um den europaweit aufkommenden antisemitischen Tendenzen zu entgehen. So war Simmel eine echte Professur lange verwehrt worden. Doch hatte er eine große Fangemeinde. Er dozierte buchstäblich über Gott und die Welt, er sprach über Psychologie, Soziologie, Ethik, Geschichte und die Gesellschaft. Der vielseitig interessierte Universitätsdozent war einer der Begründer der Stadtsoziologie. Seine Gedanken beeinflussten Adorno, Bloch und viele andere.

Dabei hatte er festgestellt, dass die Großstadt die Menschen ein Stück weit irre machte – Berlin hat sich also in über 120 Jahren kaum verändert, was das betrifft. Um sich in einer spezialisierten und arbeitsteiligen Gesellschaft bemerkbar zu machen, würden immer mehr Menschen teilweise absurde Wege finden, um sich als Individuum darzustellen, schrieb Simmel. Der Mensch möchte demnach eigenständig, selbstbestimmt und er selbst sein und muss sich gleichzeitig einem anonymisierten Leben in einer industrialisierten Großstadt stellen. Und um sich abzugrenzen, muss man eben spezielle Kleidung kaufen, in bestimmten Kreisen verkehren und so weiter. Und das kostet Geld. Die Schlange beißt sich selbst in ihren Allerwertesten: Um Geld zu verdienen, muss man arbeiten, und wer arbeitet, deindividualisiert sich; man muss Geld ausgeben, um sich abzugrenzen und sich als Individuum darzustellen.

Allgemein ausgedrückt: Geld spielt eine zentrale, eine übergeordnete Rolle und ermöglicht Entwicklungen – sowohl auf persönlicher als auch auf gesellschaftlicher Ebene. Diese Entwicklungen können positiv oder negativ sein und oftmals wirkt Geld dabei als Beschleuniger. Bahnbrechende Errungenschaften für die Menschheit, aber auch krisenhafte Fehlentwicklungen sind so möglich. Geld ist in jedem Fall der Geburtshelfer beim Fortschritt. Geld als evolutionäres Medium zu bezeichnen, trifft den Nagel auf den Kopf. Geld ist dabei selbst stets neutral. »Das Geld hat jene sehr positive Eigenschaft, die man mit dem negativen Begriffe der Charakterlosigkeit bezeichnet.«* So drückt es Georg Simmel aus. Man kann mit Geld Lebensmittel oder Waffen kaufen.

> Geld ist in gewisser Weise das »Blut« im Kreislauf der Wirtschaft und hält so vielleicht auch die Welt im Innersten zusammen. In erster Linie ist es dabei ein Gestaltungsmittel – es formt die Gesellschaft von außen.

Natürlich lässt sich Geld auch im negativen Sinne, insbesondere als Spekulationsmittel, missbrauchen. Geldsysteme fallen eben nicht vom Himmel. Sie werden von Menschen gemacht. Geld als eine Schöpfung des Menschen hat eine lange Geschichte hinter sich. Natürlich ist es dabei wichtig zu verstehen, welche Verbindungen in uns entstehen, wenn wir mit Geld die Gesellschaft von außen formen. Schließlich verbirgt sich in unserer eigenen Psyche der Motor, der uns vorantreibt.

---

* Simmel: *Philosophie des Geldes*, 1900, S. 213.

B. GELD HAT ZUR BEFREIUNG DES INDIVIDUUMS GEFÜHRT

Unbestritten ist Geld eine der bedeutendsten Errungenschaften der menschlichen Zivilisation – oder anders ausgedrückt:

> Die Geschichte der menschlichen Zivilisation ist mit der Entwicklung des Geldwesens eng verbunden. Man denke zum Beispiel nur an die komplexen Formen kooperativer Arbeit innerhalb einer hochentwickelten arbeitsteiligen Gesellschaft.

Gerade im aufstrebenden Berlin muss die Industrialisierung, die durch den weltweiten Ölboom erst recht an Fahrt aufgenommen hatte, schwer beeindruckt haben. Heute kaum mehr vorstellbar: Berlin hatte enorme Industriegebiete, Arbeiterviertel und ganze Straßenzüge, in denen spezialisierte Arbeiter einer einzigen Fabrik lebten. Stupide Fließbandarbeit war nicht ungewöhnlich. Und wer tagein, tagaus immer die gleichen Handgriffe tätigt, mit nur wenigen Pausen, Montag bis Samstag, hat kaum Gelegenheit für das, was wir heute ein modernes und verträgliches Sozialleben nennen. Die arbeitsteilige Gesellschaft der Industrialisierung Berlins schuf spezielle Lebensweisen und Ansichten. Die Eckkneipe als Ort des Austauschs für die Arbeiterschaft mag trist erscheinen, doch waren diese und viele kleine anderen Inseln die Brutstätte für ein Demokratieverständnis, das es in Deutschland erst nach dem Ersten Weltkrieg geben sollte. Gewerkschaften gründeten sich, Parteien, Vereinigungen und Sportclubs. Aus den mittellosen Angestellten wurden mehr und mehr die vielleicht etwas renitenten und leicht aufsässigen, sympathischen Berliner, die man zuweilen heute noch findet. Es wurde immer klarer: Wer arbeitet und Geld verdient, muss sein Recht auf ein selbstbestimmtes und freies Leben ausüben können, sich entwickeln und eine eigene Zukunft aufbauen können. Auf diese Weise konnte eine neue Qualität sozialer

Beziehungen entstehen – frei nach dem Motto »Jeder nach seinen Fähigkeiten zum Wohle aller«. Die Einzigartigkeit jedes Einzelnen kommt so zum Vorschein und kann sich voll entfalten. Deshalb muss man sich immer wieder vor Augen führen, woher die Verquickung von Weltanschauungen des Bildungs- und Großbürgertums mit denen der Mittelschicht stammt. Es ist der Wunsch nach Selbstbestimmung, der die städtischen Gesellschaftsteile miteinander vereinte. Sie waren fruchtbarer Boden für Gleichberechtigung und Emanzipation. Es ist kein Zufall, dass Frauenrechtsbewegungen damals wie heute gerechte Bezahlung an einer der ersten Stellen fordern, denn gleiche Rechte können nur dann umgesetzt werden, wenn gerechte Bedingungen geschaffen werden.

> Vielleicht ist Geld sogar das mächtigste Werkzeug der Menschheit überhaupt, sicher jedoch hat Geld zur Befreiung des Individuums geführt.

Allerdings gibt es hier auch im wahrsten Sinne des Wortes eine Kehrseite der Medaille in Form einer gefährlichen Schattenseite des Geldes. Diese tritt insbesondere dann zum Vorschein, wenn Geld die Leere ausfüllt, die aus dem Verlust persönlicher und religiöser Bindungen entstanden ist. Vor allem in anonymisierten und modernen Stadtwelten scheinen diese Tendenzen seit über 120 Jahren immer mehr an Fahrt aufzunehmen. Dann wird Geld zum Selbstzweck und es wird sprichwörtlich um das biblische goldene Kalb getanzt. Geld wird somit zu einem modernen Gott, der natürlich niemals die Sehnsucht nach einem höheren Sinn befriedigen kann.

C. DER MORALISCHE FORTSCHRITT – ZWINGEND NOTWENDIG ...

Papst Franziskus formuliert dieses Dilemma im »Evangelii gaudium«, seinem ersten Apostolischen Schreiben (24. November 2013), wie folgt:

»[...] Einer der Gründe dieser Situation liegt in der Beziehung, die wir zum Geld hergestellt haben, denn friedlich akzeptieren wir seine Vorherrschaft über uns und über unsere Gesellschaften. [...] Wir haben neue Götzen geschaffen. Die Anbetung des antiken goldenen Kalbs hat eine neue und erbarmungslose Form gefunden im Fetischismus des Geldes und in der Diktatur einer Wirtschaft ohne Gesicht und ohne ein wirklich menschliches Ziel.«

Sobald Geld selbst zu Kapital wird, erzeugt es eine explosive Dynamik, welche die Menschheit lernen muss zu beherrschen – ansonsten sind Natur und am Ende der Mensch selbst in Gefahr –, schließlich hat Geld keine Moral in sich. Der geistige beziehungsweise moralische Fortschritt ist daher zwingend notwendig und muss den Fortschritt in Technik und Naturwissenschaft Hand in Hand und auf Augenhöhe begleiten.

Eine größere Einsicht in Wertmaßstäbe muss der Dynamik bei dem aus dem Geld entstehenden Kapital entgegengesetzt werden. Diese Wertmaßstäbe verbinden die Menschen untereinander und sollten zur Grundlage menschlichen Handelns werden. Für den Philosophen Markus Gabriel* gibt es universale, also für alle Menschen verbindliche Werte. Auf diese Weise würden alle Menschen als Gleiche anerkannt und unsere Gesellschaften dazu gedrängt, diese Gleichheit konsequent und gegen alle künstlich gezogenen Grenzen zwischen Gruppen zu fördern und umzusetzen.

»Nicht das Vertrauen in technologische Errungenschaften, sondern das Handeln nach klaren moralischen Maßstäben bringt Fortschritt«,** so bringt es Gabriel wegweisend zum Ausdruck.

---

* Prof. Dr. Markus Gabriel gilt als einer der weltweit bekanntesten Vertreter eines Neuen Realismus in der Philosophie und als einer der bekanntesten deutschen Gegenwartsphilosophen.

** Prof. Dr. Markus Gabriel bei seinem Vortrag »Die Ethik der Künstlichen Intelligenz« am 29.09.2021 bei der Heidelberger Gespräche Gesellschaft (www.heidelberger-gespraeche.org).

Mephisto in Goethes *Faust* ist keine Person an sich, sondern die Verkörperung eines Prinzips. Er ist Vernunft ohne Gewissen, war mit einem gewissen Witz und Charme gesegnet, doch hat er keinen Bezug zu dem, was wir als innerste moralische Instanz innehaben.

> Der Einsatz von Technik ohne Gewissen ist im 20. Jahrhundert auf vielfältige und schreckliche Weise geschehen. Im Digitalen Zeitalter müssen wir es besser machen. Technischer Fortschritt ohne Gewissen ist wie eine Kirche ohne Gott: eine leere Hülse, die vielleicht vor Regen und Unwetter schützt, aber niemals echte Wärme geben kann.

D. DAS GEHEIMNIS DER GELDSCHÖPFUNG

Kommen wir nun aber wieder ganz konkret zurück zum Geld. Lüften wir in diesem Kapitel etwas den Schleier und werfen wir einen Blick hinter die Kulissen unseres Geldes. Ausnahmslos jeder hat mit Geld zu tun, doch nur die wenigsten wissen, was es tatsächlich ist und wie es in Umlauf kommt. »Goethe, Faust und das Papiergeld oder das Geheimnis der Geldschöpfung« – so könnte man dieses Kapitel auch betiteln.

Im ersten Akt von *Faust II* gibt es die berühmte Geldschöpfungs- oder Gelddruckszene. Der als Narr verkleidete Mephisto spricht mit dem von akuten Geldnöten geplagten Kaiser und stellt fest: »Wo fehlt's nicht irgendwo auf dieser Welt? Dem dies, dem das, hier aber fehlt das Geld.« Der Kaiser erwidert daraufhin: »Ich habe satt das ewige Wie und Wenn; Es fehlt an Geld, nun gut, so schaff' es denn.« Worauf Mephisto antwortet: »Ich schaffe, was ihr wollt, und schaffe mehr.« Er bringt den Kaiser dazu, eine Urkunde zu unterschreiben, die Mephisto über Nacht vervielfältigen und anschließend als Papiergeld verbreiten lässt. Die Beteiligten sind begeistert. So verkündet der Kanzler voller Freude und Stolz: »So hört und schaut das schicksalsschwere Blatt – (Anm.: Gemeint ist das geschaffene Papiergeld) – das alles Weh in Wohl verwandelt hat.« Er liest: »Zu wissen sei es jedem, der's begehrt: Der Zettel hier ist tausend Kronen wert.« Mephisto feuert die Freude noch weiter an, indem er kurze Zeit später sagt: »Ein solch Papier, an Gold und Perlen statt, ist so bequem, man weiß doch, was man hat; man braucht nicht erst zu markten noch zu tauschen, kann sich nach Lust in Lieb' und Wein berauschen.«[*]

Goethe dringt hier zum Kern unseres Geldsystems mit seiner Schöpfung quasi aus dem Nichts – dem sogenannten Fiatgeld[**] – vor.

> »In der Tat dürfte der Umstand, dass Notenbanken quasi aus dem Nichts Geld schaffen können, vielen Beobachtern als etwas Überraschendes, Seltsames, vielleicht sogar Mystisches, Traumhaftes – oder auch Alptraumhaftes – vorkommen.« So drückt es Dr. Jens Weidmann, Präsident der Deutschen Bundesbank i. R., aus.[***]

Und der renommierte Schweizer Wirtschaftswissenschaftler Professor Dr. Hans Christoph Binswanger[****] legte Mitte der 1980er-Jahre ein Buch mit dem Titel *Geld und Magie – Deutung und Kritik der modernen Wirtschaft anhand von Goethes* Faust vor. Goethe vermischt mystische und alchemistische Sichtweisen und verspottet die Naivität, welche die Menschen dem neuen Geld entgegenbringen. Demzufolge sei das Drucken von Geld durchaus mit dem Bestreben früherer Alchemisten vergleichbar, aus Blei Gold zu machen. Letzteres ist unmöglich und so manch ein Glücksritter machte sich zum Narren bei dem Versuch, unermessli-

---

[*] Dr. Jens Weidmann, Präsident der Deutschen Bundesbank i. R., aus seiner Rede anlässlich des 18. Kolloquiums des Instituts für bankhistorische Forschung (IBF) in Frankfurt am Main am 18.09.2012.

[**] Fiatgeld, auch englisch *Fiat money*, aus dem lateinischen Wort *fiat* (›Es geschehe! Es werde!‹).

[***] Dr. Jens Weidmann, Präsident der Deutschen Bundesbank i. R., aus seiner Rede anlässlich des 18. Kolloquiums des Instituts für bankhistorische Forschung (IBF) in Frankfurt am Main am 18.09.2012.

[****] Prof. Dr. Hans Christoph Binswanger (*1929 in Zürich; † 2018 in St. Gallen) entwickelte die Idee einer ökologischen Steuerreform und galt als profilierter nicht-marxistischer Geld- und Wachstumskritiker.

chen Reichtum so zu erlangen. Genauso verhält es sich in dieser Passage von *Faust II*: Mephisto hält alle zum Narren, indem er Geld druckt und niemand zu verstehen scheint, was er da tut. Goethe kritisiert nicht das Papiergeld, sondern seine ahnungslosen Nutzer. Nicht Mephisto ist der Narr, sondern diejenigen, die ihm blind folgen. Allgemein war Goethe Papiergeld gegenüber tatsächlich überaus skeptisch eingestellt. Er hatte die Einführung der neuen Zahlungsmittel in Europa beobachtet und die Staatsverschuldungen und Inflationen kritisch beäugt. In einem Europa, das nach den Napoleonischen Kriegen nicht nur wirtschaftliche Erholung, sondern auch ungeahnte technische Innovationen erlebte, wie die ausgedehnte Nutzung der Dampfmaschine in der Industrie – was Goethe vor allem im Ausland beobachtete, in Deutschland war man damals noch nicht so weit. Goethe hatte zu Lebzeiten noch mitbekommen, wie erstmals ein Linienbetrieb einer Eisenbahn in England eingerichtet wurde, und dürfte durchschaut haben, dass der stetige Umbruch durch die Technik sich beschleunigen würde. Ebenfalls wird es ihm nicht verborgen geblieben sein, dass die Technik die Menschen gerne einmal überholen kann, wenn sie nicht mehr verstehen, wie diese Technik denn eigentlich funktioniert. »Du gleichst dem Geist, den du begreifst«, rief der Erdgeist Faust in Teil I des Dramas zu – eine Kritik, die Goethe auch mit seiner Kritik beim Papiergeld gegenüber der Leichtgläubigkeit der Menschen vermitteln wollte. Schnelles Geld auf leichtem Papier, passte das nicht zu einer leichtgläubigen und unwissenden Gesellschaft?

E. VERTRAUEN IN DAS GELD IST DER ENTSCHEIDENDE FAKTOR

Verlassen wir nun den als Narr verkleideten Mephisto in Goethes *Faust II* und wenden uns der geschichtlichen Realität zu.

Woher kommt eigentlich die Idee von Währung? Betrachten wir nun diese Entwicklung etwas näher. Sehr lange begnügten sich die Men-

119

schen mit reinem Tauschhandel. Die Lyder* im 6. Jahrhundert v. Chr. sollen als Erste damit angefangen haben, Münzen zu schlagen. Warum gerade die Lyder? Sie waren es, die im großen Stil Edelmetalle abgebaut haben. Daher konnten sie es sich gewissermaßen leisten, Münzen mit einheitlicher Größe und einheitlichem Wert zu prägen. Diese frühen Münzen aus Gold und Silber stellten die ersten sogenannten Kurantmünzen** dar, also vollwertige Münzen, die umlaufend und gangbar waren. Ihr Wert war dabei durch das Metall, aus dem sie bestanden, selbst gedeckt.

Diese erste Form einer Währung vor über 2500 Jahren erfüllte bereits alle klassischen Geldfunktionen: Zahlungsmittel, Wertmesser und Wertspeicher. Geld war in Lydien also kein Metall, sondern in Metall geprägtes Vertrauen.

Während die Lyder und allen voran ihr sagenhaft reicher König Krösus (»reich wie Krösus«) Löwe und Stier auf Goldmünzen prägen ließen, waren es im weiteren Verlauf der Geschichte des Geldes vor allem die Herrscher selbst, die auf ihren Münzen abgebildet waren – oftmals in Form eines Portraits. Ihre Autorität war es auch, die für die breite Akzeptanz des Geldes gesorgt hat. So garantierte der Herrscher für die Korrektheit des Geldes mit seinem Kopf – geprägt auf der Geldmünze. Die Ausbreitung des Römischen Reiches war eine der Hauptriebfedern, die das Vertrauen in Währung tief in das europäische Kulturelle Gedächtnis einprägte. Sosehr man die Besatzer beispielsweise in Gallien auch aufgrund ihrer Gräuel und Kriegsverbrechen hasste, ihr

---

* Die Lyder waren ein Volk, das in der nach ihnen benannten Landschaft Lydien im Westen Kleinasiens lebte. Die Münzprägung der Lyder ist vor allem durch die Münzen ihres letzten Königs, Kroisos (altgriechisch Κροῖσος Kroîsos, lateinisch Croesus; * um 590 v. Chr.; † um 541 v. Chr. oder später) bekannt. Er regierte von etwa 555 v. Chr. bis 541 v. Chr. und war vor allem für seinen Wohlstand und seine Freigiebigkeit berühmt.

** Courantmün(t)ze, zu frz. *courant* »laufend«.

Geld war stets etwas wert und man konnte damit gute Geschäfte machen. Der römische Denar als Währungssystem war zwar auch Inflation und Korruption ausgesetzt, doch hielt sich die Idee. Römische Kaiser gaben ihm ihr Antlitz, und auch der Untergang des Römischen Reiches konnte der Idee des Denars nur wenig anhaben. Zu lange stand der Denar für verlässliche Kaufkraft und eine allgemein akzeptierte Währung.

Oft kopiert, doch nie erreicht – viele Herrscher prägten eigene Währungen, doch nie kamen sie an den Nimbus des Denars heran. Karl der Große führte ihn wieder ein, und mit der Ausweitung des Frankenreiches gab es auch wieder eine erste europäische Währung, auf die sich nicht umsonst die Gründer des Euro beriefen.

Und die Idee von Karl dem Großen war blendend. In einem von Völkerwanderungen und politischen Instabilitäten, Völkermorden und Plünderungen heimgesuchten Europa war eine verlässliche Währung dringend notwendig, wenn man ein ganzes Reich wirtschaftlich aufbauen und halten wollte. Nicht wenige Kleinkönige und Herrscher sahen sich der Bedrohung durch Falschgeld, Hyperinflation und schlichtweg grottenschlechter Wirtschaftsführung gegenüber – neben der Tatsache, dass man gerne an den Gold- und Silberanteilen herumspielte und die Gewichte und Äquivalente der Münzen regional und temporär unterschiedlich waren.

Über die Jahrhunderte entstanden viele Münzwährungen mit unterschiedlicher Kaufkraft und Krisenfestigkeit. Darum ist es bis heute überaus schwer, verlässliche Angaben darüber zu machen, was beispielsweise ein Ritterschwert wert war und im heutigen Maßstab kosten würde. Und doch: alles besser, als mit Goldbarren unterwegs zu sein oder alles einzutauschen. In Metall geprägtes Vertrauen, eine absolut geniale Idee, der wir bis heute folgen.

Irgendwann aber wurde es zu anstrengend mit den Münzen, und die notwendige Geldmenge, die in Umlauf gebracht werden musste, ließ sich mit den alten monetären Wertesystemen nicht mehr abdecken. Eine Pionierrolle bei der Ausgabe von Banknoten nimmt die Stockholmer Palmstruch-Bank ein. Sie wurde 1656 von Johan Palmstruch* gegründet und gilt als erste Notenbank der Welt. Als Privatbank emittierte sie ab dem 16. Juli 1661 weltweit das erste Papiergeld. Durch Übernahme der Palmstruch-Bank nach ihrem Konkurs 1668 entstand die schwedische Nationalbank;** sie gilt als die älteste heute noch existierende Zentralbank.

Aber noch einmal der Reihe nach. Was genau war passiert? Schweden besaß damals eine Kupferwährung und das Geld bestand aus großen unhandlichen Kupfermünzen – die größte Münze wog fast 20 Kilogramm. Das war nicht gerade praktisch und es liegt auf der Hand, dass Papiergeld hier ganz handfeste Vorteile aufgezeigt hat. 1668 ging die Palmstruch-Bank dennoch in Konkurs. Sie hatte zu viele Geldscheine ohne Edelmetalldeckung emittiert, also in den Umlauf gegeben. Die Bank konnte die Banknoten auf Verlangen ihrer Inhaber schließlich nicht mehr einlösen. Das Vertrauen war weg. Im übertragenen Sinne war das Versprechen, nur Banknoten auszugeben, die durch in ihren Kellern vorhandenes Gold gedeckt sein würde, gebrochen und der Glaube an die Werthaltigkeit der Banknoten dahin. Wie sich nach einiger Zeit herausstellte, besaß die Bank kaum Gold. Johan Palmstruch wurde erst zum Tode verurteilt, dann aber begnadigt und zu einer Gefängnisstrafe verurteilt. Wie schon bemerkt: Seine Palmstruch-Bank ging in Konkurs und der Nachfolger wurde die Schwedische Reichsbank.

Wir sehen:

> Unser Geld ist eher eine Glaubenssache. Das Geldsystem selbst funktioniert nur, wenn die Menschen daran glauben. Ketzerisch-sarkastisch – und mit viel Augenzwinkern – könnte man sagen, dass es sich dabei also eher um eine Religion als um eine Wissenschaft handelt.

---

* Johan Palmstruch (* 1611 in Riga; † 1671) war ein schwedischer Bankier. Johan Wittmacher wurde 1611 in Riga als Sohn des Kaufmanns Reinholdt Wittmacher geboren. 1647 zog er nach Schweden. Dort wurde er dann im Jahre 1651 mit dem Namen Palmstruch in den Adelsstand erhoben.

** Schwedisch: *Sveriges riksbank* = Schwedische Reichsbank.

Und von staatlicher Seite werden wir gezwungen, dieses Geld zu verwenden. Daher ist es dann eine Art »Staatsreligion«. Und weil uns das niemand so richtig öffentlich sagt, ist das Ganze am Ende vielleicht sogar eine »geheime Staatsreligion«. Augenzwinkern Ende. Georg Simmel formuliert es so: »Dass ein so feiner und leicht zerstörbarer Stoff wie Papier zum Träger höchsten Geldwertes wird, ist nur in einem so fest und eng organisierten und gegenseitigen Schutz garantierenden Kulturkreise möglich ...«[*]

Vertrauen in das Geld ist also der entscheidende Faktor. Es ist das kostbarste Gut im Zusammenhang mit Geld. Kein Wunder also, wenn für Zentralbanken Vertrauen das wichtigste Kapital ist. Und wehe, wenn dieses Vertrauen beschädigt wird. Dann gibt es beispielsweise, wie am Ende der Hyperinflation 1923 in Deutschland, einen 100-Billionen-Mark-Geldschein. Was war geschehen? Nach dem verlorenen Krieg und den daraus folgenden großen Belastungen für die Weimarer Republik gab es beim Gelddrucken kein Halten mehr. So existierten schließlich Geldscheine mit astronomischen Zahlen. Es konnte durchaus vorkommen, dass zu Beginn des Tages ein Laib Brot noch 100 Millionen, abends dann aber bereits 200 Millionen Mark kostete. Die meisten Menschen lebten in dieser Zeit in Armut. Das Leiden unter der Bevölkerung war unbeschreiblich groß. Hunger und Elend waren oftmals an der Tagesordnung. Es gibt einen Witz aus dieser Zeit: »Eine Frau fährt mit ihrem Schubkarren voll Geld zum Bäcker und lässt ihn draußen stehen, um zu fragen, wie viel Millionen heute ein Brot kostet. Als sie wieder nach draußen geht, liegt ihr Geld auf dem Bürgersteig und der Schubkarren ist weg.«

F. WIE DIE TEMPELRITTER DAS INTERNATIONALE BANKENWESEN ERFANDEN

Gehen wir in der Geschichte noch weiter zurück – deutlich weiter zurück. Begeben wir uns in die Zeit der Tempelritter. Und die ersten Tem-

---

[*] Simmel: *Philosophie des Geldes*, 1907, S. 156.

pelritter, wie sie umgangssprachlich genannt werden, waren scheinbar eher echte Glücksritter. Nach der Eroberung Jerusalems durch den Ersten Kreuzzug pilgerte eine Handvoll Ritter zu den heiligen Stätten des sagenumwobenen Ortes. Mit im Gepäck hatten sie wenig Nennenswertes, außer einer Idee, wie die Heiligtümer und die Pilger geschützt werden sollten – und wie man dabei gute Geschäfte machte, natürlich im Namen des Ordens. Denn es darf nicht unterschätzt werden, dass es die Ritter mit ihren Bestrebungen und dem Gefühl göttlicher Berufung wirklich ernst meinten. Und siehe da: Mit Kampfes- und Überredungskunst gelang es diesen Adeligen, einen echten Orden aus dem Boden zu stampfen, ein Start-up, das es innerhalb nur weniger Jahre zum Megakonzern bringen sollte.

Um die Gründung des Templerordens vor über 900 Jahren ranken sich bis heute zahlreiche Mythen und Verschwörungstheorien und die meisten Menschen lieben es, sich wohlig dabei zu gruseln und den mittelalterlichen Geheimnissen auf unterhaltsame Weise auf den Grund zu gehen. Doch verbinden wir mit der Geschichte der Kreuzzüge auch andere Dinge und Ereignisse, die mitunter gar nicht stimmen. In der Popkultur sind die Templer oftmals die bösen, gar radikalen christlichen Ritter, die jedem, der nicht aufpasst, den Kopf abschlagen. Auch werden ihnen Geschehnisse in die Schuhe geschoben, mit denen sie gar nichts zu tun haben konnten, weil es sie noch nicht gab oder nicht mehr gab. Doch auch die realen Ereignisse um die Templer sind bis heute spektakulär und nicht abschließend ergründet.

Das plötzliche Auftauchen des Templerordens und dessen über die Kreuzzüge weit hinausgehendes Wirken im damaligen Europa des 12. und 13. Jahrhunderts brachte eine unglaubliche Blüte des sozialen, kulturellen und wirtschaftlichen Lebens mit sich.

Während der Zeit ihres Wirkens wurden Hunderte von Kathedralen errichtet und es entstand ein gigantisches Netz von Straßen, allein schon zwischen den Baustätten. Sie schufen Verbindungen zwischen ihren Komtureien, Ordenshäusern, Arbeits- und Ausbildungsstätten, Vorratszentren, Herbergen und Krankenhäusern. Es gab keine großen

Epidemien und man lebte überwiegend in Sicherheit. Darüber hinaus war die politische Lage stabil und es herrschte ein mildes Klima vor. Geistige Aufgeschlossenheit, Mobilität und wirtschaftliches Wachstum befeuerten Erfindungen und förderten eine gesamtgesellschaftliche Entwicklung zum Wohle aller. Es war ein Jahrhundert, das in die Zukunft wies. Es war ein Vorbote der Moderne.

Das vom Templerorden praktizierte Geld- und Finanzsystem, ohne das die enorme Entwicklung in dieser kurzen Zeit nicht möglich gewesen wäre, gab dem Handel und der Dynamik des städtischen Lebens die benötigte enorme Schubkraft. Die Templer legten damals mit den Grundstein für unser heutiges Geld- und Bankensystem. Dieser kreative und innovative Zeitraum endete jäh mit der schmählichen Vernichtung des Templerordens und dem Beginn des Hundertjährigen Krieges im 14. Jahrhundert.

Es ist nicht zu leugnen, dass die Templer als »arme Ritterschaft Christi« das erste internationale Bankenimperium der Welt geschaffen hatten, dessen Reichtum ihnen letztendlich zum Verhängnis wurde – und das, obwohl sie sich »Keuschheit, Armut und Gehorsam« unterworfen hatten. Der Orden, der zum Schutz der Heiligtümer und der Pilger gegründet worden war, machte beste Geschäfte und entwickelte eigene Riten und Mythen, die bis heute vielen ein Geheimnis sind und auf Argwohn stoßen. Dabei wird leider bis heute oftmals ignoriert, dass Papst Clemens V. bereits kurz nach ihrer Exkommunikation erklärte, die Templer seien keine Ketzer. Doch da war es bereits zu spät, die Enteignungen und Hinrichtungen waren nicht mehr aufzuhalten.

Bis zur Stiftung des Templerordens bestand im westlichen Europa eine relativ strenge Gliederung in Betende, Kriegführende und Arbeitende.

Um 1128 wurden die Tempelritter auf dem Konzil in Troyes offiziell bestätigt, ebenso die von dem Zisterzienser Bernhard von Clairvaux erstellte Ordensregel mit 72 Paragraphen. 1139 erließ Papst Innozenz II. eine Bulle (»*Omne datum optimum*«), die befand, dass die Tempelritter nur dem Papst unterstanden und vom Zehnten befreit waren. Mit der Bulle »*Milites Templi*« aus dem Jahre 1144 bestätigt Papst Coelestin II. die Regeln des Templerordens und weist den Klerus an, den Templerorden zu unterstützen. Zwischen 1139 und 1272 gab es über 100 päpstliche Weisungen, in denen die Privilegien des Ordens immer wieder bestätigt, ergänzt und erweitert wurden.

Und so war es dann mitunter relativ einfach: Derjenige, der sein Geld bei den Templern deponierte, konnte sicher sein, dass er auf Reisen später bei den Templerkomturen wieder an sein Geld rankam. Für Pilger bot das Sicherheit, denn sie mussten auf Reisen keine schwere Geldbörse mit sich tragen. Für die Templer bot das die einzigartige Gelegenheit für beste Unternehmungen. Über kürzeste Zeit entstand ein Imperium, das treuhänderisch aktiv war, Nachlässe und eigene Ländereien unterhielt und eigenes Militär ausstattete – nicht nur die legendären Ritter. Über ganz Europa waren viele Tausend Besitzungen verteilt, die das Netzwerk und die Bestrebungen im Heiligen Land finanzierten. Es wurde wirtschaftlich und gewinnbringend gehandelt, gebaut, finanziert und Kredite wurden vergeben. Würde es die Templer heute noch geben, wären ihre Aktien ein ziemlich sicheres Geschäft. Und sie hätten eine eigene Kreditkarte, mit der man überall Geld abheben könnte. Nicht schlecht für einen Orden, der seinerzeit noch mit unzähligen regionalen Münztraditionen zu kämpfen hatte.

G. DIE ZEIT DER »ERSTEN EUROPÄISCHEN RENAISSANCE«

Die Zeit, in der die Tempelritter wirkten, verdient den Titel »erste europäische Renaissance«. Einige Historiker sind sogar der Ansicht, die relative Lebensqualität der sogenannten ›kleinen Leute‹ sei in dieser Epoche des wirtschaftlichen Aufschwungs die höchste in der europäischen Geschichte gewesen. Das Hochmittelalter war eine Zeit der Hochkultur, der Innovation und des Erfindungsreichtums. Die Städte jener Zeit waren der Versammlungsort von so ziemlich allem, was das Abendland zu bieten hatte. Städte gab es schon immer, doch der Unterschied der Städte des Mittelalters zu ihren Vorgängern, wie etwa zu Zeiten des Römischen Reiches, war die Herausbildung einer neuen Organisationsform der Ständegesellschaft. ›Stadtluft macht frei‹, das galt nicht nur im Sinne der sich entwickelnden Stadt- und Bürgerrechte, sondern auch für den menschlichen Geist. Ein wichtiger Bestandteil für den Innovationsmotor Stadt waren das Handwerk, die Zünfte und die Gilden. Sie erwirtschafteten Wohlstand, schufen Gemeinschaften und finanzierten so manche Stadtmauer, um Besitz und Leben vor Neidern oder Feinden zu schützen.

Ausgelöst wurde dieses mittelalterliche Wirtschaftswunder durch die Errichtung von Sakralbauten, nämlich großen Kirchen, Domen und Kathedralen. Die Arbeiten an diesen Gotteshäusern versorgten gleich mehrere Generationen, Berufsstände und Regionen mit Arbeit und Einkommen. Sie waren eine Investition in die Städte und Klöster, denn um die Bauten zu finanzieren, wurden Märkte abgehalten, Wallfahrten organisiert und Spenden aus allen Schichten gesammelt. Vom Schuster über den Bäcker bis hin zum Baumeister war eine ganze Gesellschaft mit dem Bau verbunden. Handwerker zogen in die Städte, brachten Wissen und Kenntnisse mit sich, mit den Händlern kamen Waren und Neuigkeiten, mit den Reisenden und Pilgern Geld und Prestige – der Kathedralenbau beschleunigte die Stärkung der Städte im hochmittelalterlichen Europa ungemein.

Die Zeit zwischen 1150 und 1250 war eine Ära außergewöhnlicher Entwicklungen gewesen, eine Epoche wirtschaftlichen Wohlstands, den wir uns heute nur schwer vorstellen können. Bemerkenswert ist vor allem, dass diese ›erste Renaissance‹ mit der Zeit zusammenfällt, in der die Tempelritter ihre Machtfülle ausbreiten konnten.

H. WIE DIE TEMPLER UNSER WIRTSCHAFTS-SYSTEM FÜR IMMER VERÄNDERTEN

Die Kreuzzüge brachten weitreichende Veränderungen der Geldwirtschaft mit sich. Schließlich mussten nicht nur die militärischen Unternehmungen finanziert werden, sondern auch der Unterhalt und die Versorgung der neu entstehenden Kreuzfahrerstaaten. Es ist der Beginn eines professionellen und gesteuerten Devisenhandels. Und ganz vorne mit dabei waren natürlich die Templer, die beste Beziehungen zu den aufsteigenden Handelshäusern in Italien hatten.

> Die Kreuzzüge machten nicht wenige Händler und Familien auf der italienischen Halbinsel reich. Es begann ein unvorstellbarer Austausch und Strom an Menschen, Waren, Ideen und Geld.

Die Templer konnten in diesem wirtschaftlich gedeihenden Umfeld expandieren. Burgen, Festungen, Flotten, Armeen, Dörfer, Landstriche und ganze Regionen unterstanden der Bruderschaft, die ihren Sitz auf dem Tempelberg in Jerusalem hatte. Die Handels- und Bankbeziehungen des Ordens expandierten ebenfalls. Eine Bankenaufsicht gab es damals nicht, sodass es nicht schwer ist zu glauben, dass das wahre »Geheimnis der Templer« nicht etwa der heilige Gral gewesen sein könnte, wie berühmte Autoren und Hollywood es behaupten, sondern vielleicht viel eher die Natur ihrer Geschäfte. Der Finanzbedarf des Ordens muss gigantisch gewesen sein, wenn wir uns die verbliebenen Festungen und Kirchen ansehen, die wir noch heute im Mittelmeerraum und in Europa finden. Und aufgrund des hohen Vertrauens, das die Templer genossen, und natürlich aufgrund der hohen Summen, die sie handelten, entstand ein System, das nur noch Teildeckungen notwendig machte. Das von den Pilgern und Adeligen eingezahlte Geld wurde also mehrfach belastet und zum Gewinn des Ordens investiert oder für die militärischen Ziele im Orient ausgegeben, welche horrende Summen verschlungen. Auf diese Weise wurde die umlaufende Geldmenge deutlich vergrößert.

Jedenfalls blieb der Reichtum der Templer nicht verborgen, auch ihre Vorgehensweisen und Techniken nicht. Es wundert darum nicht, dass der Aufstieg der italienischen Handelsbanken und die Ausbreitung mittelalterlicher Finanztechniken zu einem großen Teil auf die Templer zurückzuführen sein könnten, die in den Reihen ihrer Confratres, Unterstützer und Untergebenen nicht nur adelige Krieger zu Ross beherbergten, sondern auch Handwerker, Händler, Verwaltungsangestellte, Tagelöhner, Bauern und Gesinde.

Insbesondere die eigenen Ländereien des Ordens trugen zum Erhalt und Ausbau des Reichtums bei. Mit fortschrittlichen Techniken und – heute würden wir es Qualitätsmanagement nennen – klaren Vorgehensweisen wurden die landwirtschaftlichen Erträge erhöht und nicht wenige Regionen erst wirklich urbar gemacht. Mit sogenannten Responsionen mussten die örtlichen Komturen der Templer ihre Überschüsse an die Ordensleitung, sprich die Konzernmutter, überweisen. Auch hierzu benötigte es einheitliche und klare Verwaltungsvorschriften. Und da man Naturabgaben schlecht nach Jerusalem verschiffen konnte, lag der Fokus auf der Monetarisierung der Einkünfte – Münzen wiegen weniger als Getreide. Damit verbunden waren allerlei regionale Privilegien, die notwendig waren, um die Erträge zu verkaufen. Und so hatten die Templer umfangreiche Markt- und Handelsrechte, mit denen sie europaweit agieren konnten. Kurzum: Die Templer mauserten sich in atemberaubender Zeit zu einem Konzern mit eigenem Grund und Boden, einem eigenen stehenden Heer, einer eigenen Bank und vielen Handelspartnern. Hinzu kam noch das einträgliche Geschäft mit den Pilgern, die von Europa nach Jerusalem reisten und dort an die Pilgerstätten wanderten. Es fehlte eigentlich nur noch ein eigenes Templer-Merchandising – übrigens ist davon auszugehen, dass mit der Marke »Templer« durchaus so einige Trittbrettfahrer ebenfalls gutes Geld machten.

Dabei spielte Vertrauen eine ausschlaggebende Rolle. Der Ruf der Templer hallt bis heute durch die Geschichte. Kämpfende Ordenskrieger, für eine gerechte und gottgeweihte Sache, im Namen des Papstes und der heiligen Stätten – das hinterließ durchaus Eindruck. Die Templer wurden die Geldhüter des Okzidents.

Das Vertrauen, das man ihnen entgegenbrachte, mag auch mit den Abhängigkeiten zusammenhängen, in denen Adelige und Könige zu den Templern standen. Mit diesem Vertrauen war es möglich, Devisen über die Templer als Handelsplattform zu tauschen. Mit einem eigenen Deposit-System wurden Werte, Dokumente und Reichtümer verschifft und versendet. Und der Clou an der ganzen Geschichte: Wer Kunde bei den Templern war und entsprechende Nachweise bei ihnen hatte, konnte zum Beispiel in London einzahlen und in Jerusalem sein Geld ausgezahlt bekommen. Und das war auch notwendig. Unsichere Handelswege machten es immer gefährlicher, große Werte und Summen zu transportieren. Das Netzwerk der Templer kam da wie gerufen und so wurden nicht selten verbriefte Werte ausgetauscht. Mit dem Netzwerk an Komtureien, Handelsknotenpunkten, Burgen und einer eigenen Logistik waren die Templer besser ausgerüstet als alle übrigen Klöster, die Kirche oder Königshäuser. Durch ein eigenes Darlehen- und Pfandsystem gelangten sie außerdem an Macht und erbten nicht selten noch mehr Land und Boden. Die Templer wurden Meister auf dem Gebiet des Kreditwesens und der Kreditvergabe sowie des Kredithandels. Ein Schuldschein, den die Templer anerkannten, war so gut wie Bargeld heute. Einige Händler verzichteten sogar schlichtweg auf die Auszahlung und handelten untereinander die Kreditbriefe der Templer, eben wie Bargeld.

Um das Prinzip oder das »Geheimnis« konkret zu verdeutlichen, hier ein Beispiel: Ein Pilger zahlte einen bestimmten Betrag in London bei den Templern ein und bekam dafür einen Kreditbrief ausgehändigt. Mit diesem reiste er im wahrsten Sinne des Wortes unbeschwert nach Jerusalem und löste diesen Kreditbrief dann dort bei den Templern wieder gegen Gold- und Silbermünzen ein. Anfangs wurden die aus dem Alten Rom überlieferten Rechtsprinzipien sicherlich erst einmal noch respektiert und die Bankgeschäfte sozusagen rechtmäßig geführt, indem der unerlaubte Gebrauch der Einzahlungen ausblieb. Doch im Laufe der Zeit wurde auch dieses Geld – für das keine Laufzeit oder Kündigungsfrist vereinbart wurde – ausgenutzt. Das Geld der Deponenten wurde also zum eigenen Vorteil genutzt, was zum graduellen Aufstieg des Teildeckungsbankwesens führte und die Möglichkeit zur Kreditausweitung eröffnete. Und dieses Prinzip schlägt die Brücke zu dem, was zum expansiven Potenzial des heutigen Bankensystems führte – oder genauer: zur Fähigkeit, aus dem Nichts Depositen zu schaffen und Kredite zu gewähren. Erst viel später, im späten 17. Jahrhundert, kommen Notenbanken auf, die den gleichen Effekt erreichen – mit der Ausgabe von Banknoten ohne Deckung. Die »Erfindung« oder vielmehr Entdeckung, wonach immer nur ein kleiner Teil der Einlagen dem Deponenten zur Verfügung stehen muss und der weitaus größere zur Mehrfachbeleihung genutzt werden kann, kann durchaus als das »bedeutendste Ereignis« in der Geschichte des Bankwesens betrachtet werden.

Die Templer waren gute Dienstleister. Regelmäßig bekamen die Kunden detaillierte Berichte über ihre Kontenbewegungen und wie sich ihr Geld so bei den Templern machte – nämlich bestens. Einzahlungen wurden mehrfach notiert und registriert, verbucht und vermerkt. Nicht wenige Büros hatten mehrere Tage die Woche geöffnet und man konnte einfach vorbeigehen und sich mit seinem örtlichen Templer-Berater über Gott, die Welt und das Geld unterhalten. Auf die Rechnungsbücher der Templer war Verlass. Es wäre demnach auch kein Wunder, wenn die Experten der Templer noch weitere Beratungstätigkeiten im Portfolio gehabt hätten, schließlich hatten sie nicht nur umfangreiches Wissen aus Handels- und Bankwesen, sondern verfügten auch über umfassende regionale und internationale Kontakte, sodass man bei Investitionen durchaus nichts falsch gemacht hätte, bei den Templern um Rat zu fragen.

Und so wurden die Templer mit Tausenden von Liegenschaften, mehreren Hauptquartieren und einer Unmenge an Bediensteten und Angestellten Bankiers und Handelsgiganten des Mittelalters, durch welche die Idee des modernen Geldwesens in die westliche Welt getragen wurde. Ihre physischen Spuren finden wir vereinzelt bis heute, von London über Paris und Berlin bis hin nach Jerusalem. Ihre Ideen jedoch finden wir heute überall: Bankenwesen, Kreditwesen, Finanzmärkte, Währungssysteme und globalisierter Handel sind alles Errungenschaften, die den Templern nicht fremd waren und die sie perfektionierten. Die großen Handelshäuser und Banken, ausgehend von Italien, kopierten diese Systeme beziehungsweise verfeinerten sie und wendeten sie an. Da also jeder, der mit den Templern handeln wollte, dieses Wissen ebenfalls irgendwie meistern musste, können wir heute annehmen, dass die Templer den Grundstein dessen gelegt haben, was wir heute als modernes und globalisiertes Banken- und Finanzwesen kennen.

Es war keine Idee einer Universität oder eines Konzils, das in mühevoller Projektarbeit und nach vielen Jahren Arbeit ein Thesenpapier publizierte, wie man etwa den Handel in Europa verändern könnte. Es waren ein paar kluge Köpfe, die hinter einem bis an die Zähne bewaffneten Handelsimperium standen, dessen Erbe bis heute tief in unsere Geldbörsen hinein wirkt.

I. SEIT NIXONS TV-ANSPRACHE IST DER US-DOLLAR NUR MEHR EINE PAPIERWÄHRUNG

Begeben wir uns nun wieder in die Zeit des 20. und 21. Jahrhunderts und reisen wir dazu gedanklich zunächst in das Jahr 1971.

Am 15. August 1971 wurde letztlich der Grundstein für das heutige Wirtschafts- beziehungsweise Geldsystem gelegt. Der damalige US-Präsident Richard Nixon hob an diesem Tag die Goldbindung des US-Dollar auf und kündigte somit das Ende des globalen Goldstandards an.

In jedem Fall revolutionierte er mit seiner Entscheidung vor 50 Jahren unser Geldsystem. In einer Fernsehansprache teilte er der Welt mit, dass sich die USA von nun an weigern würden, den US-Dollar jederzeit gegen eine festgelegte Menge Gold einzutauschen. Das Ereignis wirkt bis heute nach. Von diesem Zeitpunkt an war die Weltleitwährung US-Dollar nur mehr eine Papierwährung, die beliebig vermehrt werden konnte – Fiatgeld in Reinstform. Kein Wunder, wenn einem hier der lateinische Ausdruck *»Fiat lux«* in den Sinn kommt. Gemeint ist hier ein Zitat aus der biblischen Schöpfungsgeschichte (1. Buch Mose), was auf Deutsch »Es werde Licht« bedeutet. Geld entsteht hier im übertragenen Sinne aus dem »Nichts«. Aber nicht Gott spricht, sondern im Falle unseres geschichtlichen Beispiels aus dem Jahre 1971 der US-Präsident Richard Nixon – und zwar im US-Fernsehen. Streng genommen ist Geld seitdem nicht mehr wert als das Papier, auf dem es gedruckt ist. Jens Weidmann beschreibt es folgendermaßen: »Heutiges Geld ist durch keinerlei Sachwerte mehr gedeckt. Banknoten sind bedrucktes Papier – die Kenner unter Ihnen wissen, dass es sich im Fall des Euro eigentlich um Baumwolle handelt.«[*]

Mehr denn je ist daher das Vertrauen in die Stabilität eines Landes und seiner Währung der entscheidende Faktor beim Geldsystem. Seit August 1971 befinden wir uns also in einer Welt des Glaubens an den US-Dollar und die dahinter stehenden Vereinigten Staaten von Amerika, dem mächtigsten Land der Welt. Dieser Glaube liegt sicherlich vor allem im Vertrauen auf die militärische und wirtschaftliche Stärke der USA begrün-

---

[*] Dr. Jens Weidmann, Präsident der Deutschen Bundesbank i. R., aus seiner Rede anlässlich des 18. Kolloquiums des Instituts für bankhistorische Forschung (IBF) in Frankfurt am Main am 18.09.2012.

det. Ein Vergleich zum Templerorden drängt sich hier auf – wer hätte damals jemals daran gezweifelt, dass ein Kreditbrief der Templer nicht ausgezahlt werden würde?

Was galt vor Nixons berühmter Rede im US-Fernsehen? 1944 hatten die wichtigsten Industrieländer auf der Konferenz von Bretton Woods (New Hampshire) die Kopplung ihrer Währungen an den US-Dollar beschlossen. Die Währungen konnten in einem fixen Verhältnis gegen den US-Dollar eingetauscht werden. Der US-Dollar war zu dieser Zeit keine einfache Papierwährung, sondern unterlag einer Kopplung an Gold. Dieser sogenannte Goldstandard sah vor, dass eine Feinunze Gold jederzeit für 35 US-Dollar gekauft werden konnte. Und die US-Notenbank Fed war gegenüber den anderen Teilnehmerstaaten der Bretton-Woods-Vereinbarung verpflichtet, jederzeit Dollar zu einem fixen Preis gegen Gold einzutauschen.

Nachdem Richard Nixon im August 1971 die Zusage zurückzog, US-Dollar gegen Gold zu tauschen, feiert seither das Fiatgeld seinen Siegeszug – ob zum Beispiel als Euro, Pfund oder Yen. Das Geld ist somit mit keinem Rohstoff wie Gold oder Silber unterlegt. Es hat also keinen eigenen Wert außer jenem, dass andere Menschen und Institutionen das Geld akzeptieren. Gold und Geld gehen also getrennte Wege und die Vermehrung des Geldes ist an keine natürlichen Grenzen mehr gekoppelt.

> »Jeder, der glaubt, exponentielles Wachstum kann andauernd weitergehen in einer endlichen Welt, ist entweder ein Verrückter oder ein Ökonom.«[*] So brachte es der renommierte US-Wirtschaftswissenschaftler Kenneth Ewart Boulding etwas sarkastisch auf den Punkt.

---

[*] www.heidelberger-gespraeche.org

J. DIE ENTMATERIALISIERUNG DES GELDES

Als früher der Wert von Münzen an Werte wie Gold und Silber gebunden war, gab es logischerweise auch eine Grenze dessen, was an Geld in Umlauf gebracht werden konnte. Einen ersten Vorgeschmack dessen, was passiert, wenn Werte mehrfach belastet sind, gaben damals die Transaktionen der Templer. Nicht wenige fragen sich übrigens bis heute, wo die Schätze der Templer geblieben sein mögen. Die Antworten darauf sind nicht in geheimen Katakomben oder einer geheimen Schatzflotte auf dem Weg nach Amerika zu finden, sondern im Glauben an und im Vertrauen auf die Tempelritter selbst. Futsch ist futsch, und hin ist hin – so manch einer dürfte bei der Enteignung der Templer durch König Philipp IV. überrascht gewesen sein, dass so enttäuschend wenig Geld zum Vorschein kam.

Viele Jahrhunderte später hatte die Entmaterialisierung des Geldes ihre Vollendung gefunden. Das Geld wurde von den Ketten der tatsächlichen Werte befreit und in den Raum der unbegrenzten Möglichkeiten entlassen. Seitdem kann Geld durch Geldschöpfung, also durch die Vergabe von Krediten, beliebig vermehrt und gegebenenfalls auch mittels der Inflation entwertet werden.

Dieses neue unbegrenzte Geld, das keine echte Substanz mehr hat, ist aber auch gefährlich. Es kann missbraucht werden. Und um das zu verhindern, mussten Regularien und Gesetze geschaffen werden. Wenn Geld in seiner Herstellung nichts kostet und auch keinem Wert zugrunde liegt, wird es schnell kompliziert. Geld bestimmt die Welt, und wir alle können unser Leben, wie wir es kennen, nur deswegen führen, weil wir Geld in allem einsetzen, was wir tun. Wer hätte zum Beispiel vor 100 Jahren je gedacht, dass wir elektronisch mit dem Handy bezahlen, um Bücher über das Finanzwesen zu kaufen, die uns auch noch von jenem vorgelesen werden?

Das Geld ist mehr als stummer Diener, es besitzt nämlich die Rolle eines Lenkers und Anregers für die menschliche Kultur – und zwar in höchstem Maße.

Ohne Geld können wir uns weder als Gesellschaft noch als Individuen entfalten. Es ist der stumme Diener, ohne den nichts geht. Nicht nur, weil wir uns damit das kaufen können, was wir zum Leben brauchen oder gerne haben möchten. Es ist auch eine spezielle Form von Kommunikation, da es einen universellen Austausch von Waren, Dienstleistungen, Werten, Wissen und Kultur bedeutet. Doch kann Geld das nicht allein bewerkstelligen, denn es ist ein seelenloses und de facto strukturloses Mittel. Wir müssen den Einsatz von Geld lenken und strukturieren. So garantiert Geld nicht nur die Freiheit, Lebensmittel und Konsumartikel zu kaufen und das Leben im Allgemeinen zu bestreiten. Es ist auch ein Handelsobjekt an sich geworden, das um seinetwillen gehandelt wird.

Geld als Medium garantiert nicht nur Freiheiten, sondern nimmt diese, wenn wir in Abhängigkeiten denken.

Ferner schafft Geld einen Automatismus, der immer schneller und stärker dazu führt, dass wir unseren Planeten weiter als Freiwild sehen und monetarisieren. Neben der Natur wird nun aber auch in zunehmendem Maße das Menschsein an sich bedroht, insbesondere weil durch Internetkonzerne wie Alphabet (Google), Meta Platforms (Facebook), Amazon und Co. personenbezogene Daten massenhaft gesammelt und ausgewertet werden – schlagwortartig mit »Big Data« umschrieben.

In diesem Zusammenhang hat die US-amerikanische Wirtschaftswissenschaftlerin Shoshana Zuboff* den Begriff »Überwachungskapitalismus« geprägt. Die Massenproduktion im Industriekapitalismus auf Kosten der Natur gipfelt nun in der Ausbeutung persönlicher Daten, dem regelrechten Ausschlachten privater Daten und den daraus erwachsenden Bedrohungen für die Entfaltung der menschlichen Persönlichkeit. Dieser Überwachungskapitalismus hat das Potenzial, die innere Natur des Menschen zu zerstören. Der Arroganz des Silicon Valley muss in jedem Fall etwas entgegengesetzt werden.

---

* Shoshana Zuboff (*1951) war 1981 eine der ersten Frauen, die an der Harvard Business School einen Lehrstuhl bekamen. Mit dem Begriff »Dark Google« prägte sie 2014 maßgeblich die Debatte um die digitale Zukunft und Big Data. Das Magazin *strategy+business* bezeichnet sie als eine der elf originellsten Wirtschaftsdenkerinnen und -denker der Welt.

KAPITEL 6

DATEN STATT ÖL: DER KAPITALISMUS HAT SICH VERÄNDERT

»So wie die Industriezivilisation auf Kosten der Natur florierte und uns heute die Erde zu kosten droht, wird eine vom Überwachungskapitalismus und seiner instrumentären Macht geprägte Informationszivilisation auf Kosten der menschlichen Natur florieren, womit sie uns unser Menschsein zu kosten droht.«[*]

PROFESSOR DR. SHOSHANA ZUBOFF, US-AMERIKANISCHE ÖKONOMIN

---

[*] Zuboff: *Das Zeitalter des Überwachungskapitalismus*, 2018, S. 26 f.

A. DAS ÖL WIRD INS FEUER GEGOSSEN: DIE ENTSTEHUNG EINER NEUEN WELTORDNUNG

Und auf einmal war alles anders. Schon immer war die Wirtschaft im Wandel. Doch nichts veränderte sie so sehr wie das Öl. Die echte tiefgreifende Revolution der Wirtschaft kam erst mit dem Öl auf, denn sie wirkte in die Tiefe. Produktion, Landwirtschaft, Handel, Transportindustrie, Bankenwesen, Finanzmärkte, Währungssysteme – alles veränderte sich. Früher sprach man fast schon ehrfürchtig vom »schwarzen Gold« – gemeint war damit das Erdöl als Triebfeder für einen fundamentalen Strukturwandel in den Industrieländern. Dieser Strukturwandel war schnell, radikal und hat unser Leben dramatisch verändert. Und dieser Strukturwandel hält in gewisser Weise noch immer an – allerdings auf eine sehr dramatisch negative Art und Weise.

> Die exzessive Nutzung von Erdöl wird als einer der Hauptgründe für den Klimawandel angesehen. Es ist scheinbar typisch für uns Menschen, dass wir Maß und Balance nur schwierig einhalten können.

Alles begann 1859. In diesem Jahr wurde in Titusville, Pennsylvania, eine ergiebige Ölquelle gefunden, und man erlebte dort den ersten Ölboom der Geschichte. Nicht umsonst wird die Stadt als Geburtsort des Erdölzeitalters angesehen. Das Öl kam genau zur rechten Zeit. Der Amerikanische Bürgerkrieg ging 1865 zu Ende und nun nahm die Industrialisierung richtig an Fahrt auf. Der Boom wirkte sich auf die ganze westliche Welt aus, welche die Folgen der Französischen Revolution langsam überwunden hatte und die neue Weltordnung des industriellen Zeitalters annahm.

Aber noch einmal der Reihe nach. Edwin Drake hatte eigentlich vom Geschäft mit Öl gar keine Ahnung, er war ehemaliger Bahnangestellter. Aber: Als solcher konnte er auf der Suche nach Öl kostenlos durch das Land reisen. Seine Auftraggeber hatten ihn aus Marketingzwecken einfach als Oberst vorgestellt, um eine Verbindung zur Armee zu vermitteln – eine dreiste Lüge, die Vertrauen und Durchsetzungskraft suggerieren sollte. Der hagere Mann mit dunklem, dichtem Bart und von einem von Anstrengungen und Sorgen gezeichneten Gesicht konnte diese Werbung für sich auch wirklich gut gebrauchen.

Nachdem es bei der ersten Grabung nach Öl nicht so wie geplant geklappt hatte, beschloss der unechte Oberst Drake, ein Verfahren aus dem Bergbau zu kopieren. Er besorgte sich Experten und Geräte und begann, nach Öl zu bohren, anstatt zu graben. Die meisten schüttelten über den unerfahrenen Ölmann nur noch den Kopf. Sie sahen in ihm keinen Visionär, sondern einen verzweifelten Geschäftsmann, der dringend Erfolge brauchte – und hatten damit vermutlich nicht unrecht. Tatsächlich hatte er zunächst keinen Erfolg, seine Auftraggeber ließen ihn enttäuscht schlichtweg auf dem Trockenen sitzen, ohne weitere Finanzierung des wahnwitzigen Projekts. Nur mit geliehenem Geld konnte er eigenständig weitermachen. Es sah nicht gut aus. Es gab Enttäuschungen und Rückschläge. Wie würden sich die meisten Geschäftsleute verhalten, wenn die Hoffnung schwindet, das Geld ausgeht und Experten davon abraten, das Vorgehen fortzusetzen? Richtig, man sucht das Weite und neue Investitionsmöglichkeiten. Drake aber dachte nicht ans Aufgeben, denn er war bereits zu weit gegangen. Drake hatte neben seiner Hartnäckigkeit einen weiteren wichtigen Vorteil, vielleicht den wichtigsten: Da er nicht aus dem Ölgeschäft und dem Bergbau stammte, war er nicht das, was man heute betriebsblind nennt. Er hielt sich nicht an konventionelle Herangehensweisen, weil er sie nicht von der Pike auf gelernt hatte. Damals undenkbar, gehört es heute jedoch zu den wichtigsten Herangehensweisen der mächtigsten Unternehmensberatungen der Welt:

> Man nehme absolute Laien einer Profession, entsende sie in einen Betrieb und lasse sie unvoreingenommen auf ein System blicken. Nicht selten bewirkt das Wunder.

Und dann war es an einem Sommermorgen so weit: Öl sprudelte aus der Quelle und zeigte, dass die Idee Drakes funktionierte. Und wie. Die Fördermenge an Öl übertraf mit der Zeit alle Erwartungen. Je mehr Erdöl pro Bohrung gefördert wurde, desto geringer waren logischerweise die Förderkosten. So konnten die Grenzkosten deutlich reduziert und das Geschäft rentabel gemacht werden. Der 27. August 1859 hat die Welt für immer verändert. Hätte Drake aufgegeben, wäre es schiefgegangen. Von nun an wurde das Bohren zum normalen Vorgehen bei der Gewinnung von Öl, das alsbald dann als in großen Mengen verfügbarer Rohstoff die Welt eroberte. Drake selbst hatte weniger Erfolg. Gesundheitlich angeschlagen verarmte er und hinterließ nach frühem Tod eine Familie, die nur von einer Rente leben konnte.

Drakes Idee aber ist unsterblich. Der schräge Visionär aus dörflichen Verhältnissen war zeitlebens ein Glücksritter gewesen. Ohne es ahnen zu können, löste er die eigentliche Industrielle Revolution aus. Massenproduktion, Diesel, Benzin, Chemieindustrie, Kunststoffe, all das und viel mehr beruht auf der hohen Verfügbarkeit von Öl. Der Boom in allen Bereichen, von der Landwirtschaft bis hin zur Energiegewinnung, erfuhr den Startschuss am Glückstag von Drake. Plastik umringt uns tagtäglich – und findet sich leider bereits am Boden der Ozeane und selbst im menschlichen Körper wieder. Doch wäre unser Leben heute schlichtweg unvorstellbar ohne den Siegeszug des Erdöls. Sicherlich, irgendwann wäre vermutlich jemand anderes auf die Idee gekommen, nach Öl zu bohren, aber vielleicht viele Jahre später. Die Welt wäre heute eine vollkommen andere. Natürlich, die Folgen der Verbrennung von fossilen Brennstoffen spüren wir täglich stärker, und wir brauchen dringend Alternativen. Das Erdöl und unsere damit verbundene Vergangenheit zu verdammen, ist jedoch nicht nur kurzsichtig, sondern weltvergessen. Ohne die Errungenschaften der Verbrennung von Öl für Antriebe oder die Nutzung von Öl in der Chemieindustrie würden wir heute weltweit aus wirtschaftlicher und humanistischer Sicht deutlich schlechter dastehen.

Mit der Explosion der Produktion in den Industrie- und Agrarsektoren veränderte sich auch der Dienstleistungssektor grundlegend. Und vor allem auch der Handel. Mit den immer größer werdenden Geldmengen auf den Finanzmärkten ließ sich viel besser investieren, spekulieren, Innovation vorantreiben, Geld verdienen – und viel leichter bankrottgehen. Die Welt des Handels hat sich durch das Aufkommen des Erdöls vollkommen revolutioniert.

> Das schwarze Gold hat eine neue Epoche der Menschheitsgeschichte ausgelöst – alles, womit wir heute leben und arbeiten, hat irgendwie mit Erdöl zu tun. Das Öl hat eine neue Weltordnung geschaffen, die bis heute anhält.

B. REICHTUM UND RUHM – SUPERKAPITALISMUS, UTOPIEN UND DYSTOPIEN

Mit dem Rückenwind der Einwanderungswellen aus Europa und der Erschließung des Westens entstand ein riesiger Markt. Dann trat auch der nächste Glücksritter auf den Plan: John D. Rockefeller. Seine Familie stammte ursprünglich aus Rockenfeld, einer Wüstung im Neuwieder Stadtteil Feldkirchen in Rheinland-Pfalz; sie wanderte nach Amerika aus und ließ sich in Germantown, Pennsylvania nieder. John D. Rockefeller stieg in den Ölhandel ein und wurde mit seiner Standard Oil Company, dem ersten multinationalen Konzern, zum ersten Milliardär der Weltgeschichte und galt als der reichste Mensch der Moderne. Es wird spekuliert, dass sich der Gesamtwert der Standard Oil Company in heutiger Währung auf rund 1000 Milliarden US Dollar belaufen würde. Heute heißen die reichsten Menschen der Welt Jeff Bezos, Bill Gates, Mark Zuckerberg und Konsorten. Damit haben sie Imperien geschaffen, die es zuvor gar nicht geben konnte. Der reichste Mensch, der allerdings jemals auf der Welt gelebt hat, war der schwäbische Jakob Fugger um 1500 in Augsburg. Sein Vermögen würde heute über 400 Milliarden Euro entsprechen. Seine Macht beruhte auf realen Werten, die er kaufmännisch anging. Rohstoffe, Bergwerke, Anteile, Bankgeschäfte und vieles mehr. »Der Reiche«, wie sein treffender Spitzname lautete, hatte eine Macht inne, an die selbst die Superreichen von heute nicht mehr herankommen. Kredite an den Kaiser, Beteiligungen an Expeditionen zur Erkundung der Neuen Welt und vieles mehr gehörten zu seinen Unternehmungen. Ohne Fuggers Geld wäre Karl V. niemals Kaiser geworden.

> Die Medici waren berühmt und glamourös. Der Schwabe Jakob Fugger war erfolgreicher. Die Familie, die mit Tuchhandel reich geworden war, veränderte in nicht geringem Ausmaß die europäische politische und wirtschaftliche Landschaft. Jakob Fugger war der erste Megakapitalist, bevor es den Kapitalismus als solchen überhaupt gab.

Sein Kaufmannshandwerk hatte er in Venedig gelernt und mit in seine Heimat getragen. Innerhalb weniger Jahrzehnte machte er aus einem Familienunternehmen einen Megakonzern, mit unzähligen Beschäftigten, Beteiligungen, Tochterunternehmen, Grund und Boden. Das Montan- und Handelsimperium der Fugger von damals sucht bis heute seinesgleichen. Letztendlich erwarb Jakob Ländereien und ließ sich, voller Bescheidenheit, zum Freiherrn ernennen, seine Nachkommen wurden sogar in den Fürstenstand erhoben. Etwas Derartiges hatte es noch nicht gegeben. Ein einzelner Kaufmann (und seine Familie) hatten den europäischen Handel und die Wirtschaft gehörig umgekrempelt.

Wir dürfen dabei nicht aus dem Blick verlieren: Reichtum, Macht und Wohlstand sind leider nach wie vor den wenigsten Menschen beschieden. Der Leitspruch »Wohlstand für alle« elektrisierte das Deutschland nach dem Zweiten Weltkrieg, erfüllte sich aber leider nie wirklich. Aktuell sind wir in Jahren voller Krisen, Mühsalen, Krieg und Unsicherheiten. Die Menschheit hat auf schlimmste Weise erfahren, was es bedeutet, wenn egalitäre Ideologien um sich greifen und die Menschen in jeder, auch wirtschaftlicher, Beziehung gleich machen wollen, auf das alle gleich gut leben können: Es lebten viele Menschen eher gleich schlecht in den kommunistischen Regimen. Wer den Kapitalismus verurteilt, darf nicht im gleichen Atemzug andere Ideologien, wie den Kommunismus oder einen radikalen Sozialismus, besser darstellen. Dies würde die Opfer an der deutschen Mauer, in den Umerziehungslagern oder in den Haftanstalten entwürdigen, die Realität pervertieren und wäre darum eines: eine infantile Lüge. Aus einer erdachten Utopie wird so rasch eine Dystopie, die vor der Zerstörung des Individuums keinen Halt macht. Auch dies haben wir in Deutschland erlebt.

Auch wenn heute Multimilliardäre an der Raumfahrt beteiligt sind und diese gerade revolutionieren, ihre gesellschaftspolitische Macht durch soziale Medien und Internetplattformen gigantisch ist – was hat sich seit damals tatsächlich geändert? Geld fließt heute nicht nur schneller und in größeren Mengen, sondern vor allem im Zeichen der Digitalisierung. Finanz- und Handelsmärkte treiben quasi in Lichtgeschwindigkeit Handel – zu Fuggers Zeiten waren es bestenfalls Brieftauben, die die Geschwindigkeit vorgaben.

Es kann nicht oft genug betont werden, dass der erste große Reichtum in der Welt auf echten Handels- und Warenwerten beruhte. Natürlich, Spekulation und absichtliche Preissteigerungen, Optionen, Devisenhandel und erste weitergehende Formen von Derivaten gab es schon vor Jahrhunderten. Auch Betrug, Absprachen, Marktmanipulationen und Steuerhinterziehung gibt es bereits seit Jahrtausenden. Doch niemals zuvor war das Finanzwesen so sehr entkoppelt von der tatsächlichen Leistungskraft von Volks- und Weltwirtschaft wie heute. Es hat sich zudem ein neuer Markt aufgetan, ein Markt, der eine neue Ressource handelt, die omnipräsent ist, sich selbst generiert und unerschöpflich ist: Daten.

Nicht mehr mit Öl wird gehandelt, sondern letztlich mit Daten, nämlich mit unseren intimsten persönlichen Daten. Kein Wunder, wenn man von diesen Daten heute als dem neuen »schwarzen Gold« spricht.

Rockefellers Standard Oil Company war einst so mächtig, dass es zur ersten Anti-Monopol-Gesetzgebung der USA kam und Standard Oil aufgespalten wurde; die »Trümmer« des Standard Oil Imperiums heißen heute zum Beispiel Exxon, Amoco, Chevron und sind sogar einzeln weltumspannende Konzerne. Geschichte wiederholt sich. Zumindest wird die Kritik an beispielsweise Jeff Bezos' Amazon oder an Mark Zuckerbergs Meta Platforms mit Facebook immer lauter. Nicht umsonst fordert Tesla-Chef Elon Musk die Zerschlagung des weltgrößten Onlinehändlers Amazon. Unter seinem Twitter-Account schrieb Musk einst: »Es ist an der Zeit, Amazon aufzuspalten. Monopole sind unrecht!« Ironie des Schicksals: Mittlerweile ist Musk selbst Eigentümer von Twitter und hat jetzt dort die alleinige Macht.

Einzelne Tech-Konzerne sind inzwischen größer als ganze Volkswirtschaften.

Beispielsweise bringen die Börsenwerte von Alphabet, Amazon, Apple, Meta Platforms und Microsoft zusammen mehr auf die Waage als das Bruttoinlandsprodukt (BIP) von Deutschland, also mehr als der Gesamtwert aller Güter, Waren und Dienstleistungen, die während eines Jahres hierzulande hergestellt werden.

C. DER INDIVIDUELLE MENSCH KANN NUR EXISTIEREN, SOLANGE DIE MENSCHHEIT EXISTIERT

Es geht aber nicht um die schiere Macht von Wirtschaftsmagnaten. Dass ein Jeff Bezos nun ein Buch aus seinem Amazon-Sortiment verbannt, weil es ihm persönlich nicht gefällt, oder ob er mit seiner *Washington Post*, die er sich 2013 für 250 Millionen US-Dollar einfach mal so gekauft hat, zur gewichtigen Stimme in gesellschaftlichen und politischen Debatten wird, ist nicht die eigentliche Gefahr, solange es genügend andere, ebenso ernst genommene Medien gibt. Auch die politischen Beteiligungen an Wahlkämpfen, Medienhäusern und Internetplattformen sollten nicht überbewertet werden, wie es einige Verschwörungstheoretiker tun; vorausgesetzt, die Fragmentierung und Diversität der Angebote und Plattformen bleibt so groß, dass eine freie Gesellschaft selbst dann solche Einflüsse (wie zu Fuggers Zeiten) noch kompensieren könnte, wenn es sie in der Tat gäbe. Nicht von der Hand zu weisen jedoch sind die kulturellen Umbrüche, die Handelsplattformen und soziale Medien auslösen und was sie dann für unser aller Leben bedeuten.

Bei der eigentlichen Gefahr geht es vielmehr darum, dass wir essenzielle Errungenschaften verlieren: unser humanistisches Menschenbild, unser Recht auf Freiheit, dass wir unser Leben und alle Entscheidungen, die dieses Leben beeinflussen, im Rahmen des Ganzen selbst bestimmen können. Wir finden uns momentan mit der digitalen Revolution konfrontiert, über deren Beginn, Verlauf und Ende wir uns noch nicht einmal einig sind. Unsere innere Freiheit wird mehr denn je in unserer – vor allem digitalisierten – Welt benötigt. Es gibt keinen Bereich des Lebens mehr, der nicht mit dem Internet verbunden ist. Es wird alles archiviert und nichts vergessen. Dadurch ist aber auch vielleicht nichts mehr wirklich von Wert – zumindest könnte man das zynisch anmerken. Die Digitalisierung der Persönlichkeit als Konsumware ist längst Realität geworden. Wichtig ist, sich dabei nicht selbst zu konsumieren, indem man sich auf der Suche nach sich selbst buchstäblich aus den Augen verliert. So wird das Angebot zur Selbstverwirklichung, Selbstfindung oder Selbstoptimierung mit jedem Tag größer. Auf sozialen Medien wird mit Angeboten geworben, die Seelsorge, Psychologen oder Ärzte ersetzen sollen. Influencer berichten von Weltreisen, Schönheitsprodukten oder geben Investmenttipps und verdienen damit Millionen, ohne dass sie irgendetwas produzieren, handeln oder erstellen. Milliarden Menschen sitzen vor ihren Smartphones und feiern ihre neuen Werbeikonen, die sie in den sozialen Medien personalisiert, zielgerecht und im richtigen Moment präsentiert bekommen. Es ist eine digitale Welt ohne Manufakturen, Fabriken, Handwerk, Büros oder Produktionen. Es sind Scheinwelten, die nachweislich immer mehr dazu beitragen, dass wir durch ihren Konsum unglücklich werden. Die erfolgreichsten Influencer unterhalten und konsumieren vor unseren Augen. Dabei können sich viele von uns diesen Konsum gar nicht leisten. Es ist ein digitalisierter Konsum um seiner selbst willen. Was bleibt am Ende von der Würde des Menschen übrig zwischen Digitalisierung und Posthumanismus?

Jeder Mensch ist einzigartig, mit Rechten, Pflichten und Privilegien versehen, unabhängig von Geschlecht, Religion oder Herkunft. Das ist auch die Basis unseres Selbstverständnisses und letztlich dessen, was insbesondere die Kultur und Identität Europas* ausmacht und in ihrem Kulturellen Gedächtnis fest verankert ist. Dieses Wissen ist ein Kapital, das wir nutzen müssen.

> Unsere Identität erhebt das Individuum über das Kollektiv, und zwar immer.

Nur dann, wenn wir Individualität und Identität anerkennen, schützen und in den richtigen Kontext einordnen, können wir Massenkonsum, digitalem Turbokapitalismus und Ausbeutung in der Welt begegnen. Das bedeutet übrigens mitnichten, dass jeder tun und lassen kann, was er will. Im Gegenteil. Es bedeutet, dass wir uns dem Begriff des Humanismus wieder annähern müssen und eine zweite Aufklärung dessen brauchen, was das Menschsein eigentlich heutzutage bedeutet.

---

* Anmerkung: Historisch gesehen war der Einfluss Europas sicher außerordentlich groß, wenn man unter »Europa« Denker versteht, die hier gelebt haben. Diese ließen sich jedoch sehr von Denkern außerhalb Europas beeinflussen (Augustinus war bekanntlich Nordafrikaner, Paulus stammte aus Kleinasien, Abraham aus Mesopotamien, Moses wurde in Ägypten als Mitglied des dortigen Hochadels sozialisiert). Insgesamt ist die Weltkultur natürlich schon seit Jahrtausenden sehr stark vernetzt, zum Beispiel über die antike Seidenstraße und ihre Vorläufer.

Der zentrale Schlüsseltext für das Humanismus-Verständnis stammt von dem Renaissance-Philosophen Giovanni Pico della Mirandola. Es war eine Rede unter der Überschrift *De hominis dignitate* (*Über die Würde des Menschen*), die er 1486 verfasste und in der er die Frage nach dem Wesen des Menschen und seiner Stellung in der Welt stellte und die Willensfreiheit als charakteristisches Merkmal des Menschen hervorhob. Jede Generation muss sich damit auseinandersetzen und unter ihren Vorzeichen damit umgehen. Die größte Herausforderung nach jeder Krise und nach jedem Krieg war und ist einerseits, eine getroffene Gesellschaft wieder aufzubauen oder – wenn es nicht ganz so schlimm war – die Umstände wieder besser zu gestalten. Auch nach den Krisen heute werden wir uns den Fragen stellen müssen, die wir vor knapp 100 Jahren nach dem Ersten Weltkrieg beantworten mussten. Es geht um die Antwort auf die Frage: Was macht das Menschsein heute aus? Wir müssen dieses Mal jedoch besser darin werden, die richtigen Antworten zu finden, bevor andere die falschen Antworten geben und Unrecht propagieren.

Kommen wir aber wieder zurück zu unserer Betrachtungsweise des neuen und des alten »schwarzen Goldes« und wie davon unsere Lebensweise auf dramatische Weise verändert wurde und wird. Rekapitulieren wir an dieser Stelle: Das Zeitalter des Erdöls hat zuallererst im großen Stil für unsere Mobilität gesorgt beziehungsweise sie sogar zum Teil erst ermöglicht – ob zu Wasser, zu Land oder in der Luft. Nicht zu vergessen ist, dass uns das »schwarze Gold« natürlich auch Wärme und Strom liefert und es Ausgangsstoff für Plastik, Farben, Düngemittel und andere Industrieprodukte ist, die uns Nahrung, Konsum und Wohlstand ermöglichen. Dadurch wird jedem schnell klar, welch epochalen Strukturwandel unser Leben mit dem Beginn des Erdölzeitalters durchgemacht hat. Unser heutiger Wohlstand wäre ohne das Erdöl schlicht und ergreifend undenkbar gewesen.

Allerdings gibt es ebenso unübersehbare Schattenseiten. Der Klimawandel ist eine offensichtliche Folgeerscheinung, ebenso wie die ins Auge springenden Umweltschäden. Von Mikroplastik, das bereits im Menschen und in den Weltmeeren nachgewiesen werden konnte, bis hin zur großen Verschiffung von Müll durch die ganze Welt in die ärmsten Länder dieses Planeten, beutet die Menschheit sich selbst und den Planeten aus. Die Menschheit hat es geschafft, im Äquivalent gleich mehrere »Vulkane« laufen zu lassen – in Dauerschleife. Die Natur kann das ohne menschliche Mithilfe nicht mehr kompensieren und es ist absehbar, dass der Schaden sich nur schwer beheben oder umfassend aufhalten lässt. Schmelzende Gletscher, ein dramatisches Massensterben und die großen Veränderungen ganzer Regionen sind nur der Anfang. Schon jetzt ist der Klimawandel bereits eine sozialpolitische Gefahr. Der Kampf um Ressourcen wird erbarmungslos weitergeführt, der Kampf um lebenswerte Räume, die nicht zerstört sind, hat in einigen Teilen dieser Welt ebenfalls schon begonnen.

Aber auch der Kampf ums Erdöl selbst, wie zum Beispiel im Ersten und Zweiten Weltkrieg, die Suezkrise, die erste und zweite Erdölkrise in den 70er-Jahren des 20. Jahrhunderts und die Golfkriege, ist eine – vorsichtig ausgedrückt – negative Begleiterscheinung. Sie ist offensichtlicher Natur, ebenso wie unsere regelrecht weltweite Bevölkerungsexplosion in engem Zusammenhang mit dem »Erdölrausch« steht – frei nach dem Motto, dass mehr Menschen, die noch dazu einen höheren Lebensstandard anstreben, auch mehr Erdöl verbrauchen, ob direkt oder indirekt.

Das 20. Jahrhundert ist eines der blutigsten und grausamsten der Menschheitsgeschichte gewesen. Insbesondere der Zweite Weltkrieg hat die Menschheit und das Menschsein auf immer verändert. Es gab multinationale Konfliktsituationen, undurchsichtige strategische Problemstellungen und unklare Verbindungen. Es konnte nur so weit kommen, da nationale und internationale Verbindungen, kulturelle, wirtschaftliche und politische Verstrickungen nicht mehr durchschaubar waren.

> Der Nationalsozialismus riss ein zivilisiertes Europa in einen Höllensturz und in den Holocaust. Dies war unter anderem darum möglich, weil man die Anfänge nicht sehen konnte und auch nicht sehen wollte.

Nicht umsonst füllen die Aufarbeitungen ganze Bibliotheken. Es ist eine der wichtigsten Fragen, die sich nach dem Krieg stellte und sich hoffentlich auch in 100 Jahren immer noch stellen wird: Wie und warum konnte es geschehen, dass das Menschsein so pervertiert und autokratischen und menschenverachtenden Ideologien so untergeordnet wird, wie es im Faschismus und Nationalsozialismus der Fall war? Die Lehren aus den Verbrechen an der Menschlichkeit des Zweiten Weltkrieges sind ein moralischer Imperativ an alle Menschen, nicht nur in Deutschland und Europa. Der Holocaust stellt das Unvorstellbarste dar, was wir uns in einer zivilisierten Gesellschaft nur denken können: gebildete und zivilisierte Menschen, die von eben solchen ermordet wurden und somit jegliches Menschsein mit Füßen traten.

Die Folgen der faschistischen, kommunistischen und autokratischen, autoritären Systeme des 20. Jahrhunderts sind unzählige Millionen von ausgelöschten Menschenleben. Verbrechen und Opfer jener Zeit dürfen nicht gegeneinander aufgewogen, ausgespielt oder gar abgewertet oder noch schlimmer, geleugnet werden. Viel eher geht es um die Würdigung und Anerkennung dieser Opfer und um die Frage, was wir daraus lernen können: Wie können wir das Menschsein vor einem erneuten Höllensturz bewahren?

Seit der Aufklärung haben wir gelernt, das Leben und die Rechte des individuellen Menschen in gewisser Weise über alles zu stellen. Dabei haben wir ein Stück weit vergessen, dass der individuelle Mensch nur existieren kann, solange die Menschheit existiert. Und das ist inzwischen, anders als im 18. Jahrhundert, nicht mehr selbstverständlich.

D. BEDROHT DIE DIGITALISIERUNG DAS MENSCHSEIN?

Die Innerlichkeit des Menschen ist in Gefahr. Der heutige Mensch ist gefährdet, sich mehr denn je in das Mechanische des Lebens zu verstricken mit einem Übermaß an Materialismus, Hast und Unruhe. Man kann durchaus sagen, dass es im Zeitalter des neuen »schwarzen Goldes« wichtiger denn je ist, einer hierdurch geförderten »Entseelung« entgegenzutreten. Es gilt zunehmend, den Menschen als geistiges Wesen, als geistige Persönlichkeit herauszuarbeiten. Der einzelne Mensch kann sich dann in gewisser Weise mehr der Verantwortung für die Menschheitsherausforderungen stellen – der moralische Fortschritt lässt grüßen.

Der in den 30er-Jahren des vergangenen Jahrhunderts als Reichsbankpräsident und Reichswirtschaftsminister tätige Bankier Hjalmar Schacht[*] drückt seine kritische Sichtweise in seinen letzten Lebensjahren fast schon etwas prophetisch aus:

>»Wir begeistern uns an den Schlagworten Wohlstand für alle, ständiges Wachstum von Produktion und Verbrauch, Ersatz der Kopf- und Handarbeit durch Kräne, Computer und sonstige Maschinen. Wir vergessen, daß alles dies das Leben des Menschen nicht ausmacht. Kirchen, Universitäten, Akademien, Museen, Schulen und alle sonstigen Bildungsstätten haben sich so sehr in den technischen und materiellen Sog unseres Wirtschaftssystems hineinziehen lassen [...]«[**]

In diesen Sätzen wird der Wahrhaftigkeit des Menschen und das Streben nach innerer Freiheit – beides geht Hand in Hand – die zentrale Bedeutung zugesprochen. Es geht hier um innere Freiheit der Seele, um die innere Größe und Würde des Menschen. Schacht war der Vater der Währungsreform, die er gemeinsam mit dem späteren Reichskanzler Gustav Stresemann ersann und die die Weimarer Republik vor 100 Jahren vor dem Zusammenbruch bewahrte. Als Wirtschaftsgenie war Schacht selbst von

---

[*] Horace Greeley Hjalmar Schacht (*1877 in Tingleff, Nordschleswig; †1970 in München) war beim Nürnberger Prozess gegen die Hauptkriegsverbrecher in allen Anklagepunkten freigesprochen worden. 1967 hielt Schacht ein wirtschaftspolitisches Referat auf dem Parteitag der Aktionsgemeinschaft Unabhängiger Deutscher (AUD), die später in den Grünen aufging. In seinem Buch *1933. Wie eine Demokratie stirbt* aus dem Jahr 1968 legte er seine Ansichten zum Scheitern der Weimarer Republik dar.

[**] Schacht: 1933, 1968, S. 178.

Hitler anerkannt und war bis 1938 Reichswirtschaftsminister. In den Nürnberger Kriegsverbrechertribunalen wurde Schacht vollständig freigesprochen. Der bis heute strittige Technokrat hatte damals geradezu prophetisch die Problematik des Massenkonsums und der Digitalisierung beschrieben, bevor er überhaupt wissen konnte, dass diese kommen würden. Die Lehren, die er aus erster Hand aus der Zeit des Untergangs der Weimarer Republik und der Terrorherrschaft der Nationalsozialisten zog, sollten und müssen wir heute ernst nehmen. Als Wirtschaftsexperte hatte er erlebt, was geschieht, wenn eine Diktatur wirtschaftliches und gesellschaftliches Handeln für eine perverse Ideologie missbraucht. Nun liegt es an uns zu verhindern, was Schacht nicht konnte.

> Der Impetus der Digitalisierung darf nicht dazu führen, dass wir in unserem Streben nach schnellem Geld das Menschsein aus dem Blick verlieren.

Was ist heute anders? Die Digitalisierung funktioniert vollkommen anders als die Wirtschaft vor 100 Jahren. Das Hauptproblem heute liegt tatsächlich immer mehr in einer Form der Zerstückelung: Unser persönlicher Datensatz, also das neue »schwarze Gold«, welches Google, Facebook und Konsorten gar so emsig an allen Ecken und Enden aufsaugen, wird zur existenziellen Bedrohung unserer individuellen Einheit, unserer personalen Integrität und damit zur Gefahr für unser Ich, für den Kern unseres Menschseins. Wir werden auf Schritt und Tritt beobachtet und überwacht. Fingerabdrücke werden genommen, Augen und Gesichter gescannt, Kreditkartendaten analysiert, Bewegungsprofile über unsere Handys ausgewertet, Gesundheitsdaten, Chatprotokolle und Internet-Nutzerstatistiken bewertet – die Liste kann beliebig fortgesetzt werden. Manche sprechen schon von der Mensch-Maschine-Partnerschaft – die »intelligente« Uhr von Apple am Handgelenk als Symbol einer merkwürdigen symbiotischen Verbindung.

Natürlich wollen alle »nur« eine schöne, neue Welt für uns erschaffen. Der Mensch als solcher wird zum Datensatz, bestenfalls verkommt er dabei zu einem naiven, einfältigen Wesen, das sich der Macht von Algorithmen unterwirft – frei nach dem törichten Motto »Ich habe doch nichts zu verbergen!«. Das ist dann die eigentümliche Macht der Überwachung in Reinkultur, die darin besteht, dass jeder irgendwie mitmacht – am besten noch absolut freiwillig. Wer nicht in diese schöne, neue Welt hineinpasst, wird passend gemacht oder verliert seinen Zugang – er wird ausgeschlossen. Kein Wunder, wenn Beliebigkeit im Denken gefördert und jede mögliche Rolle gespielt werden soll – ein authentisches und unabhängiges Selbst mit stabiler Identität sieht anders aus. Auf diese Weise könnte sang- und klanglos eine außengeleitete Persönlichkeit entstehen und man bekäme am Ende totale Verhaltenskonformität. Das ist ein gefährlicher Prozess – das Menschsein steht so auf dem Spiel. Der Identitätsprozess würde auf diese Weise unbestimmt, er würde schwammig, er würde unbeständig. Wie Wachs in den Händen ließe sich mit dem Identitätsprozess dann spielen und der Manipulation wäre Tür und Tor geöffnet. Die Fähigkeit zu nachhaltigen Bindungen, Beziehungen, Freundschaften und Wertvorstellungen würde auf diese Weise fast unmöglich gemacht werden. Von einer geistigen Heimat und einem stabilen In-sich-Ruhen wäre man dann meilenweit entfernt und das »Werde, wer immer du sein willst« klingt wie Hohn und Spott. Den eigenen Platz in der Welt zu finden wird zur Sisyphusarbeit.

Natürlich sind digitale Sprachassistenten wie »Alexa« wie nette Buddys von nebenan aufgemacht, man duzt sich und überhaupt ist alles so spielerisch und locker. Dass von Profis und ihren Algorithmen mitgeschnitten, transkribiert und analysiert wird, was das Zeug hält, geht in der scheinbaren Infantilisierung natürlich geschickt unter. Bonusprogramme als Tarnung zum Datenklau tun ihr Übriges.

> Einige wenige wissen alles von uns (manchmal vielleicht sogar mehr als wir selbst), während wir nichts über sie wissen – das schränkt kritisches Denken und das bewusste Ausüben von Freiheit natürlich ein.

Dass der kommende »Digitalkapitalismus« in autoritären Staaten besser funktioniert, ist bereits heute offensichtlich. Dort werden die Möglichkeiten der Digitalisierung noch viel rigoroser als bei uns und vor allem ohne Bedenken umgesetzt – wobei über die in liberalen Demokratien bestehenden Bedenken nur müde gelächelt wird. Individuelle Rechte sind da im Konfliktfall nur störend – sie sind ineffizient. Künstliche Intelligenz dagegen wird zum erstrebenswerten Ziel erkoren. Freiheit im Denken und Handeln sieht anders aus. Viele bei uns blicken mit einer unverhohlenen Bewunderung auf dieses System, das scheinbar so fortschrittlich ist, doch übersehen wir den menschen- und freiheitsfeindlichen Charakter, der auch die Wirtschaftskraft demokratischer Gesellschaften bedroht.

Innovation kann es ohne Freiheit niemals geben, die Geschichte hat es oft genug bewiesen. Ein System totaler Überwachung und Verhaltensmanipulation schränkt Freiheit massiv ein und kontrolliert sie. Innovation aber ist die Triebfeder jeder gesellschaftlichen Bewegung. Ein Staat beziehungsweise eine Gesellschaft ohne Innovation ist zum Stillstand verdammt – das berühmte Fahrrad der Revolution droht eines Tages umzufallen, zumal niemand mehr die Kraft haben wird, in die Pedale zu treten.

In Großstädten, auf den Autobahnen, in den Zügen, sogar in den Klassenräumen und Universitäten – überall in China sind Kameras, vernetzt mit dem größten Überwachungssystem, das die Menschheit je gesehen hat. Eine automatische Software erkennt nicht nur jeden Menschen und ordnet ihn seiner Personalakte zu, sondern erkennt auch Fehltritte, Verstöße oder Verbrechen. Das wird gemeldet, und menschliche Operatoren entscheiden ab einem gewissen Grad, was mit dieser Information geschehen soll – meistens endet das für den Delinquenten nicht zum Besten. Das Punktekonto eines jeden chinesischen Bürgers wird auf Dauer eine gleichgeschaltete Gesellschaft bewirken. Denn wer will aufgrund seiner Negativpunkte, weil er einmal zu oft falsch geparkt hat oder – wehe ihm – das politische System kritisiert hat, auf Bahnfahrten, Inlandsflüge, Kredite oder Kinokarten verzichten? Was jedoch, wenn die Informationsflut so groß ist, dass nur noch ein Computersystem zeitgerechte Entscheidungen fällen kann? Soll eine Verhaftung stattfinden, ein

Eintrag ins Register oder ist die Information zu vernachlässigen? Ein anonymes Computersystem soll über Menschen entscheiden. Es ist die totale Überwachung, die vollständige Unterwerfung des Individuums unter den Staat. Kann das gut enden? Machen wir uns nichts vor: Auch die demokratischen Staaten dieser Welt sehen sich dem Druck des Fortschritts ausgesetzt – dass Entscheider auf höherer politischer Ebene die Zeit aufbringen können, diese Systeme und diesen Fortschritt im Auge zu behalten, darf zu Recht bezweifelt werden.

Es führt kein Weg daran vorbei: Die gigantischen Kräfte der Künstlichen Intelligenz, des Überwachungskapitalismus und des Digitalismus müssen gezähmt werden. Sie müssen auf eine Art und Weise gezähmt werden, dass sie die menschliche Freiheit unterstützen und fördern. Ohne irgendeine Form der Zähmung wird am Ende alles, was digitalisiert werden kann, auch tatsächlich digitalisiert, alles, was registriert werden kann, wird gespeichert, alles, was automatisiert werden kann, wird automatisiert, und jede Technologie, die zum Zweck der Überwachung und Kontrolle genutzt werden kann – was auch immer ihre ursprüngliche Bedeutung war –, wird zum Zweck der Überwachung und Kontrolle genutzt. Wer jedoch soll diese Zähmung vollziehen? In der Pandemie haben wir erlebt, wie westliche Staaten an ihre Grenzen gekommen sind. Es liegt an der Komplexität von Problemen, Gesetzesinitiativen und Wirtschaftsentwicklungen, dass staatliche Instanzen immer weniger hinterherkommen. Ein Beispiel: In der großen Eurokrise zur Rettung der griechischen Wirtschaft 2010 hat der gesamte deutsche Staatsapparat im Akkord gearbeitet, ebenso wie die europäischen Instanzen. Schon damals war es de facto unmöglich, dass etwa das Parlament alle Vorgänge überblicken und durchschauen konnte. In der Flut an Dokumenten, Terminen, Statements und Presseberichten ist so einiges unter den Tisch gefallen. Heute, in einer noch digitalisierteren Welt, mit einer geradezu unglaublich hohen Schlagzahl an Kurzmeldungen, Presseberichten oder Statements sowie an der nicht zu unterschätzenden Informationsmacht der sozialen Medien, ist es noch viel mehr unmöglich, in Echtzeit angemessen informiert zu sein und zu reagieren. Die Lösung für die Informationsflut wird abermals erst recht die Digitalisierung sein, indem mit Künstlicher Intelligenz und Filtern noch stärker gearbeitet werden muss als bisher. Wer aber die Algorithmen und die Filter beherrscht, beherrscht letztendlich das Geschehen.

Wenn man die Geschichte der Wissenschaften näher betrachtet, dann waren zu Beginn viele Dinge erlaubt, die heute unter strengster Kontrolle stehen: So durften beispielsweise berühmte Wissenschaftler mit unerprobten Impfmethoden Menschen behandeln. Physiker konnten mit einer großen Menge von radioaktivem Radium in der Tasche spazieren gehen, und Chemiker durften auf ihrem Labortisch, der eher einem Küchentisch glich, den Urankern spalten. All das ist heute schlicht und ergreifend undenkbar. Zumindest müsste man davon ausgehen. Eigentlich. Und doch: Auch in neuerer Zeit gibt es Fälle, in denen zum Beispiel Molekularbiologen in allgemein zugänglichen Fachzeitschriften im Detail (und in bester wissenschaftlicher Absicht) erläutern, wie man gefährliche Virenvarianten herstellen könnte, wobei die dazu nötigen Reagenzien im freien Handel bezogen werden können oder junge Harvard-Studenten unter dem Namen »Facebook« ein weltumspannendes Ausspionierungssystem persönlicher Daten errichten, das alles in den Schatten stellt, was das Wahrheitsministerium in George Orwells dystopischem Roman *1984* jemals realisieren konnte.[*]

Kein Wunder, wenn der Ruf nach staatlicher Kontrolle immer lauter wird.

»Ich glaube, das Hauptproblem ist die Transparenz. Die Menschen erfahren im Nachhinein: ›Moment! Meine Daten sind an irgendjemanden verkauft worden, der eben was gemacht hat.‹ Und zweitens sagen viele: ›Diese großen Internet-Unternehmen machen einen Haufen Kohle. Die haben meine Daten. Die zahlen keine Steuern und die meinen, dass alles mit rechten Dingen zugeht, weil sie an eine private Stiftung spenden.‹

---

[*] Vgl. Christoph Cremer: Heidelberger Gespräche Gesellschaft, Humanismus-Tage im Hockenheimer Wasserturm, November 2020 (www.heidelberger-gespraeche.org).

Und das ist für die Menschen nicht mehr nachvollziehbar«,[*] sagt Alex Karp. Und er muss es wissen. Karp ist Co-Gründer von Palantir und CEO des Unternehmens, ursprünglich aus Palo Alto im Silicon Valley, »einem der geheimnisvollsten Unternehmen der Welt«, wie es das *Manager Magazin* ausdrückt. Palantir analysiert Daten für das FBI, die CIA und auch für deutsche Behörden sowie für Unternehmen aus der Privatwirtschaft. Weiter sagt er:

> »Ich glaube, erst muss man sich stark machen dafür, dass der Primat des Staates reguliert, wem die Daten eben gehören! [...] die Menschen wissen nicht ganz genau, wie man mit Daten umgehen kann, weil es häufig so ist mit Daten, dass derjenige, der die Daten hat, viel mehr weiß über das, was du zu verbergen hast, als du selbst. [...] Ich persönlich würde lieber nicht so lange leben, aber eine Affäre haben können. Das ist eine Entscheidung. Wenn alle wissen, wohin mein Auto fährt, da kann ich aus meiner Sicht kein normales Privatleben haben.«[**]

E. DAS AUSEINANDERDRIFTEN VON ZIVILISATIONS-, KULTUR- UND GESELLSCHAFTSSPHÄRE: DER MODERNE MENSCH WIRD HEIMATLOS

Natürlich wird uns beispielsweise die Künstliche Intelligenz Türen öffnen, die wir jetzt noch gar nicht sehen können. Ein längerer Aufenthalt auf dem Mond, eine Landung auf dem Mars oder aber der verantwortungsvolle Umgang mit den Ressourcen unseres Planeten sind ohne ihren Einsatz nicht vorstellbar.

---

[*] In: *Dinner Berlin* – Axel-Springer-Chef Mathias Döpfner und OMR-Gründer Philipp Westermeyer im Gespräch bei einem Abendessen mit der ehemaligen CDU-Chefin Annegret Kramp-Karrenbauer, Palantir-Gründer Alex Karp, Grünen-Politiker Cem Özdemir und anderen (https://omr.com/de/dinner-berlin-podcast/ vom 26.01.2019).

[**] Ebd.

> Die Menschheit wird ihr eigenes Potenzial vervielfachen. Der Mensch muss dabei aber stets selbstbestimmt und frei bleiben.

Er wird entscheiden müssen, wie er seinen Willen bezüglich Fortschritt ausrichtet: Dient der so ausgerichtete Fortschritt dem Menschen und seiner Umwelt oder entwickelt sich aus dem Fortschritt eine zerstörerische Kraft?

Es ist an dieser Stelle angebracht, sich mehr denn je von Fall zu Fall selbst zu fragen: Wie bringe ich jetzt Moral und Nützlichkeit in Einklang? Sicherlich bedarf es dazu großer innerer Stärke – künftig wahrscheinlich mehr denn je. In jedem Fall darf der Mensch nicht fremdbestimmt sein. Der häufig erwähnte Freiheitsbegriff ist dabei kein anarchischer, indeterminierter. Er ist verbunden mit der Möglichkeit, durch den eigenen Willen das eigene Leben hin zum Schönen und Guten zu gestalten, so wie es schon die antiken Philosophen beschrieben hatten. Auch hier darf das Streben nach Freiheit nicht missverstanden werden. Es geht nicht um Einzelkämpfertum, es geht um die Verbundenheit in der Gemeinschaft, die frei macht, denn in und mit der Gemeinschaft kann das Lebensumfeld in dieser Hinsicht gestaltet werden. Auch wenn sich das pathetisch anhören mag: Es geht schließlich um den Erhalt der gesamten Welt.

> Natürlich gibt es ethische Werte, nach denen man in der Welt handeln sollte. Und oftmals ist es hilfreich, wenn ihre Inhalte erfahrbar gemacht werden. Die Erfahrungen liegen dabei jenseits des Verstandes. In diesem Sinn kann das Bedürfnis nach dem richtigen Handeln verstanden werden: die Sehnsucht nach Wahrheit, nach authentischem, wahrhaftem und erfülltem Leben. Und dies könnte man auch moralischen Fortschritt nennen.

Jenseits von Überwachungskapitalismus, Digitalismus und Künstlicher Intelligenz zieht aber auch noch eine weitere bedrohliche Wolke am Horizont herauf. Unter dem Stichwort »Human Enhancement« werden insbesondere künstliche Veränderungen verstanden, um die körperliche und geistige Leistungsfähigkeit radikal zu verbessern – in welchem Sinn auch immer. Die schöne neue Welt der Gentechnik, Bio- und Nanotechnologie macht's möglich – bis hin zu trans- und posthumanistischen Allmachtsfantasien, »Unsterblichkeit« inklusive.

In unserer fortschrittsgläubigen Welt, in der eine technologische Erfindung nach der anderen dem Menschen eine Reaktions- und Anpassungsgeschwindigkeit abverlangt, die – vorsichtig ausgedrückt – herausfordernd ist, treten in diesem Zusammenhang allerdings existenzielle Probleme zum Vorschein.

Der deutsche Ökonom und Soziologe Alfred Weber sah das menschliche Dasein in drei Sphären gegliedert: in die Zivilisationssphäre, die Kultursphäre und die Gesellschaftssphäre. Sie entwickeln sich aber nicht gleichmäßig. Schlimmer noch: Die Sphären verlieren die Verbindung zueinander. Technik und Wissenschaft entfernen sich zusehends von allgemeiner Kultur und Gesellschaft. Staat und Gesellschaftsstruktur wiederum werden zunehmend zum Selbstzweck, und die Zivilisation samt ihren Mythen, Ritualen, ihrer Kunst und Philosophie gerät ins Hintertreffen. Die fortschreitende Disjunktion dieser Sphären macht den einzelnen Menschen letztendlich heimatlos, denn er braucht die Integration aller dieser Sphären, um sein Dasein zu definieren, sich zu orientieren und eine eigene Identität aufzubauen. Es braucht in jedem Fall den »versöhnlichen« Kitt zwischen diesen Sphären. Ansonsten ist die Selbstbestimmung des Menschen gefährdet.

F. KONSUM ALS IDENTITÄTSKONSTRUKTION: DAS SELBST WIRD DURCH ANSAMMLUNG UND KONSUM VON PRODUKTEN DEFINIERT

Gefährlich wird es, wenn autoritäre Systeme Pseudo-Heimat werden. Solche Systeme halten ihre Herrschaft einerseits durch Terror aufrecht, andererseits gaukeln sie wirtschaftliche und kulturelle Sicherheit vor. Letztendlich steuern sie Konsum derart, dass sie auch die Identitätskonstruktion dadurch beeinflussen und vorgeben. Im Dritten Reich war es darum eine der wichtigsten Strategien der Nationalsozialisten, die Mangelwirtschaft, welche Kriegsvorbereitungen und später dann auch Krieg mit sich brachten, zu legitimieren. Im gleichen Atemzug trimmte das Regime Konsum und Produktion darauf, die Ideologie der Nazis zu stärken. Kurzum: Beim Einkaufen sollte der Nationalsozialismus stets im Einkaufswagen landen. Und das war keine leichte Aufgabe. Propaganda ist ein hartes Geschäft und man darf sich nur wenig Fehler erlauben – zumindest am Anfang. Goebbels entpuppte sich als einer der Meister der staatlichen Propaganda, es wurden reihenweise Geschichtsbücher darüber geschrieben.

Joseph Goebbels studierte vor allem die Schriften von Edward Bernays, dem »Meister der Manipulation« und dem Begründer der von ihm später in Public Relations umbenannten modernen Theorie der Propaganda. Bernays war ein Neffe Sigmund Freuds. Nach der Machtergreifung der Nationalsozialisten versuchte ein Gesandter Adolf Hitlers, Bernays als PR-Berater für das Dritte Reich zu gewinnen. Dieser lehnte aber entschieden ab. Es ist eine Ironie der Geschichte, dass Goebbels einige seiner Ideen von einem der größten Verfechter des Kapitalismus und Antikommunisten übernommen hatte, dessen Menschlichkeit ihm vom Regime als Jude abgesprochen wurde.

In seinem erstmals 1928 erschienen Hauptwerk *Propaganda. Die Kunst der Public Relations* schrieb Edward Bernays:

»Die bewusste und intelligente Manipulation der organisierten Gewohnheiten und Meinungen der Massen ist ein wichtiges Element in der demokratischen Gesellschaft. Wer die ungesehenen Gesellschaftsmechanismen manipuliert, bildet eine unsichtbare Regierung, welche die wahre Herrschermacht unseres Landes ist. Wir werden regiert, unser Verstand geformt, unsere Geschmäcker gebildet, unsere Ideen größtenteils von Männern suggeriert, von denen wir nie gehört haben. Dies ist ein logisches Ergebnis der Art, wie unsere demokratische Gesellschaft organisiert ist. Große Menschenzahlen müssen auf diese Weise kooperieren, wenn sie in einer ausgeglichen funktionierenden Gesellschaft zusammenleben sollen. In beinahe jeder Handlung unseres Lebens, ob in der Sphäre der Politik oder bei Geschäften, in unserem sozialen Verhalten und unserem ethischen Denken werden wir durch eine relativ geringe Zahl an Personen dominiert, welche die mentalen Prozesse und Verhaltensmuster der Massen verstehen. Sie sind es, die die Fäden ziehen, welche das öffentliche Denken kontrollieren.«[*]

Edward Bernays galt noch in den 90er-Jahren als eine der einflussreichsten Personen des Jahrhunderts. Nun jedoch leben wir im 21. Jahrhundert, und Bernays dürfte den wenigsten bekannt sein. Zu Unrecht: Er gilt als der Erfinder der »Konsumkultur«, also jener, in der Menschen kaufen, was sie nicht wollen, und Bedürfnisse befriedigen, die sie nicht haben. Konsum wird hier als Identitätskonstruktion betrieben, und das Selbst wird durch Ansammlung und Konsum von Produkten definiert. Wo man herkommt, spielt dann keine Rolle mehr, die physische Heimat wird relativ – von einer geistigen Heimat ganz zu schweigen – und die Identität beliebig. Bernays wurde in Wien geboren, seine Eltern wanderten jedoch bereits kurz nach seiner Geburt nach New York aus. Er war ein Pionier in der Anwendung von Forschungsergebnissen der damals noch jungen Psychologie und Sozialwissenschaften in der angewandten Öffentlichkeitsarbeit. Die Public-Relations-Erfolge von Bernays haben auch dazu beigetragen, seinen Onkel Sigmund Freud und dessen Psychoanalyse in den USA bekannter zu machen. »Der Papst der Propaganda« und der »Meister der Massenpsychologie«, wie Bernays oft bezeichnet wurde, hat das Menschenbild seines Onkels als Grundlage für sein eigenes Wirken herangezogen: Der Mensch sei nun mal keine Maschine. Er sei ein irrationales Wesen, getrieben vom Unbewussten, seinen Bedürfnissen, Instinkten und Begierden. Er muss sich selbst stets bändigen und

---

[*] Edward Bernays: Propaganda. Die Kunst der Public Relations, S. 37.

zusammenreißen. Für Bernays stand fest, dass es durchaus möglich sein kann, den Einzelnen zu steuern, wenn er als Teil einer Menge verstanden wird – es geht also um nichts anderes als um Massenpsychologie. Wer die Masse kontrolliert, kontrolliert also auch das Individuum.

Ein sehr anschauliches Beispiel fördert die Tabakindustrie zutage – unter der bezeichnenden Überschrift »Fackeln der Freiheit« oder »Feminismus und Rauchen«. Bernays war ein Genie, und wie auch andere war er bereit, weniger schickliche Wege zu gehen. Zu seiner Verteidigung mag angemerkt sein, dass das Rauchen seinerzeit noch nicht als so schädlich erkannt wurde wie heute. Jedenfalls überlegte er sich, dass der Absatz der Tabakindustrie deutlich gesteigert werden könnte, wenn Frauen als Zielgruppe der Werbung und des Konsums gesehen und adressiert werden würden. Und so ließ er in New York Frauen als Feministen auftreten, die natürlich eifrig an ihren Zigaretten zogen. Mit einer gut organisierten Pressearbeit rund um das Event »Fackeln der Freiheit« schaffte Bernays das, was keinem anderen Werbeexperten damals gelungen war. Was ein Skandal war, dass Frauen öffentlich für das Rauchen warben – heute unvorstellbar, was daran unschicklich sein sollte, dass Frauen werben –, war in Wirklichkeit ein Geniestreich des Mediengurus. Rauchen wurde zur täglichen Modeerscheinung in den USA und im ganzen Westen. Risiken und Nebenwirkungen entnehme man den Geschichtsbüchern.

G. INDIVIDUELLES DENKEN STATT MASSENHYPNOSE – DER DIGITALISIERTE KONSUM VERLEITET UNS ZUM FAULSEIN

Dass es überhaupt möglich war, ein derartiges Event auf die Beine zu stellen, lag an der Zeit und der Tatsache, dass Medien damals nicht so verfügbar waren. Erstens gab es lediglich Zeitungen und das Radio als Massenmedien. Zweitens gab es in diesen Medien eine geringere Fragmentierung. Heute ist die Fragmentierung viel größer, es gibt viel mehr Kanäle und viel mehr Informationen, die ständig auf uns einprasseln. Darum ist auch eine höhere Kompetenz und Kognition notwendig, um diese Medien sinnvoll zu rezipieren. Das Problem dabei ist ganz klar: Ob wir es merken oder nicht, viele von uns haben schon den einen oder anderen Medien-Burn-out gehabt. Das jedoch hat zur Folge, dass wir rezipieren, ohne zu hinterfragen, da wir die Kapazitäten dazu nicht mehr haben. Vereinfacht gesagt: Wir scrollen die Nachrichten auf dem Handy durch, lesen nur noch die Überschriften und haben keine Ahnung, was in den Artikeln steht. Unser Smartphone ist omnipräsent. Für viele von uns gehört es zur Morgenroutine dazu, die Mails und Nachrichten noch im Bett liegend zu lesen, bevor wir überhaupt irgendetwas anderes tun.

Wir haben also schon jetzt ein Kognitionsproblem. Dieses führt unweigerlich zum Diskussionsproblem. Erstens: Es gibt so viel an Informationen, dass wir den Überblick verlieren. Das bedeutet, dass wir es schwer haben, im Detail über die gleichen Informationen zu diskutieren. Zweitens sind wir nicht mehr willens, über unser berufliches Pensum hinaus detaillierte Nachrichten zu konsumieren, weil wir stattdessen dem Massenkonsum der Informationen erlegen sind.

Das kritische Hinterfragen gehört aber zum unverzichtbaren Rüstzeug, das der selbstbestimmte Mensch mit auf seinen Weg bekommen sollte. Und die innere Freiheit eines Menschen ist ein gutes Bollwerk gegen das Anstürmen von so manchem Manipulationsversuch von außen. Diese innere Freiheit wird nämlich mehr denn je in unserer – vor allem digitalisierten – Welt benötigt. Diese innere Festung ist natürlich keine Trutzburg. Es geht nicht darum, sich komplett abzuschirmen. Es geht vielmehr darum, sich als Persönlichkeit zu festigen, Botschaften zu empfangen und zu entsenden, – und wenn es wichtig ist, mit Herolden und Rittern mit stichhaltigen Argumenten. Und manchmal muss man eben auch die Zugbrücke hochmachen, den Graben bewässern und ein paar Armbrustbolzen in Richtung freiheitsfeindlicher Kräfte losschicken.

Leider ist die Freiheit immer wieder unter Belagerung. Richtig ist, dass der Staat auf neue Entwicklungen in der digitalen Kommunikation reagieren muss. Das bedeutet, dass das Internet kein rechtsfreier Raum sein darf, in dem kommunikative Anarchie herrscht. Gleichzeitig jedoch erweisen sich insbesondere die verschiedenen europäischen Rechtssysteme als regelmäßig davon überfordert, Rechtsgrundsätze und Rechtsprechung auf die Digitalisierung anzuwenden. Alte Rechtsgrundsätze treffen auf das Internet. Die Folgen kennen wir alle, indem wir als Europäer die Einzigen sind, die auf der Annahme von Cookie-Regelungen auf jeder Webseite bestehen. Das ist insofern nicht mehr zeitgemäß, als dass Apps und Programme ohnehin mehr Daten von uns abziehen, als jede Webseite jemals dazu in der Lage wäre. Anstelle allgemeine Richtlinien zu erlassen, versucht man es mit gesetzlichem Flickschusterwerk. Und das ist gefährlich, denn wie bei einem alten Mantel schränken zu viele Flicken die Bewegungsfreiheit nach und nach immer mehr ein.

Verglichen mit den Bemühungen der Europäer, der Datennutzung irgendwie Herr zu werden, wirkt ein von Facebook vergebener Reputationsscore geradezu grotesk. Dieser bewertet nämlich die Vertrauenswürdigkeit von Nutzern, und zwar anhand verfügbarer Daten. Die Bestimmung des persönlichen Kriminalitätsgrades anhand von Bildern und der sexuellen Orientierung mittels Gesichtserkennung gibt es ebenfalls schon – zumindest kolportieren das chinesische Wissenschaftler. Wenn dann noch die Datensätze des individuellen menschlichen Genoms hinzukommen, wird das Albtraum-Potenzial schnell ersichtlich. Entpersonalisierung, Hierarchisierung, Diskriminierung und Stigmatisierung – das ist der Traum der schlaflosen Nächte eines Joseph Goebbels. Was ist dann noch die menschliche Person, das wahre Individuum und das »Subjekt eigenen Rechts«?

Vielleicht kann der Blick nach innen, die Mystik, darauf eine zeitlose Antwort geben. Mystik ist immer innere Erfahrung. Sie kann nicht rationalistisch erklärt werden. »Der Fromme der Zukunft wird ein Mystiker sein, einer, der etwas erfahren hat, oder er wird nicht mehr sein.« Dieser zutreffende und viel zitierte Satz stammt von Karl Rahner, einem der bedeutendsten Theologen des 20. Jahrhunderts. Der religiöse Mensch der Zukunft ist für den Jesuiten Rahner ein Mystiker. Er würde sich nicht mit vorgegebenen Glaubenswahrheiten aus dem Katechismus zufriedengeben. Er möchte etwas erfahren und seine Erfahrungen ernst nehmen dürfen. Für Rahner stehen also weder Lehrsätze im Mittelpunkt noch moralische Vorschriften. Es geht ihm um Erfahrung, um das alltägliche Leben und seine Gestaltung, es geht um den Weg, den wir gehen. Es ist immer das Individuum, das erfährt und erkennt. Es geht um die Ausbildung der eigenen Persönlichkeit. Es geht um die innere Freiheit. Diese ausgebildeten Persönlichkeiten kann man als »Glieder einer allgemeinen Menschenkette« beschreiben. Der Erfahrungs- und Erkenntnisprozess, der zur Persönlichkeitsentwicklung führt, ist die Voraussetzung für innere Stabilität und Anbindung. Sie ist die Grundlage für eine funktionierende Gemeinschaft und um ein Gemeinwesen zum Wohl aller zu bilden. Nur so kann das Individuum Verantwortung für sich und die Gemeinschaft übernehmen.

> »Mensch, lerne dich selbst erkennen, das ist der Mittelpunkt der Weisheit«, meinte schon Gotthold Ephraim Lessing.

Das darf nicht als Überhöhung verstanden werden, aber es drückt aus, dass die tiefe Verankerung des Erkennens, die in einem selbst stattfindet, die innere Stabilität und Sicherheit gibt, um aufziehenden Stürmen trotzen zu können.

H. PROFITE, PROFITE, PROFITE: ZUNÄCHST MIT PRODUKTEN, DANN AUS DIENSTLEISTUNGEN, SCHLIESSLICH DURCH SPEKULATIONEN (FINANZKAPITALISMUS) UND JETZT MITTELS DER ÜBERWACHUNG

Heutzutage haben wir abstrakte Gefahren. Im sogenannten Überwachungskapitalismus werden menschliche Erfahrungen zu Marktgütern gemacht. Das hört sich erst einmal harmlos an – das Gegenteil aber ist der Fall. Der Datenrohstoff daraus führt nämlich in gewisser Weise zur Kontrolle unserer Zukunft. Die US-amerikanische Wirtschaftswissenschaftlerin Shoshana Zuboff bringt es auf den Punkt:

>In sieben Jahren eingehender Beschäftigung mit dem Phänomen bin ich zu der Überzeugung gelangt, dass die Folgen des Überwachungskapitalismus weit hinausreichen über die traditionellen Domänen des Kapitalismus und seiner Ökonomien. Die tiefere Wahrheit ist, dass er die Gesellschaft des 21. Jahrhunderts auf eine ebenso menschen- wie demokratiefeindliche Art und Weise umwälzen wird – und das allein um des finanziellen Gewinns aus der Überwachung willen [...]. Tobten die Titanenkämpfe des 20. Jahrhunderts zwischen Industriekapital und Arbeiterschaft, steht im 21. Jahrhundert das Überwachungskapital der Gesamtheit unserer Gesellschaft gegenüber, bis hinab zur und zum letzten Einzelnen. [...] Wir dürfen uns den Überwachungskapitalismus nicht als etwas, irgendwo da draußen, in den Fabriken und Büros einer vergangenen Ära vorstellen. Vielmehr sind seine Ziele wie seine Auswirkungen hier – seine Ziele wie seine Folgen sind wir.<*

Dabei ist das Phänomen des Überwachungskapitalismus kein Selbstläufer, sondern hausgemacht. Die Nutzer haben sich dazu entschieden. Als im Jahr 2000 die Dotcom-Blase platzte, sahen sich nicht wenige Unternehmen und Investoren einem Scherbenhaufen gegenüber. Auch Google hatte damals zu kämpfen. Es ging um alles oder nichts. Die Idee war, mit Daten Geld zu machen, also Daten und Werbung irgendwie miteinander zu verknüpfen. Deshalb entschied sich Google dafür, den Nutzern ihr wertvollstes Etwas aus der Tasche zu ziehen: die persönlichen Daten. Die Verhaltensweisen der Nutzer werden analysiert und Muster werden erstellt, was wiederum wichtig für den Einsatz von personalisierter Wer-

---

* https://netzpolitik.org/2019/im-zeitalter-des-ueberwachungskapitalismus/, aufgerufen am 09.11.2022; dieser Text ist eine Übersetzung der Keynote [Video], die Shoshana Zuboff am 11. Oktober 2018 auf der Konferenz >Zukunft der Datenökonomie< des Forum Privatheit hielt.

bung ist. Es geht darum, an jene Daten zu kommen, welche die Nutzer eigentlich gar nicht preisgeben möchten. Mit dem Börsengang von 2004 zeigte Google der Welt: Mit Daten verdient man das große Geld. Und: Persönlichkeitsrechte und Daten werden nicht mehr beste Freunde werden. Heute können wir das Internet gar nicht mehr anders nutzen, als dass wir dadurch mehr von uns preisgeben, als wir möchten. Die Gesetzgeber reagierten besonders in Europa zu spät, zu unkoordiniert und hilflos. Inzwischen sind wir gläsern, was nicht zuletzt durch den Siegeszug der Smartphones zu begründen ist, die beinahe schon ein Körperteil von uns geworden sind.

Der Informationskapitalismus basiert nun inzwischen auf dem Überwachungskapitalismus:

Wir haben mittlerweile einen zweiten Schatten, er ist digital. Er ist so messerscharf in der Darstellung unserer Persönlichkeit durch unser Nutzerverhalten, dass nicht selten inzwischen von einer »digitalen Identität« gesprochen wird.

Früher ging es um Industrieprodukte, dann um Dienstleistungen und schließlich um den Transfer von Daten. Die aktuelle industrielle Revolution aber hat uns selbst als Produkte entdeckt. Unsere digitale Identität ist als Massenprodukt geschaffen worden, von Google, Facebook, Amazon und Konsorten. Wir sind die Kunden; und die Produkte sind – wir selbst. Es sind die Regeln dieser Plattformen, an die wir uns halten müssen, wenn wir sie nutzen wollen. Wir bezahlen doppelt: mit unserem sauer verdienten Geld und unseren Daten, die wir überall liegen lassen, wo wir sind. Gleichzeitig ist dieses Massenprodukt das Ziel der profitreichsten Geschäfte, welche je auf der Erde stattgefunden haben – willkommen im Überwachungskapitalismus. Die Folgen sind jedoch dramatischer, als wir es wahrhaben wollen: Wenn uns andere besser kennen als wir selbst, öffnen wir Tür und Tor für Manipulation. Was wir online kaufen, sehen, hören und lesen, wird immer mehr durch anonyme Algorithmen fremdbestimmt. Wir entscheiden uns immer mehr nur noch zwischen Optionen, die uns fremdbestimmt angeboten werden. Am Ende ist das Massenprodukt Mensch nichts weiter als ein digitaler Spielball. Wir geben unsere Entscheidungsrechte immer öfter ab, ohne es zu merken. Der digitale individuelle Konsum ist Dreh- und Angelpunkt dieser Entwicklung, und genau deshalb löst sich die Individualität immer mehr in Luft auf: Der digitale Massenkonsum ist fremdgesteuert, entmenschlicht und kollektiv. Das ist nicht paradox, sondern schlichtweg die Folge der Digitalisierung. Unsere individuellen Daten gehören schon lange nicht mehr uns. In den kommenden Jahrzehnten wird sich entscheiden, ob unsere tatsächliche Individualität uns gehören wird oder nicht.

Und deshalb geht es um nicht weniger als das freie Individuum und die Frage, ob wir in Zukunft lieber selbstbestimmt glücklich werden wollen oder ob wir unser Glück im digitalisierten Massenkonsum suchen. Es geht also um den Grundsatz, vom Individuum her auf das Kollektiv zu denken, und nicht umgekehrt. Individualrechte und Partikularrechte sind die Wiege der Demokratie, der Freiheit, der Zivilisation und somit unzähliger Innovationen.

Eine schrittweise Auflösung der Individualrechte, indem wir die Kontrolle über uns abgeben, weil es bequem ist, birgt die Gefahr des Verlusts von dem, was uns als Zivilisation ausmacht: freie und selbstbestimmte Menschen in kooperativer Verantwortung.

KAPITEL 7

VOM HOMUNCULUS ZU ALEXA – GESCHICHTE UND PERSPEKTIVE DER KÜNSTLICHEN INTELLIGENZ*

»Du gleichst dem Geist, den du begreifst.«

FAUST II, ERSTER AKT

---

* Dem Inhalt dieses Kapitels liegen insbesondere Vorträge und Schriften von Prof. Dr. Dr. Christoph Cremer zugrunde. Siehe auch C. Cremer in Cremer (Hg.), 2007.

A. DICHTERISCHE VORWEGNAHMEN KÜNSTLICHER INTELLIGENZ

»Alexa, erschaffe mir einen Dämon, den ich zu Gott und der Welt befragen kann.« So einfach hatte es der universalgebildete Dr. Faust in dem Werk von Goethe dann doch nicht. Faust sitzt in seinem Arbeitszimmer und will die Welt als Ganzes ergründen. Dabei beschwört er mit dunkler Magie einen Erdgeist, der schließlich mehr wissen müsste als Faust. Er will ihn gefangen halten und in die Mangel nehmen. Doch dieser hat die Rechnung ohne den Geist und das Wesen der Natur gemacht: Der Erdgeist macht sich über Faust lustig. »Du gleichst dem Geist, den du begreifst, nicht mir« und lässt den Gelehrten wieder allein. Was war geschehen? Faust wollte etwas von einem Wesen erfahren, das er zwar beruft, aber nicht versteht. Die Natur hatte ihm ein Schnippchen geschlagen und ihm klar gemacht: Den Geist der Natur konnte er nicht mit der Intelligenz des Menschen vergleichen oder gar einfangen. Eigentlich wollte Faust den Prototypen einer künstlichen, einer »anderen« Intelligenz herbeibeschwören. Dumm nur: Er hatte keine Ahnung, um welche Intelligenz es sich dabei eigentlich handelte.

Faust ist frustriert und denkt an Selbstmord: Er verzweifelt – verständlicherweise – an der Juristerei, der Philosophie und der Wissenschaft, die ihn alle nicht weitergebracht haben. Die letzte Grenze will er durchstoßen, um herauszufinden: Was ist der Sinn des Lebens, was macht den Menschen aus? Was ihn rettet, ist das Kirchenläuten: »Die Botschaft hör ich wohl, allein mir fehlt der Glaube. Das Wunder ist des Glaubens liebstes Kind.« Und doch lässt er vom Gift, das er trinken wollte, ab.

Johann Wolfgang von Goethe gilt nach Martin Luther als der wirkungsmächtigste deutschsprachige Autor aller Zeiten. Seine Werke haben Einfluss auf die gesamte westliche Kultur. Goethe: Philosoph, Dichter, Gelehrter, Naturforscher, Jurist, Minister, Freimaurer, Illuminat. Er war eine der schillerndsten Figuren der Aufklärung. Mit seinen Gedanken und Ideen über das Leben und das Menschsein hat er revolutionäre und progressive Gedanken zu Papier gebracht. Am *Faust* hat er sein Leben lang gearbeitet, und viele andere Werke sind eingeflossen. Die Unterwerfung der Natur unter den menschlichen Willen war stets Thema seiner Arbeiten und kritischen Überlegungen. Und: Er befasste sich mit der Idee, was geschehen würde, wenn der Mensch eine künstliche Intelligenz erschaffen könnte. Und das, obwohl er nicht einmal wissen konnte, was Elektronik eigentlich ist und was man mit einem Computer alles Sinnvolles oder Sinnloses anstellen kann. Seine Idee war die einer künstlichen biologischen Intelligenz. Die Folge aber ist die gleiche: Der Mensch erkennt in einer anderen Intelligenz lediglich sich selbst. Die Gegenseite ist nicht das, was der Mensch erwartet hat.

Was ist »Künstliche Intelligenz« (KI)? Ein Pionier auf diesem Gebiet, Marvin Minsky, hat es bereits vor einem halben Jahrhundert so formuliert (in freier Übersetzung):

> »Bei der KI geht es darum, Maschinen dazu zu bringen, Dinge zu tun, die – würden sie von Menschen vollbracht – Intelligenz erfordern würden.«[*]

Diese Definition gilt auch für viele Aufgaben, die noch keine KI im informationstheoretischen Sinne erfordern. Zum Beispiel haben noch zu Beginn der Computerzeit viele Schüler Stunden damit zugebracht, mithilfe von Logarithmentafeln genauere Kurvenberechnungen durchzuführen. Heute macht das ein Taschenrechner in Bruchteilen von Sekunden, und dasselbe gilt für eine Vielzahl von digitalen Hilfen, die unser Leben mehr und mehr beherrschen.

Allgemein verbinden wir Künstliche Intelligenz im engeren Sinne mit elektronischen Verfahren auf der Grundlage »selbstlernender Algorithmen«; ins praktische Leben übersetzt sind das Systeme des »Machine Learning« oder »Deep Learning«, die ungeheure Datenmengen bewälti-

---

[*] Marvin Minsky (1968) quoted by: Blay Whitby (1996) Reflections on Artificial Intelligence. p. 20: »Artificial intelligence is the science of making machines do things that would require intelligence if done by men.« (Anm. der Autoren: eigene Übersetzung aus dem englischen Original).

gen können, zum Beispiel bei der Erkennung von Mustern. Es geht also wie immer darum, dass uns Maschinen das Leben leichter machen. Dabei werden aber Produkte geschaffen, die immer komplexer und leistungsfähiger werden.

Das war aber nicht immer so: »Künstliche Intelligenz« sollte konzeptuell auch auf biologisch inspiriertem Wege möglich sein, und es gibt Fantasien, in ferner Zukunft einmal beides in Mensch-Maschine-Hybriden ineinander zu integrieren. Der Spruch des Erdgeistes gegenüber Faust ist Hohn und Mahnung zugleich. Man pfuscht an etwas herum, was man gar nicht versteht, und es droht, dass ein gefährlicher Weg beschritten wird. Andererseits hat es Faust geschafft, den Erdgeist zu beschwören. Was sollte die Wissenschaft also aufhalten? Welche grundsätzlichen Möglichkeiten gäbe es, eine »Künstliche Intelligenz« auch auf biologischer Grundlage zu realisieren? Aus ethischen Gründen will das (noch) niemand; die zu überwindenden Schwierigkeiten wären auf absehbare Zeit so überwältigend, dass dies niemand ernsthaft diskutiert. Ein realisierbarer Weg zu Künstlicher Intelligenz hat sich jedoch über die Physik und Chemie ergeben; deren Erkenntnisse zusammen mit riesigen technischen Investitionen haben tatsächlich den Weg zu diesem jahrtausendelang erträumten, aber nie für erreichbar gehaltenen Ziel eröffnet.

In der Dichtung wurden bereits seit Langem Träume von einer auf naturwissenschaftlichen Erkenntnissen gegründeten künstlichen Intelligenz geschildert, wie im *Dr. Faust* von Johann Wolfgang von Goethe zu Beginn des 19. Jahrhunderts. Diese wird von seinem Oberassistenten Dr. Wagner, Faustens Schüler, erstmals realisiert. Im zweiten Teil des *Faust* wird beschrieben, wie Wagner in der Retorte ein Wesen mit menschlichem Bewusstsein, den Homunculus, aus den Elementen synthetisiert. Die Botschaft ist nicht zu verachten: Faust, der Vater der Idee »anderer oder fremder« Intelligenz, wollte die Natur ergründen. Wagner meint, die Natur durchschaut zu haben, und will die Natur selbst verändern. Und natürlich kommt alles anders als geplant.

Als Goethe seinen *Faust II* schrieb, hatte der Chemiker Friedrich Wöhler in Göttingen gerade die erste Synthese von Harnstoff durchgeführt, einer organischen Verbindung; diese und andere »anorganisch« hergestellten »Lebensstoffe« widerlegten den Glauben, solche Substanzen könnten nur unter dem Einfluss einer *vis vitalis*, einer besonderen Lebenskraft, gebildet werden. Goethe, der die Fortschritte der Naturwissenschaften zeit seines Lebens intensiv verfolgte, soll davon bei der Beschreibung seines Homunculus tief beeindruckt gewesen sein.

Die Schaffung des Homunculus als auf einer auf organischer Grundlage beruhenden künstlichen Intelligenz wird in der Szene im Labor beschrieben und zeigt auch, dass es schon Goethe bewusst war, wie zerbrechlich Leben und Fortschritt vereint auftreten, indem er den Homunculus Folgendes sprechen lässt:

»Nun Väterchen! wie steht's? es war kein Scherz.
Komm, drücke mich recht zärtlich an dein Herz!
Doch nicht zu fest, damit das Glas nicht springe.
Das ist die Eigenschaft der Dinge:
Natürlichem genügt das Weltall kaum,
Was künstlich ist, verlangt geschlossnen Raum.«

Auch die ersten Worte von Homunculus zeigen seinen hohen Grad an Intelligenz. Er will auch gleich zur Arbeit gehen. Die Sache lässt sich also gut an. Dr. Wagner, der Konstrukteur des Homunculus, nutzt gleich seine Chance, ihn nach dem Verhältnis von Seele und Leib zu konsultieren; in der Tat ein fundamentales Problem für die auch heute noch ungelöste Frage, ob künstliche Intelligenzen irgendwann in der Zukunft sogar ein Bewusstsein haben können. Homunculus ist zu klug, hierauf zu antworten, und überlässt das seinem Vetter Mephisto.

Als eine weitere Probe seiner überlegenen Intelligenz zeigt Homunculus seine Gabe, Faustens intimste Gedanken lesen zu können, und offenbart dessen Sehnsucht nach der göttlichen Helena. Homunculus beweist hier, dass auch künstliche Intelligenzen Empathie haben können; Faustens Liebesträume kann er nach eigenem Bekunden voll nachvollziehen. Um aus dem auch ihm wenig angenehmen Wagnerschen Institut wegzukommen, schlägt er einen Besuch bei der vornehmen und durch und durch heidnisch klassischen Walpurgisnacht vor. Auch dies zeigt wiederum seine überragende Intelligenz und sein Interesse für mythische Literatur und antike Kunst. Selbst die erotischen Künste thessalischer Hexen sind ihm bereits bekannt. In dieser klassischen Walpurgisnacht ist unser Homunculus in seinem Element: Dort trifft er Wesen von größter Weisheit, mit denen er höchst tiefsinnige Gespräche führt, so zum Beispiel mit Thales oder Anaxagoras. Dabei wird er aber leider unvorsichtig, vergisst seine gläserne Zerbrechlichkeit und zerschellt am glänzenden Thron der Galatea.

Wagner war mit der Schaffung künstlicher Intelligenz einerseits erfolgreich, andererseits endete sein Werk sehr bald in Scherben. Der Homunculus, die künstliche Intelligenz, hatte sich, sehr zum Widerwillen ihres Schöpfers, mit Mephisto, der sich als die Verkörperung kalter, gewissenloser Intelligenz interpretieren lässt, auf und davon gemacht. Alles Wissen des Homunculus hatte Wagner herzlich wenig geholfen. Wie Faust, so hatte auch Wagner einfach nicht verstanden, welche Form von Intelligenz er da vor sich hatte. Das Ende des Homunculus ist purer Hohn für die Ambitionen des Dr. Wagner: Da er als künstliche Intelligenz zum Leben in dem Fläschchen verdammt war, musste er untergehen bei dem Versuch, das Leben zu erfahren, indem er das Fläschchen dabei zerbrach, um ins Leben selbst zu treten. Das Unmögliche konnte auch die universal-gelehrte künstliche Intelligenz nicht erreichen: wirklich zu leben.

B. IST DIE VOLLSYNTHESE EINER KÜNSTLICHEN INTELLIGENZ AUF BIOLOGISCHER GRUNDLAGE MÖGLICH?

Was Wagner bei Goethe geschafft hat, ist eigentlich reine Science Fiction. Aus heutiger Sicht wären die Schwierigkeiten eines solchen Unternehmens als kaum überwindbar anzusehen: Für die Schaffung einer künstlichen Intelligenz auf biologisch inspirierter Grundlage wäre als Erstes eine wirklich realistische und vollständige wissenschaftliche Beschreibung der Lebensprozesse nötig. Diese hat vielfältige Voraussetzungen, von denen einige hier exemplarisch genannt werden sollen: Eine dieser Voraussetzungen ist die astronomisch hohe Zahl von koordiniert auf kleinstem Raum ablaufenden chemischen Reaktionen, insbesondere von Kohlenstoffverbindungen; die Zahl der verschiedenen synthetisierten Verbindungen in einer einzigen Zelle umfasst mehr Stoffe als die gesamte Produktpalette der BASF, des größten Chemiekonzerns der Welt.

Jahrtausendelang stellte das Leben ein gesondertes Reich der Natur dar, das irgendwie mit der Welt der leblosen Natur verbunden war, aber in seinen wesentlichen Zügen für sich selbst stand. Es hatte seine eigenen Gesetze, die zu den physikalischen Gesetzen der Materie hinzutraten. Einer der wichtigsten Voraussetzungen für den Beginn der wissenschaftlichen Beschreibung der Natur im Ganzen und des Lebens im Besonderen war der Glaube, dass allgemeine Prinzipien überall gültig sind: Eines dieser allgemeinen Prinzipien war die religiös begründete Überzeugung der Ordnung aller Dinge in Raum und Zeit nach Maß und Zahl.

Auf der Grundlage der komplexen raum-zeitlichen Geometrie der sogenannten »unbelebten« Natur hat sich das Leben nach bestimmten Gesetzen entwickelt. So sieht es bereits die biblische Tradition, so sahen es die griechischen Naturphilosophen, so sahen es Theologen des Mittelalters und so sehen es die Wissenschaftler in der heutigen Zeit.

Im Unterschied zu manchen älteren Vorstellungen wissen wir aber heute, dass die lebendigen Strukturen die verwickeltsten Gebilde in dem uns bekannten Universum sind, die seit ihren Anfängen eine Tausende Millionen von Jahren währende wechselreiche Evolutionsgeschichte hinter sich haben. Die »Geometrie« dieser Strukturen bildet die Voraussetzung für den hoch geordneten Ablauf Tausender biochemischer Reaktionen, die in der Synthese der DNA und der sie enthaltenen Chromosomen gipfeln, den komplexesten Molekülen in unserem Universum und Informationsträger von Leben und Entwicklung. Heute wissen wir, dass das große Geheimnis der Zellen die in ihrem Kern gespeicherte Erbinformation und deren präzise Regulation ist. Diese riesigen Moleküle aus Milliarden von Atomen sind nicht einfach lange »Spaghetti«-Fäden, sondern bilden höchst verwickelte Strukturen. In den Genen werden bestimmte DNA-Abschnitte so gefaltet, dass die Erbinformation kontrolliert abgelesen werden kann. Die Geheimnisse dieser Kontrolle zu entschlüsseln bildet eines der wichtigsten Ziele der modernen Biologie.

Ein wesentlicher Schritt zur Erkenntnis dieser Komplexität war die kurz nach Goethes Tod gemachte Entdeckung, dass alle Lebewesen aus einzelnen Zellen aufgebaut sind. Dies war möglich geworden durch die Verbesserung von Mikroskopen, deren Blick in die Mikrowelt der Natur seitdem den »reinen Menschensinn« verwirrt. Da jede biologische Intelligenz letzten Endes aus vielfachen kontrollierten Teilungen einer einzelnen lebenden Zelle hervorgeht, müsste als Grundlage zunächst eine solche einzelne Zelle als Grundbaustein allen Lebens aus den molekularen Bausteinen synthetisiert werden. Hinzu kommt das schier unglaubliche Zusammenspiel mit anderen Lebewesen, die in unserem Körper Freundschaftsdienste erweisen.

Noch ehrgeiziger als die Vollsynthese selbst des kleinsten lebenden Systems aber wäre die anschließende Fortentwicklung zu einer künstlichen Intelligenz, also eines Wesens, das Dinge tun kann, die wir normalerweise natürlich entstandenen menschlichen Wesen zuschreiben. Dazu müsste es gelingen, den Bauplan eines Gehirns auf künstlichem Wege zu realisieren. Ein mikroskopischer Blick ins Gehirn zeigt jedoch, dass dieses offenbar von hoffnungslos großer Komplexität ist: 100 Milliarden Neuronen sind über Tausende Milliarden Verknüpfungen interaktiv verbunden. Diese Interaktionen sind so komplex, dass bereits die einzelnen Neuronen fast eine »Persönlichkeit« für sich darstellen: Jedes dieser Neuronen ist für sich selbst schon ein Gebilde, dessen Architektur an Kompliziertheit jeden heutigen Supercomputer übertrifft: Prinzipiell könnte jedes einzelne Neuron in seiner DNA rund 2 Gigabyte an Information speichern, entsprechend einer Bibliothek von 2000 Büchern mit jeweils 1000 Seiten. Alle 100 Milliarden Neuronen zusammen hätten also eine theoretische Speicherkapazität von 200 Milliarden Gigabyte, entsprechend 200 Milliarden Mal 2000 Büchern zu je 1000 Seiten, also mehr als alle Bibliotheken der Menschheitsgeschichte zusammen. Und nicht zu vergessen: Die Verbindungsstränge zwischen den einzelnen Neuronen sind nicht einfache Leitungen, sondern selbst bereits hochkomplexe Datenverarbeitungseinrichtungen. Dabei besteht ein menschliches Gehirn zu rund 90 Prozent aus Flüssigkeit; man könnte es also überspitzt als einen »denkenden Wasserkrug« bezeichnen. Und all das, ohne dass man uns an eine Steckdose anschließen muss. Um die Komplexität des Ganzen noch einmal zu erhöhen: Der Sprung von einfachen Mechanismen wie Reflexen und anderen Grundfunktionen des Körpers zu höchsten Gedankenleistungen und Gefühlswelten ist so komplex, dass wir sie nicht darstellen können. Wenn wir also in einschlägigen Medien lesen, das Gehirn stehe kurz davor, entschlüsselt zu werden, ist das nur eines: vollkommen falsch!

Der »denkende Wasserkrug« ist das größte Mysterium der Natur, das wir kennen, und wir tragen es ständig mit uns herum. Auch hier tritt uns das »Mysterium des Wassers« entgegen, das von der Makrowelt bis in den Nanokosmos unser Leben bestimmt. Die Gehirnaktivitäten beruhen zum einen auf elektrischen Signalen entlang der Nervenfasern. Die Informationsübertragung zwischen den einzelnen Neuronen geschieht aber durch die »Wassertaxis« an den Synapsen, mikroskopisch kleinen Vesikeln, die die Botenstoffe über den synaptischen Spalt transportieren.

Viele Tausende verwickelter biochemischer Reaktionen müssen gleichzeitig in genau aufeinander abgestimmter Weise stattfinden. Dies geschieht mittels präzise gesteuertem Ablesen von Tausenden von Genen im Zellkern. Dieses Ablesen von Genen ist seinerseits eng an Einflüsse der Außenwelt gekoppelt: Bereits ein morgendlicher Lichtstrahl oder eine Tasse Kaffee kann die Aktivität von Hunderten von Genen verändern. Bei bestimmten Lebewesen wie den Anemonenfischen können Umwelteinflüsse sogar zu einer auf Änderungen der Genregulation beruhenden Geschlechtsumwandlung führen.

Die raum-zeitliche Komplexität bereits einer einzelnen Zelle ist also so gewaltig, dass es wohl noch lange, lange dauern wird, bis seine vollständige wissenschaftliche Beschreibung oder sogar Synthese gelingt. Heute ist es zwar bereits gelungen, aus einer einzelnen menschlichen Zelle im Reagenzglas »Mikrohirne« mit einem Durchmesser von 1 Zentimeter mit Millionen von Nervenzellen zu züchten; allerdings sind diese »Mikrohirne« in keiner Weise funktionsfähig. 100 Milliarden dieser Zellen so miteinander zu verknüpfen, dass ein seiner selbst bewusstes denkendes Wesen entstünde, würde diese Schwierigkeiten wohl ins Unermessliche steigern. Als heutiger Biophysiker wäre man versucht, mit Dr. Wagner auszurufen: »Wie schwer sind nicht die Mittel zu erwerben, durch die man zu den Quellen steigt! Und eh man noch den halben Weg erreicht, muss wohl ein armer Teufel sterben.«

Um einen Homunculus mit einem zu Erkenntnis und Bewusstsein befähigten Gehirn zu kreieren, müsste man als Grundvoraussetzung eine vollständige Zelle mit vielen Tausenden von Genen synthetisieren, und zwar so, dass alle die hochkomplexen Mechanismen der Entwicklung zu einem Organismus aus vielen Milliarden hochspezialisierten Zellen eingebaut werden. Diese Mechanismen wurden durch eine viele Hunderte von Millionen Jahren während evolutive Auseinandersetzung mit ihrer Umwelt geformt.

Aus heutiger Sicht ist eine künstliche Intelligenz auf biologischer Grundlage wohl noch so sehr Science Fiction, dass wir Überlegungen über die ethischen Grenzen eines solchen Unterfangens getrost den Menschen kommender Jahrhunderte und Jahrtausende überlassen können. Aber selbst wenn es einmal so vollkommen gelänge, dass sogar ein Wesen mit Bewusstsein kreiert werden würde: Es würde nur beweisen, dass geistbegabte Wesen geistbegabte Wesen hervorbringen können; das schaffen verliebte Paare aber auch heute schon ganz ohne Professor Wagner-Frankenstein.

Letztendlich bleibt uns eine Erkenntnis, die uns tröstet und gleichermaßen erschreckt: Alle Menschen sind biologisch-technische Meisterwerke, deren Genialität wir nur ansatzweise begreifen können. Und das

Beste ist, dass wir alle einzigartig sind. Kein Gehirn gleicht dem anderen, es ist ein vollkommen individuelles Geschehen. Alle funktionieren wir in ähnlicher Weise – zum Glück, sonst wäre die Psychologie ein sinnbefreites Unterfangen. Und doch sind wir in uns gefangen, können, wie auch der Homunculus, nicht aus unserem Körper fahren und mit anderen Geistern verschmelzen. Doch ist diese in sich geschlossene Abgeschiedenheit des menschlichen Denkens das Beste an sich, denn der Gewinn ist nichts Geringeres als die Individualität. Der Homunculus musste daran scheitern, denn als er ins Leben treten wollte, um eigene Erfahrungen zu machen, starb er. Wir hingegen dürfen leben, wenn auch nur auf begrenzte Zeit, und unser Dasein mit dem erfüllen, was wir für richtig halten.

C. KÜNSTLICHE INTELLIGENZ AUF »METALLISCHER« GRUNDLAGE

»Deep Thought«, das ist der Supercomputer, der im Roman *Per Anhalter durch die Galaxis* die Erde selbst entwirft. Jahrtausende hatte er an der Antwort auf die Frage nach dem Leben und allem anderen ziemlich herumgekaut. Mit der Antwort »42« gab man sich nicht so recht zufrieden, sodass ein leistungsstärkerer Computer her musste: die Erde, ein Computer, der diese ungenau gestellte Frage an sich verstehen konnte. Ein Thema, das in unzähligen Romanen und Geschichten auftaucht. Künstlich geschaffene Intelligenz, computerbasiert, die unsere Fähigkeiten überflügelt und uns das Leben leichter oder zur Hölle macht, je nachdem, wie gut programmiert wurde.

> Es ist eine der merkwürdigsten Denkweisen von uns Menschen, menschliche Intelligenz als Maßstab auf andere Konstrukte und Wesen anzuwenden, die gar nicht menschlich sind.

Damit kommen wir von der Homunculus-Fabel zur Entwicklung der KI auf nicht-biologischem Wege. Gibt es alternative Möglichkeiten, robustere intelligente Wesen auf nicht-organischer Grundlage zu konstruieren? Auch hierüber wird schon seit Jahrtausenden nachgedacht, auch diese KI-Alternative kann sich bereits auf sehr alte Menschheitsträume stützen: Zum Beispiel wird in der vor mehr als zweieinhalb Jahrtausenden niedergeschriebenen *Ilias* von Homer ein Besuch der Göttin Thetis bei Hephaistos beschrieben, einem Sohn des Göttervaters Zeus und Chef eines weltumspannenden Rüstungskonzerns mit Hauptproduktionsstätten im feuerspeienden Ätna. In seinem Palast lässt dieser sich aufwarten »von dienenden Mädchen; die waren aus Gold, doch glichen sie lebenden Jungfraun; denn sie besitzen im Herzen Vernunft und haben die Sprache, haben auch Kraft«.

Es handelt sich also um künstliche Intelligenzen auf metallischer Grundlage. Und Hephaistos wäre nicht Hephaistos, wenn er nicht daraus Annehmlichkeiten gewonnen hätte. Intelligente, liebenswürdige, arbeitsame und robuste goldene Wesen: Das ist ein Traum, der es dem Philosophen Aristoteles zufolge ermöglichen würde, die Arbeitsplackerei abzuschaffen, und den Menschen erlauben würde, sich nur noch mit Politik und anderen wirklich wichtigen Dingen mit Muße zu befassen.

Bis vor Kurzem waren jedoch solche Spekulationen reine Fantasterei: Künstliche Intelligenz ist nur auf der Grundlage sehr, sehr komplexer Strukturen erreichbar; diese sind aus physikalischen Gründen nur unter Verwendung von Atomen der Kohlenstoffgruppe als zentralen Elementen möglich. Auf der Kohlenstoffgruppe war Homunculus aufgebaut gewesen, ebenso wie das menschliche Gehirn. Die einzige andere Möglichkeit wäre, die als Grundlage künstlicher Intelligenz benötigten komplexen Strukturen mit einem anderen Element der Kohlenstoffgruppe aufzubauen, etwa Silizium. Dazu werden noch alle möglichen weiteren metallischen Elemente als Zutaten benötigt, von Germanium bis Kupfer und Platin; Gold wird für gute elektrische Leitung gebraucht.

Bevor man überhaupt daran denken kann, über die Entwicklung von künstlicher Intelligenz auf anorganisch-»metallischer« Grundlage auch nur zu reden, müssen Wege gefunden werden, immer leistungsfähigere Rechner zu konstruieren. Denn letzten Endes beruhen derartige »künstliche Intelligenzen« und andere Computerverfahren auf der Verarbeitung von Zahlen nach bestimmten Vorschriften, sogenannten Algorithmen.

D. DIE ANFÄNGE DER DIGITALISIERUNG – DER GEIST IN DER FLASCHE

Wie schon der Name sagt (*digit*: Ziffer, Zahl), beruht die Digitalisierung auf der immer komplexeren Verwendung von Zahlen, also 1, 2, 3 … Die Zahlen wiederum beruhen auf der bereits Katzen, Löwen und anderen klugen Lebewesen bekannten Unterscheidung verschiedener Objekte. Insofern finden »Rechnungen« (»wie viele Mäuse, Gazellen und so weiter laufen hier herum«; ist die benachbarte Schimpansenhorde stärker oder schwächer als wir?«) praktisch bereits seit Jahrmillionen statt. Spätestens mit der Entstehung der ersten Hochkulturen wurden sie zur gesellschaftlichen und wirtschaftlichen Organisation des Lebens unentbehrlich. Der griechische Philosoph Pythagoras (570–510 v. Chr.) und die Bibel erklärten sie zu Grundstrukturen unseres Universums: Alles ist geordnet nach Maß und Zahl. Insofern leben wir bereits seit Jahrtausenden in einer von Digitalisierung geprägten Welt, ohne welche die Pyramiden, der Tempel zu Jerusalem, das Parthenon oder die Kathedrale von Chartres nicht hätten gebaut werden können, ohne die Kolumbus niemals seinen Fuß auf amerikanischen Boden gesetzt hätte und ohne die die Templer, die Fugger und die Medici niemals ihre Handelsimperien hätten errichten können.

Wenn wir hier über die durch die Digitalisierung bewirkte neue Revolution der menschlichen Verhältnisse sprechen, so ist das der ungeheuren Beschleunigung und Erweiterung der Speicherung von Zahlen und ihrer Verarbeitung zuzuschreiben, die durch die Entwicklung moderner Rechenmaschinen ermöglicht wurden.

Technische Revolution war also schon immer. Der Sprung von einfachen Steinwerkzeugen, Schilfhütten und Nomadentum zu Wolkenkratzern, Präzisionswerkzeugen und mobilem Arbeiten ist ein Prozess, der stetig im Fluss war und ist. Zum einen ermöglichte sie die Erreichung groß angelegter gesellschaftlicher Ziele; für den Einzelnen stand im Mittelpunkt meistens die Frage: »Wie kann ich mir als Individuum das Leben leichter machen?«

E. WUNDERWERKE DER TECHNIK – DIE ERSTEN RECHENMASCHINEN

Will man wissen, ob ein Unternehmen wirtschaftlich gut dasteht oder in Wirklichkeit bankrott ist, so muss man alle Aktiv- und Passivposten zusammenzählen und die Ergebnisse miteinander vergleichen. Dabei muss normalerweise auch viel multipliziert werden, etwa die Anzahl der pro Tag verkauften Sonntagsbrötchen mal ihrem Einzelpreis. Solche Elementarrechnungen werden seit Jahrtausenden von natürlichen Intelligenzen – vulgo Homo sapiens – bewerkstelligt. Aber bei vielen Zahlen können sie lange dauern, und ein müder Mensch macht leicht Fehler. Bereits Leibniz und Pascal haben vor rund drei Jahrhunderten erste mechanische Rechenmaschinen gebaut, die solche Arbeiten erleichtern konnten. Diese wurden in den darauffolgenden Zeiten ganz wesentlich verbessert. Man könnte bereits diese als allererste Schritte in Richtung »Künstliche Intelligenz« bezeichnen, wenn man unter »KI« Systeme versteht, die Dinge tun können, für die man sonst einen intelligenten Menschen benötigt. Allerdings tun wir das traditionell nicht: Uns scheint stures Addieren und Multiplizieren doch zu einfach, also »unintelligent«.

Leibniz formulierte auch das binäre Zahlensystem, eine ganz wesentliche Grundlage der heutigen Computertechnik. In diesem System können alle als Zahlen darstellbaren Vorgänge durch einen Code aus Nullen und Einsen beschrieben werden; technisch kann die »Eins« etwa einen Strom- oder Spannungsstoß darstellen und die »Null« das Fehlen eines solchen. Bis zur KI-Nutzung dieser Idee dauerte es allerdings noch ein paar Jahrhunderte.

Ein wesentlicher Schritt in Richtung unserer heutigen elektronischen KI wurde mit den während des Zweiten Weltkrieges konzipierten programmgesteuerten Rechenmaschinen realisiert. Pioniere der ersten Stunde waren hier in Deutschland Konrad Zuse und in den USA John von Neumann. Während Konrad Zuse das Glück hatte, dass die von ihm konstruierte programmgesteuerte elektronische Rechenmaschine nicht mehr zum Einsatz kam, gelang es John von Neumann und seinen Kollegen, im Rahmen des amerikanischen Nuklearprojekts die Zündmechanismen der ersten Atom- und Wasserstoffbomben zu berechnen und damit der Urankettenreaktion eine Zerstörungskraft zu verleihen, die alle Gräuel der bisherigen Menschheitsgeschichte übertrifft. Diese Rechner konnten nicht nur sehr viele Zahlen addieren und multiplizieren, sondern auch diese miteinander nach bestimmten Programmbefehlen verknüpfen. Für heutige Begriffe waren sie noch extrem primitiv: Sie waren riesige Ungetüme aus elektromechanischen Schaltern und Vakuumröhren; ihr Gedächtnis war fabelhaft schlecht, mehr als ein paar Worte – in Zahlen ausgedrückt – konnten sie nicht behalten. Zudem war ihr Energieverbrauch gigantisch: Bei einer Rechengeschwindigkeit von ein paar Multiplikationen pro Sekunde hatten sie wegen ihrer elektromechanischen Relais einen Strombedarf im Kilowatt-Bereich. Bei diesem Energieverbrauch würden unsere Milliarden Mal leistungsfähigeren Computer wohl die Weltenergieressourcen für sich allein benötigen.

F. DAS BINÄRE SYSTEM – DIE MUTTERSPRACHE DER RECHENMASCHINEN

Da die elektronischen Bauteile solcher Rechenmaschinen (inklusive unserer Smartphones) weder Worte noch Zahlen in unserem Sinne kennen, sondern nur »Strom« oder »Nicht-Strom«, muss alles in diese »Maschinensprache« übersetzt werden. Zum Beispiel kann man einen fließenden Strom mit einer Eins (»1«) kennzeichnen; fehlt der Strom, so

kann man dem eine Null (»0«) zuweisen. In diesem »binären Zahlensystem« werden beispielsweise »unsere« Dezimalzahlen 0, 1, 2, 3, 4, 5,
6, 7, 8 durch die Binärwerte 0000, 0001, 0010, 0011, 0100, 0101, 0110,
0111, 1000 ausgedrückt. Für uns Menschen scheint das ziemlich verrückt, in der Welt der Digitalisierung ist es aber die »Muttersprache«. Da
man Worte in alphabetische Zeichen und diese wiederum in Dezimalzahlen und damit auch in Binärwerte übersetzen kann, haben die digitalisierten Medien mit allem damit Zusammenhängenden »freie Bahn«.
Auch Figuren – also so ziemlich alles in unserer Außenwelt – können
mit Zahlen beschrieben werden, und umgekehrt können Zahlen in Figuren rückübersetzt werden.

In der Anfangszeit vor beziehungsweise in den 1950er-Jahren füllte
eine programmgesteuerte Rechenmaschine wie die »Zuse Z22« einen großen Raum, machte aufgrund ihrer elektromechanischen Relais einen Höl-
lenlärm und hatte gerade mal ein paar Kilobit an Memory. Betreut wurde
sie nicht von einem Softwareingenieur, sondern von einem Mechaniker-
meister.

Zuse selbst war dennoch von der epochalen Bedeutung seiner Pio-
nierarbeiten überzeugt, er schrieb:

»Es ist sicher für uns in den nächsten 100 Jahren oder auch schon
für die nächste Generation eine harte Aufgabe, mit all diesen Konsequenzen fertig zu werden.«[*]

Diese Überzeugung wurde auch von anderen Fachleuten auf dem Gebiet der neu entstehenden Computerwissenschaften geteilt. So heißt es
in dem Vorwort einer Informatiktagung an der RWTH Aachen im Jahre
1952:

---

[*] Vgl. Christoph Cremer: Heidelberger Gespräche Gesellschaft, Humanismus-Tage im Hockenheimer Wasserturm, November 2022 (www.heidelberger-gespraeche.org).

»Die Umwälzung, die durch die Entwicklung der Großrechenanlagen [...] angebahnt ist, kann kaum überschätzt werden. Sie ist größer als beispielsweise die durch die Erfindung der Eisenbahn oder sogar des Flugzeugs bewirkte Revolution des Verkehrswesens.«[*]

Schon damals war also absehbar, dass das Leben jedes Einzelnen in Zukunft maßgeblich von dieser wundersamen Technik beeinflusst werden sollte.

Niemand konnte ahnen, was die Digitalisierung zur Folge haben würde, dass wir heute, knapp 70 Jahre später, mit unseren Smartphones und dem Internet geradezu verwachsen sind. Jedoch war klar, in welche Richtung es gehen würde und welche Dynamik die Technik mit sich brachte und bringt.

Immer wieder stellte und stellt sich bei dem technischen Fortschritt die Frage: Wann wird die Technik den Menschen überflügeln, ja gar ersetzen? Bereits vor beinahe 100 Jahren gelang dem Regisseur und Produzenten Fritz Lang mit dem Film *Metropolis* ein Meisterwerk. Die Metamorphose des Roboters im Labor zu der künstlich geschaffenen Maria ist der Wink mit dem ganzen Zaun in Richtung Goethe. Das Thema: »Wann ist die Maschine ein Mensch?« bewegt die Menschheit schon so lange, dass sie in unser kulturelles Denken unauslöschlich übergegangen ist.

---

[*] vgl. ebd.

G. DER AUFSTIEG DER PROGRAMMGESTEUERTEN RECHENMASCHINEN ZU GLOBALER BEDEUTUNG

Einer menschlichen Intelligenz waren die frühen Computer bei den meisten komplexen Aufgaben noch hoffnungslos unterlegen. Das hat sich jetzt gründlich geändert: Heute hat bereits ein kleines Smartphone ein Millionen Mal größeres Gedächtnis als jene und vergleichbare »Elektronenhirne« und eine höhere Rechenleistung als die Supercomputer der amerikanischen Astronauten in den 1970er-Jahren. Aber es war der Anfang: Der große Unterschied liegt in der Quantität, nicht in den leitenden Architekturprinzipien.

Technisch möglich wurde diese Entwicklung durch immer kleinere Bauteile: Die elektromechanischen Arrays und Vakuumröhren wurden zunächst durch Transistoren ersetzt, dann durch integrierte Schaltkreise; so ließen sich immer mehr elektronische Bauteile in einem begrenzten Raum unterbringen und die Leistung erhöhen. Die Computergröße wurde dabei immer wichtiger: Schließlich können sich die elektrischen Impulse maximal mit Lichtgeschwindigkeit bewegen, also mit 300 000 Kilometer/ Sekunde. Das ist im Vergleich zur Nervenleitung in unserem Gehirn ungefähr drei Millionen Mal schneller. Wenn der Rechner beispielsweise einen Durchmesser von 3 Metern hat, dann braucht ein Signal von einem Ende zum anderen mindestens 10 milliardstel Sekunden, also 10 Nanosekunden; das erscheint uns sehr kurz. Aber wenn der Rechner 1 Milliarde Rechenoperationen pro Sekunde bewältigen soll, ist diese Zeit schon deutlich zu lang. Das könnte er schaffen, wenn er nur 30 Zentimeter Durchmesser hätte, dann bräuchte ein Signal von einem Ende zum anderen nur noch 1 milliardstel Sekunde.

Bei dieser Entwicklung zu immer leistungsfähigeren und immer dichter gepackten Computern hat sich bislang Moore's Law bewährt: Das Mooresche Gesetz von 1965 besagt, dass sich die Komplexität integrierter Schaltkreise bei gleichen Produktionskosten regelmäßig verdoppelt; die Verdopplungszeiten liegen bei zwölf, 18 oder 24 Monaten. Bei zwölf Monaten Verdopplungszeit wird so die grundsätzliche Leistungsfähigkeit eines Computers in zehn Jahren vertausendfacht; nach 20 Jahren ist sie eine Million Mal größer; bei 24 Monaten Verdopplungszeit dauert es ein bisschen länger, da ist die Leistung erst nach 40 Jahren eine Million Mal größer.

Bisher hat Moore's Law ganz gut gestimmt. Bei gleichen Kosten hat sich hierdurch die Rechengeschwindigkeit seit den Tagen der programmgesteuerten Rechner in den 1940er-Jahren um zehn Milliarden Mal und mehr erhöht. Diese technische Entwicklung hat die »digitale Revolution« und die Künstliche Intelligenz erst ermöglicht. Natürlich sind hierdurch auch die Kosten für eine bestimmte Computeranwendung radikal gesunken. Eine Rechenkapazität, die vor einigen Jahrzehnten Millionen Dollar kostete, ist heute für ein paar Euro oder gar Cent zu haben.

Das ist für individuelle Leistungen maßgeblich: Die Leistungskraft in Forschung, Entwicklung und Produktion hat unglaubliche Höhen erreicht. Ingenieure etwa können heute mit Rechenoperationen auf Lösungen kommen, für die man früher unbezahlbare Testreihen an echten Objekten hätte durchführen müssen. Was früher ein ganzes Ingenieursteam mühselig »zusammengeschraubt« hat, wird heute von einer einzelnen Person am Computer modelliert und getestet.

> In gewisser Weise sind wir alle arbeitende Cyborgs geworden, denn nur in den allerwenigsten Gewerken und Berufen ist es bei uns noch üblich, mehrere Stunden ohne digitale Hilfen zu arbeiten.

Die unglaubliche Erhöhung der Rechen- und Leistungskapazität hat die Digitalisierung also in jeden Aspekt unseres Lebens einschleichen lassen. Es ist ein Merkmal dessen, was der digitale Fortschritt bedeutet: Einerseits werden für das Individuum unglaubliche Kräfte freigesetzt, die Leben und Arbeiten vollkommen verändern; gleichzeitig ist unsere Abhängigkeit von der Digitalisierung inzwischen so absolut, dass wir nur noch die wenigsten Tätigkeiten im Leben ohne diese Technik ausüben wollen oder können.

H. MINIATURISIERTE SCHALTKREISE UND MEGALEISTUNG

Um die Rechenleistung von Hochleistungscomputern – dazu gehören heute bereits Smartphones – zu steigern, ist es notwendig, die einzelnen Prozessoren immer kleiner zu machen.

Um die für die Realisierung erforderlichen, unglaublich dicht gepackten elektronischen Mikrostrukturen herzustellen, werden nanolithografische Verfahren verwendet, die ähnlich funktionieren wie Mikroskope: Je kleiner dabei die Wellenlänge des verwendeten Lichts ist, desto höher die erreichbare Informationsdichte und Rechengeschwindigkeit. Die kleinsten heute so realisierbaren einzelnen Chipelemente sind nur noch ungefähr 10 Nanometer groß, also 1 hunderttausendstel Millimeter oder 3000 Mal kleiner als die Dicke eines Haares; und bereits heute wird an noch kleineren Strukturelementen gearbeitet.

Hergestellt werden so kleine Nanostrukturen mit dem gegenwärtig leistungsfähigsten und größten »Mikroskopsystem« der Welt von Carl Zeiss und deren Partnern: Es so groß wie ein Einfamilienhaus, wiegt insgesamt mehrere Hundert Tonnen, verwendet extrem ultraviolettes Licht mit einer Wellenlänge von 13,5 Nanometer (also rund 30-mal energiereicher als tiefblaues Licht), braucht eine Stromleistung im Megawattbereich und hat schätzungsweise 1 Milliarde Euro an Entwicklungskosten verschlungen. Mit solchermaßen hergestellten Mikrochips (oder besser »Nanochips«) kann bei gleichem Platzbedarf die Leistungsfähigkeit von Computern und Smartphones nochmals um ein Vielfaches weiter gesteigert werden. Auch der Energieverbrauch kann weiter gesenkt werden.

Je kleiner die zur Chipherstellung verwendeten Wellenlängen sind, desto größer kann deren Leistungsfähigkeit werden. Im Prinzip könnte man sogar Röntgenlicht mit einem Nanometer Wellenlänge verwenden. Aber dann wäre man schon im Bereich der Größe eines einzelnen kleinen Moleküls; in diesem Bereich ließen sich wohl kaum noch logische Schaltungen realisieren. Darum sucht man heute nach radikal anderen Lösungen, den sogenannten Quantencomputern. In diesen wird gewissermaßen mit Licht gerechnet. Die allgemeine Anwendung solcher Methoden ist aber wohl eher etwas für das nächste Jahrhundert.

Ganz radikal ging einer der Pioniere des Computers die Frage der maximalen Dichte von Computerbauelementen an. Konrad Zuse bemerkte einmal, die kleinste vorstellbare Einheit sei der »rechnende Raum«; der könne auch punktförmig, also beliebig klein sein. Bevor wir diese Idee als zu fantastisch verwerfen, sollten wir bedenken, dass im Volumen eines einzigen Atomdurchmessers, also noch viele Tausend Mal kleiner als das kleinste mit dem »Zeiss-Lithografen« realisierbare Chipvolumen, alle Naturgesetze genauso exakt gelten wie in den Weiten der Milchstraße; die Wellenlängen der von einem solchen Atom ausgehenden Lichtstrahlen werden vom Raum auf milliardstel Nanometer genau »berechnet«, und zwar in beliebig kurzer Zeit.

Zum Schluss dieser kurzen Technologieübersicht zur Geschichte der Digitalisierung noch ein Spruch von Gordon Moore, dem Mitbegründer des Intel-Konzerns und Urheber des nach ihm benannten Mooreschen Gesetzes:

»Wenn die Automobilindustrie ein ähnliches Tempo vorgelegt hätte wie die Halbleiterbranche, würde ein Rolls Royce heute pro Liter Kraftstoff 200 000 Kilometer weit fahren und es wäre billiger, ihn wegzuwerfen, als ihn zu parken.«

In der Tat, da hat er recht. Bei dieser Effizienz würde der Benzinverbrauch um den Faktor 20 000 sinken und niemand würde noch an der Zukunftsfähigkeit und Klimaverträglichkeit des Verbrennungsmotors zweifeln.

I. DAS »HUMAN BRAIN PROJECT« – COMPUTERSIMULATION DES MENSCHLICHEN GEHIRNS

Um auf dem strategisch wichtigen Gebiet der KI mithalten zu können, wurde im Jahre 2013 das »Human Brain Project« der Europäischen Union gestartet, mit einem Gesamtvolumen von 1,2 Milliarden Euro. Die Grundidee dabei war es, bei der Entwicklung immer leistungsfähigerer Computer von den Prinzipien der Datenverarbeitung im Gehirn zu lernen und eine bioinspirierte »künstliche Intelligenz« zu entwickeln.

In dem in Manchester entwickelten Computermodell »Spinnaker« sollte ein »Silicon Brain« mit 460 Millionen »Neuronen« und 460 Milliarden »Synapsen« simuliert werden, das entspricht bereits der Anzahl im Gehirn eines Kaninchens.

Ein anderes Teilprojekt des European Flagship Projekts ist die an der Universität Heidelberg initiierte Neuromorphe Computerplattform. Darin werden mit Mikroprozessoren realisierte künstliche Neuronen zusammengeschaltet und über elektrische Verbindungen, sogenannte »Synapsen«, miteinander verbunden. Das gegenwärtig realisierte System besteht aus vier Millionen elektronischen »Neuronen« und einer Milliarde elektronischen Verbindungs-»Synapsen«. Das System ist ein direktes siliziumbasiertes Bild der in der Natur vorkommenden neuronalen Netzwerke und läuft 10000-mal schneller als sein biologischer Archetyp, sodass ein Tag der biologischen Entwicklung auf 10 Sekunden komprimiert werden kann. Die Anzahl der elektronischen »Neuronen« und ihrer »Synapsen« entspricht immerhin bereits dem Gehirn der Honigbiene. Im Vergleich jedoch zu einem Mäusehirn mit seinen rund 70 Millionen Neuronen und 1000 Milliarden Synapsen ist es natürlich immer noch winzig; zum menschlichen Gehirn ist der Unterschied noch krasser: Dieses hat ungefähr 100 Milliarden Neuronen und 150000 Milliarden Synapsen, nach den neuesten Schätzungen vielleicht noch sehr viel mehr.

Bei der gegenwärtigen Platinengröße des Heidelberger Silicon Brain nimmt ein »Neuron« einen Platz von etwa 1 Quadratmillimeter ein; für die Simulation der 100 Milliarden Neuronen des menschlichen Gehirns bräuchte man also eine Fläche von 100000 Quadratmeter, also 14 Fußballfelder; mit den übrigen Leitungen zusammen ergäbe das vermutlich ein Volumen, das dem jetzt für das Neuromorphic Computing auf dem Heidelberger Campus im Bau befindlichen Institut entsprechen würde.

Würde es gelingen, den Platz für ein elektronisches ›Neuron‹ mit neuen Nanolithografietechniken auf 1 Mikroquadratmillimeter zu senken (also 0,001 mm × 0,001 mm), so würden 100 Milliarden Neuronen nur noch eine Fläche von 30 × 30 Zentimeter einnehmen und zusammen mit den Verbindungen und Zuleitungen wohl nicht mehr Platz einnehmen als das heutige Vier-Millionen-›Neuronen‹-System.

In einem modernen Smartphone wäre immerhin Platz für mehrere Milliarden solcher ›Neuronen‹, also ein Vielfaches des Mäusehirns und ungefähr bereits so viel wie bei einem Hund oder einer Katze. Deren ›kognitive‹ Leistungen werden allerdings nicht im Entferntesten erreicht; im Vergleich zu diesen hoch intelligenten Lebewesen sind selbst die fortgeschrittensten heutigen Computer ›dumm wie Bohnenstroh‹. Wenn man berücksichtigt, welch komplexe Verhaltensweisen bereits solche Lebewesen zeigen, dann kann man erahnen, wie weit selbst derartige KI-Systeme der neuesten Generation noch von der tatsächlichen Komplexität entfernt sind.

Dennoch wird sich in ferner Zukunft einmal auch wieder die heute noch als Science Fiction angesehene Frage nach der Bildung eines auf Siliziumbasis (statt auf Kohlenstoffbasis wie beim ›Homunculus‹) beruhenden Bewusstseins stellen; eine Bejahung hätte unabsehbare ethische Konsequenzen. Wahrscheinlich (und glücklicherweise) sind die derzeitigen Verschaltungen offenbar noch viel zu primitiv, um eine solche Frage ernsthaft stellen zu müssen.

Aussagen, wie sie vor einiger Zeit durch die Presse geisterten, dass Softwaresysteme in Kalifornien angeblich einen Bewusstseinszustand erreicht hätten oder das bald könnten, führen an der Debatte aus vielen Gründen vorbei. Da wir uns über das menschliche Bewusstsein noch immer nicht wirklich im Klaren sind – und es wohl auch nie sein werden –, verwechseln wir komplexe künstlich ›intelligente‹ Verhaltensweisen mit lebendigem Bewusstsein. Doch ist das Biosystem Mensch (oder Tier) so unglaublich komplex und vielschichtig, dass wir immer noch nur an der Oberfläche herumstochern. Und das, obwohl wir in den letzten Jahrzehnten viele Erkenntnisse in dieser Hinsicht gewonnen haben. Denn nach wie vor ist es uns ein Rätsel, wie Neuronen in unserem Gehirn eigentlich miteinander kommunizieren. Zwar können wir einige der Kommunikationswege bereits nachweisen, doch ist es nach wie vor unklar, wie und warum bestimmte Medikamente überhaupt wirken, wie etwa Psychopharmaka. Es ist vollkommen absurd und anmaßend zu glauben, dass wir in Bälde Emotionen, Verhaltensweisen oder tief reichende Muster, wie etwa Liebe, wirklich durchdringen und verstehen werden, was die Funktionsweisen im Gehirn betrifft.

> Wenn wir also die »Maschine Mensch« als Maßstab für Künstliche Intelligenz ansehen, haben wir nicht verstanden, was der Homunculus uns eigentlich sagen wollte.

Das Leben ist und bleibt für das Erste ein Mysterium. Wir nähern ihm uns an, um uns das Leben leichter zu machen und es zu verstehen. Doch kann derjenige, der das Leben oder das Bewusstsein nicht verstanden hat, es auch nicht nachbauen.

KAPITEL 8:

EWIGES LEBEN: IST DER MENSCH EINE UNSTERBLICHE MASCHINE?*

»Der Mensch ist also eine künstliche Maschine.«

JOHANN GOTTFRIED HERDER, *IDEEN ZU EINER PHILOSOPHIE DER GESCHICHTE DER MENSCHHEIT*

»Das überhandnehmende Maschinenwesen quält und ängstigt mich, es wälzt sich heran wie ein Gewitter, langsam, langsam; aber es hat seine Richtung genommen, es wird kommen und treffen.«

AUS DEM ROMAN *WILHELM MEISTERS WANDERJAHRE* VON JOHANN WOLFGANG VON GOETHE

---

* Dem Inhalt dieses Kapitels liegen insbesondere Vorträge und Schriften von Prof. Dr. Dr. Christoph Cremer zugrunde. Siehe auch C. Cremer in Cremer (Hg.), 2007.

A. DER MENSCH – DIE SCHÖNSTE ALLER ERFINDUNGEN?

Für uns scheint es reichlich »mechanistisch« oder »materialistisch« zu sein, von der »Maschine« des menschlichen Körpers zu sprechen: Wir denken dabei an Waschmaschinen, Geschirrspüler, Dampfmaschinen, vielleicht noch an Rechenmaschinen oder – für Liebhaber romanischer Sprachen – an schnelle, elegante Automobile. Für die Menschen früherer Zeiten aber war die Bedeutung dieses griechisch-lateinischen Wortes sehr viel breiter und mit der Bedeutung »Kunstwerk« eng verwandt. Im Breviarium des Tridentiner Konzils wird anerkennend von der »machina mundi«, dem Wunderwerk der von Gott geschaffenen Welt, gesprochen. Die in der Zeit Descartes' aufkommenden Taschenuhren waren hoch ästhetische Ereignisse und wurden bekanntlich ein Lieblingssymbol für den geordneten Kosmos als Ganzes. Physikalisch-technische Geräte wurden von Physikern und Ingenieuren entworfen und von Künstlern geformt. Noch am Ende des 18. Jahrhunderts spricht Wilhelm von Humboldt voll Bewunderung vom Staat als einer zusammengesetzten und komplizierten Maschine.

Der menschliche Körper als Maschine in der Bedeutung von einem Kunstwerk, die man ehrfurchtsvoll und staunend betrachtet und untersucht, um ihre Vorgänge zu verstehen – dieses Verständnis und diese Herangehensweise lagen der Naturwissenschaft zugrunde.

Die Freundschaft zwischen Goethe und Herder ist geradezu legendär, ebenso wie die Höhen und Tiefen, welche die Männerfreundschaft prägten. Johann Gottfried Herder, Dichter, Übersetzer, Theologe und Geschichts- und Kulturphilosoph der Weimarer Klassik, machte sich sehr tiefe Gedanken über die Position des einzelnen Menschen, indem er das Individuum unter demokratischen Gesichtspunkten betrachtete. Er forderte eine Erziehung zum Humanismus und entwickelte einen für damalige Zeiten unerhört modernen Nationalbegriff. Dazu gehörte auch ein entsprechendes Menschenbild. Der Mensch sei an sich ein friedvolles und eigentlich ganz reizendes Individuum, das im Grunde nicht allein sein wolle, sondern Harmonie und Eintracht suche. Die schiere Anzahl an Menschen aber mache das Staatswesen notwendig, welches das Individuum in Regularien zwinge, zulasten der Individualität. Die Folgen kennen wir alle: Zwistigkeiten, Unterwerfung, Gewalt und Krieg. Und doch war der evangelische Generalsuperintendent Herder mitnichten ein Anarchist, der Staatswesen und Herrschaft ablehnte. Viel eher forderte er, dass ein humanistisches Menschenbild die Grundlage allen Handelns bilde.

> Der Mensch erhebt sich nach Herder vom Tier vor allem durch seine sozialen und technischen Fähigkeiten, nicht durch seine körperlichen Eigenschaften – mit Ausnahme seines leistungsstarken Gehirns. Mit diesem schafft er Werkzeuge, Gesellschaftsformen, Regeln, Kunst und Kultur.

Der Mensch gestaltet sich selbst zu einer künstlichen Maschine, ohne aber sich selbst der höchste Herr zu sein. Der höchste Ausdruck dieser Begabung war für Herder die Humanität selbst. Der höchste Schöpfer und Baumeister über allem war laut Herder Gott selbst.

»Der Mensch ist also eine künstliche Maschine, zwar mit genetischer Disposition und einer Fülle von Leben begabt; aber die Maschine spielet sich nicht selbst, und auch der fähigste Mensch muss lernen, wie er sie spiele.«[*]

> Salopp gesagt: Der Mensch ist als Geschöpf Gottes zum Individualismus und Humanismus verpflichtet, wenn man Herders überaus umfangreiches Werk in einem Satz zusammenfassen möchte.

---

[*] Herder: *Ideen zur Philosophie*, 2017, S. 271.

Herders komplexes und kompliziertes Werk über die *Ideen zu einer Philosophie der Geschichte der Menschheit* plagt bis heute so manchen Studenten, da oftmals eine Einordnung des Werks in die Aufklärung ob des christlichen Charakters als schwierig empfunden wird. Vielleicht jedoch lässt sich diese vermeintliche Schwierigkeit mit der Interpretation auflösen, dass Religion und Naturwissenschaft nicht in einem Konkurrenzverhältnis stehen, sondern dass Herder die Architektur der Welt und der Menschheit als Schöpfung Gottes einordnen und sortieren wollte. Dabei sticht eines besonders hervor: die christlich orientierte unbedingte Adressierung des freien Individuums.

Auch wenn sich Herder und Goethe in vielen Punkten, wie etwa der Französischen Revolution, nicht einig waren: Ihre Untersuchungen zur Natur und zur Menschheit bewegten die Aufklärung weit über die Stadtgrenzen Weimars hinaus und haben die Welt für immer verändert. Bei vielen Spaziergängen und Gesprächen hatten die beiden sich immer wieder ausgetauscht. Als Herder starb, hatte Goethe noch 30 Jahre vor sich, um aus diesen Gesprächen zu schöpfen. Klar ist:

> Kleinstes selbstständiges Element (»Pixel«) in Menschheit, Staat und Gesellschaft ist der Mensch als Individuum, nicht als gleichgeschaltetes Kollektivwesen.

Darin waren sich beide stets einig. Und: Beide hegten eine tiefe Bewunderung für die Schönheit der »Maschine Mensch«, mit allen ihren Fähigkeiten, Stärken, Schwächen und Unzulänglichkeiten. Für beide war der Mensch etwas ganz Besonderes – einzigartig, individuell und wunderschön.

B. EWIGES LEBEN – EIN VERGIFTETES GESCHENK DER GÖTTER?

Nichts ist ein besseres Mittel, die Vergänglichkeit auszuklammern und eben jene Fragen zu umgehen, als den großen Traum der ewigen Jugend zu leben. In der Mythologie und im Märchen werden Verjüngungskuren bereits seit Tausenden von Jahren berichtet. So bewies in der griechischen Mythologie die Zauberin Medea im Tierexperiment die Möglichkeit der Umkehrung des Alterungsprozesses: Sie schnitt einen alten Widder in Stücke – heute würde man sagen, sie legte widderspezifische Zellkulturen an – und kochte diese unter geeigneten Zaubersprüchen. Sprich, sie wusste über Gentechnik bestens Bescheid.

Nach Beendigung der Prozedur sprang ein junges Lamm aus dem Reaktionsgefäß heraus. Während Medea bei der Übertragung ihres Tiermodells auf den Menschen aber – der Überlieferung nach absichtlich – keinen Erfolg hatte, wird dieser im Märchen vom Schlaraffenland berichtet. Dort heißt es: ,

»Dieses edle Land hat auch zwei große Messen und Märkte mit schönen Freiheiten [...]. Die alten und garstigen (denn ein Sprichwort sagt: wenn man alt wird, wird man garstig) kommen in ein Jungbad, [...] darin baden die alten Weiber etwa drei Tage oder höchstens vier, da werden schmucke Dirnlein daraus von siebzehn oder achtzehn Jahren.«[*]

In den italienischen Märchen Brentanos braucht es auch keine »Nasschemie« mehr; hier wird die Verjüngungstransformation durch einen rein physikalischen Vorgang bewirkt, das Drehen eines Ringes.

Heute müssen solche Märchen-Utopien natürlich in wissenschaftlichem Gewand erscheinen. So fand Anfang 2007 an der Universität Heidelberg ein Vortrag des »Bio-Gerontologen« Aubrey de Grey aus der eng-

---

[*] Bechstein: *Deutsches Märchenbuch*, 1845, Nr. 57, zitiert nach Digitale Bibliothek.

lischen Universitätsstadt Cambridge statt, in der dieser vor brechend vollem Saale darlegte, es gäbe bereits jetzt biowissenschaftliche Ansätze, das menschliche Leben auf 1000 Jahre zu verlängern, bei insgesamt bester Gesundheit; selbst die heute 60-Jährigen hätten noch eine solche Chance; natürlich würde das unvergleichlich größere Anstrengungen erfordern als ein Mondspaziergang; aber wenn die Menschheit es wirklich wolle, sei es machbar; die ungläubige Skepsis und Ablehnung von Seiten der offiziellen Wissenschaft sei Kleinmut.

De Grey ist der Überzeugung, der Tod sei grundsätzlich überflüssig, jeder könne so lange leben, wie er wolle. Im Prinzip werde die Wissenschaft bei geeigneter Förderung es schaffen, die beim Altern ablaufenden Zellprozesse in mechanistischer Weise zu verstehen und auf dieser Grundlage zu eliminieren. Mit dieser Vision hatte de Grey in Heidelberg ein großes Auditorium. Öffentliche Fernsehanstalten freuen sich, ihn zu interviewen und hübsche junge Damen (und nicht nur diese) verehren ihn als Propheten eines fast ewigen Lebens in Jugend und Schönheit.

In der Antike wäre wohl niemand auf den Gedanken verfallen, sich mit dem Begriff »Ewiges Leben« im Sinne einer endlosen oder doch sehr langen Fortdauer einer biologischen Individualität zu beschäftigen. Zwar gibt es einige mythische Ausnahmen, in denen von Menschen berichtet wird, denen die Götter Fortdauer weit jenseits der normalen Lebenslänge gaben; aber dabei schrumpften sie zusammen wie Spinnen und konnten ihr »Leben« sicher nicht mehr in irgendeiner Art genießen. Der kluge Odysseus lehnte sogar das Angebot der ihn liebenden Göttin ab, ihm über die Unsterblichkeit hinaus auch ewige Jugend zu verschaffen; lieber wollte er sein Alter in menschlicher Weise mit Penelope verbringen. Insgesamt wurde ein individuelles Leben jenseits des gesetzten Maßes als unnatürlich und damit unmenschlich angesehen; die Anmaßung eines Asklepiaden, einen Toten wieder zum Leben zu erwecken, wurde, wie es heißt, von Zeus mit dem Tode des Arztes bestraft: Ewiges Leben zu gewähren war ein Geschenk der Götter und konnte nicht von Menschen verliehen werden. Ewiges Leben war eine Eigenschaft der Götter oder – philosophischer – des göttlichen Kosmos.

Als Beispiel sei Aristoteles genannt, der von Gott sagt, er sei »reine Wirksamkeit, und seine Wirksamkeit an und für sich [...] ein höchstes, ein ewiges Leben«.[*] Im Gegensatz zur Gottheit kam das ewige Leben dem irdischen Leben nicht als eine Eigenschaft des Individuums zu. So rühmt Boethius in seinen *Tröstungen der Philosophie* »die Sorgfalt der Natur, die alles durch eine vielfältige Befruchtung sich fortpflanzen läßt!« Dies alles seien »Veranstaltungen [...] die nicht nur ein zeitweiliges Verharren, sondern ein durch Generationen sich fortsetzendes, gleichsam ewiges Leben gewährleisten.«[**]

Auch die Bibel sieht nach dem Sündenfall ewiges Leben zunächst mehr in der von Gott bei gutem Verhalten gewährleisteten Fortdauer der Generationen; ewiges Leben als solches kam nur Gott zu.[***] In Bezug auf Menschen wird in den ersten Büchern immer dessen Vergänglichkeit und kurze Dauer hervorgehoben. So beispielsweise Hiob 7,16, der klagt: »Ich vergehe! Ich leb' ja nicht ewig! [...] meine Tage sind nur noch ein Hauch.« An anderer Stelle, im Psalm 90, heißt es, »Unser Leben währet siebzig Jahre und wenn's hoch kommt, so sind's achtzig«; Sirach 30,17 heißt den Tod sogar willkommen: »Der Tod ist besser denn ein siech Leben / oder stete Kranckheit«, wie Luther übersetzt. Die Bedeutung des ewigen Lebens im Neuen Testament schließlich braucht nicht weiter belegt zu werden. Überall jedoch ist offensichtlich, dass es sich nicht um eine ewige Fortdauer dieses irdischen biologischen Lebens handelt, sondern um eine neue, verklärte und verwandelte Existenz nach einer Wiedergeburt nach dem Tode – und damit ist etwas ganz anderes gemeint.

Im Jahre 1869 erschien in London die erste Ausgabe der Zeitschrift *Nature*, die sich im Laufe der nächsten 150 Jahre zu einer der einflussreichsten Zeitschriften im Bereich der Naturwissenschaften, insbesondere der Biologie, entwickeln sollte. Heute ist eine Publikation in *Nature* gleichbedeutend mit internationaler Anerkennung der geleisteten Arbeit.

---

[*] Aristoteles: *Metaphysik*, S. 336. Schüler-Bilbliothek: Philosophie, S. 2123 (vgl. Arist.-Metaph., S. 173).

[**] Boethius: *Die Tröstungen der Philosophie*, S. 117. Schüler-Bibliothek: Philosophie, S. 5086 (vgl. Boethius-Trost, S. 88).

[***] Anmerkung: z. B. Deuteronomium 32, 40.

Im allerersten Artikel dieses so hoch angesehenen Wissenschaftsjournals ließ der Herausgeber einen europaweit hochberühmten Naturforscher zu Wort kommen. Von dessen Maximen über die Natur meinte der Übersetzer, der bedeutende Biologe Thomas Huxley, in einem Nachwort, diese Worte hätten noch dann Gewicht, wenn alle in *Nature* abgedruckten Spezialartikel vergessen seien.

Der Name des Autors war niemand anderes als Goethe, und bei dem abgedruckten Artikel handelte es sich um das ihm damals zugeschriebene Fragment »Die Natur«. Die Autorschaft dieser zuerst handschriftlich in wenigen Exemplaren im *Tiefurther Journal* veröffentlichten kurzen Zusammenstellung von naturphilosophischen Leitgedanken hatte Goethe erst geleugnet, aber gegen Ende seines Lebens als »ihm eigen« anerkannt und in die Ausgabe seiner Werke aufgenommen. Inwieweit damalige Gedanken Goethes im Tiefurther Kreis getreulich widergespiegelt wurden, inwieweit der junge Autor eigene Vorstellungen und Formulierungen eingebracht hat, braucht uns hier nicht weiter zu interessieren: Es wurde wirkmächtig als eine Repräsentation von Gedanken Goethes über die Natur.

Eine der darin enthaltenen Maximen sagt, die Natur sei »ewiges Leben, Bewegung und Entwicklung«, und eine andere: »Leben ist ihre schönste Erfindung, und der Tod ist ihr Kunstgriff, viel Leben zu haben.«

Es ist anzunehmen, dass Goethe selbst* das Wort »ewiges Leben« auf die Fortdauer des mit Leben erfüllten Kosmos bezog, nicht auf ein individuelles ewiges Leben nach dem Tode, und ganz bestimmt nicht auf eine sehr lange Fortdauer des individuellen biologischen Lebens einzelner Menschen. Ganz im Gegenteil:

> Goethe erklärt: »Der Tod ist ein Kunstgriff der Natur, viel Leben zu haben.«

---

* Anmerkung: Oder der seine Überzeugung formulierende Autor der Fragmente.

Hier scheint Goethe einen wesentlichen Aspekt moderner Evolutionstheorien vorwegzunehmen, in denen die Möglichkeit der Adaptation an veränderte Umweltbedingungen durch Neukombination genetischer Merkmale in geeignet schnell aufeinander folgenden Generationen eine große Rolle spielt. Nicht zufällig vielleicht hielten Evolutionsbiologen wie Charles Darwin oder Thomas Huxley den Naturforscher Goethe in großer Verehrung. Wenn also die Möglichkeiten der modernen Biowissenschaften thematisiert werden, das Leben des Einzelnen wesentlich zu verlängern, dann werden damit wohl die Intentionen des Fragments wesentlich überschritten. Da aber Goethe sich mit solchen Möglichkeiten kritisch auseinandergesetzt hat, so in der mithilfe des Teufels bewirkten Verjüngung des Dr. Faust, so soll eine kritische Betrachtung solcher Perspektiven auch hier erlaubt werden.

Ganz unmöglich scheint Goethe eine wesentliche Verlängerung des Lebens nicht gewesen zu sein; oder genauer, Mephistopheles weiß dies aus eigener Beobachtung: Als der berühmte »Biotechnologe« Dr. Wagner stolz seinen Homunculus vorstellt, ist der Teufel gar nicht sonderlich beeindruckt, sondern erklärt gelassen: »Wer lange lebt, hat viel erfahren, nichts Neues kann für ihn auf dieser Welt geschehen, ich habe schon in meinen Wanderjahren, kristallisiertes Menschenvolk gesehen«[*].

C. DIE PERFEKTE MENSCH-MASCHINE – EWIG JUGENDLICH UND UNSTERBLICH?

Wir dürfen vermuten, dass Goethe, der sich in der Mineralogie gut auskannte und um die Dauer von Kristallen wusste, das Wort »kristallisiert« auch mit der Möglichkeit langer Existenz verbunden hat. Zwischen der Ordnung der Kristalle und dem Leben sieht er einen engen Zusammenhang:

---

[*]   Goethe, *Faust II*, 6860 ff.

»Wäre die Natur in ihren leblosen Anfängen nicht so gründlich stereo-
metrisch, wie wollte sie zuletzt zum unberechenbaren und unermesslichen Leben gelangen?«[*]

Heute wissen wir dank der modernen Strukturbiologie, dass eines der
wesentlichen Geheimnisse des Lebens tatsächlich die fast kristalline Ordnung der einzelnen Moleküle, Makromoleküle und der aus ihnen gebildeten »biomolekularen Maschinen« ist. Wir wissen auch, dass Störungen
dieser Ordnung in den von Erwin Schrödinger als »semikristallin« be-
zeichneten Chromosomen Altern, Krankheit und Tod nach sich ziehen
können, dass also im Prinzip die Reparatur solcher Schäden, wie sie in
der modernen Gentherapie versucht wird, solche katastrophalen Wirkungen aufhalten könnte.

Wurden in unserer von der christlichen Theologie geprägten Gesellschaft viele Jahrhunderte lang Krankheit und Tod als unabwendbare Folge
der Sünde angesehen, so änderte sich dies zu Beginn der Neuzeit mit dem
Aufkommen der modernen Naturwissenschaft. Für Descartes beispielsweise ist eine der wichtigsten langfristigen Ziele der quantitativen Naturforschung nicht, die Wirtschaft zu befördern; nicht, verbesserte Kriegsma-
schinen zu bauen; nicht, die Menschen schneller zu Geschäftsterminen
oder in den Urlaub zu bringen; wichtigstes Ziel ist auch nicht, das tägliche
Leben angenehmer zu gestalten; sondern eine der wichtigsten Zukunftsvisionen der Wissenschaft ist es, die Maschine des menschlichen Körpers so
weit zu analysieren, dass dies zum Sieg über die Krankheit und zur Verlängerung des menschlichen Lebens genutzt werden kann.

Die Descartes'sche Vision von der Maschine des menschlichen Körpers wird auch von Locke unterstützt:

---

[*] Goethe: Goethe's sämtliche Werke, vollständige Ausgabe in sechs Bänden, Band 1, Stuttgart 1854, S. 242.

»Wenn man die mechanischen Einwirkungen der Theilchen des Rhabarber, des Schierlings, des Opiums und des Menschen kennte, so wie der Uhrmacher die Theile in seinen Uhren, vermittelst welcher sie wirken, und die einer Feile kennt, durch deren Reiben die Gestalt der Räder geändert wird, so würde man vorhersagen können, dass Rhabarber abführt, Schierling tödtet und Opium einschläfert, wie der Uhrmacher vorhersagen kann, dass ein Stückchen Papier, was zwischen die Uhrfeder gelegt wird, die Uhr so lange zum Stehen bringen wird, bis es weggenommen ist, und daß, wenn ein kleines Stück der Uhr abgefeilt wird, die Maschine ihre Bewegung verlieren und die Uhr stillstehen werde.«[*]

Die Konsequenz dieser Ideen, wie menschliche Gesundheit und Leben verlängert werden, ist klar: Man muss zunächst die Teile der »Maschine Mensch« auf das Genaueste analysieren, sowie ihr Zusammenwirken:

»Was ist z. B. eine Taschenuhr? Offenbar nur eine passende Organisation oder Einrichtung von Teilen zu einem bestimmten Zweck, welchen sie, wenn eine genügende Kraft hinzukommt, erfüllen kann. Nimmt man diese Maschine als einen stetig dauernden Körper, dessen Teile in ihrer Einrichtung sämtlich in Stand gehalten und durch einen steten Zugang und Abgang unmerklicher Teilchen vergrößert oder verkleinert worden, und der ein gemeinsames Leben hat, so müsste man daran etwas dem Körper der Tiere sehr Ähnliches haben.«[**]

Der englische Philosoph ist sich allerdings bewusst, dass dieses Programm zwar klar definiert, aber nur sehr schwer oder vielleicht gar nicht realisiert werden kann:

---

[*] Locke: *Versuch über den menschlichen Verstand.* DB Schüler-Bibliothek: Philosophie, S. 8639 (vgl. Locke-Versuch Bd. 2, S. 170).

[**] Locke: *Versuch über den menschlichen Verstand.* DB Schüler-Bibliothek: Philosophie, S. 8224 (vgl. Locke-Versuch Bd. 1, S. 350).

»Man entziehe die Luft nur eine Minute lang einem lebenden Wesen, und die meisten werden sofort die Empfindung, das Leben und die Bewegung verlieren. Die Notwendigkeit zu atmen hat dies unsrem Wissen aufgezwungen; aber auf wie vielen anderen, vielleicht feineren Körpern mögen nicht die Federn dieser wunderbaren Maschine ruhen, die man nicht bemerkt, ja, an die man nicht denkt, und wie viele mag es geben, die selbst durch die genaueste Untersuchung sich nicht entdecken lassen werden.«

La Mettrie* führt den Gedanken des »L'Homme Machine« (1747/48) weiter und sieht keine grundsätzlichen Hindernisse, dass eine »unsterbliche Maschine« konstruiert werden könne:

»Eine regierende Seele, welche mit einer Herrschaft über die willkürlichen Muskeln unzufrieden, ohne Mühe die Zügel aller Körperbewegungen an sich hielte, sie nach Belieben aufheben, beschwichtigen, erregen könnte! Mit einer so unumschränkten Herrin, in deren Händen sich gewissermaßen die Schläge des Herzens und die Gesetze der Zirkulation befänden, würde es gewiss kein Fieber mehr geben; keinen Schmerz, kein Siechtum; weder beschämende Impotenz, noch betrübenden Priapismus. Die Seele will, und die Triebfedern spielen, sie richten sich auf oder mäßigen ihre Anspannung... Wer einen so großen Arzt bei sich hat, müsste unsterblich sein. [...] wenn man versichern wollte, dass eine unsterbliche Maschine ein Hirngespinst sei, [...] so wäre dies ein eben so ungereimter Gedanke, als den z. B. Raupen haben würden, welche beim Anblick der abgefallenen Hüllen Ihresgleichen das Schicksal ihrer Gattung, als ob dieselbe der Vernichtung anheim fiele, bitter beklagten.«**

---

* Julien Offray de La Mettrie (*1709 in Saint-Malo; † 1751 in Potsdam) war ein französischer Arzt, Schriftsteller, Pamphletist und radikalaufklärerischer Vordenker der Aufklärung. Bekanntheit erlangte er vor allem durch sein konsequent mechanistisches Menschenbild.

** La Mettrie: *Der Mensch eine Maschine.* DB Schüler-Bibliothek: Philosophie, S. 12862 ff. (vgl. La Mettrie-Masch., S. 68 ff.).

Auch wenn die Menschen derzeit nicht in der Lage sind, die Konstruktion des menschlichen Körpers bis zu dieser Konsequenz zu beherrschen, so kann die Naturwissenschaft doch äußerst hilfreich sein. La Mettrie schreibt:

> »Von zwei Ärzten ist meines Erachtens immer derjenige der bessere, der am meisten Vertrauen verdienende, welcher am meisten in der Naturlehre oder der Mechanik des menschlichen Körpers bewandert ist, der sich um die Seele und um alle die Besorgnisse, welche diese Chimäre den Toren und Unwissenden einflösst, nicht kümmert, und der bloß wesentlich sich mit dem reinen Naturalismus beschäftigt.«[*]

La Mettrie ist allerdings sehr vorsichtig zu behaupten, dass »Naturlehre und Mechanik« Leiden, Alter und Tod beseitigen könnten. Als Arzt kannte er zu gut die engen Grenzen der praktischen Anwendung dieser Wissenschaften auf das von unendlicher Komplexität scheinende System des lebenden Organismus.

Wo soll man angesichts der sich auftürmenden, fast unlösbar scheinenden Schwierigkeiten das Menschheitsunternehmen »Analyse und Therapie der Maschine des lebenden Organismus« beginnen? Das wissenschaftsstrategische Basis-Programm wird bereits von Hobbes in folgender Weise definiert:

> »Denn die Elemente, aus denen eine Sache sich bildet, dienen auch am besten zu ihrer Erkenntnis. Schon bei einer Uhr, die sich selbst bewegt, und bei jeder etwas verwickelten Maschine kann man die Wirksamkeit der einzelnen Teile und Räder nicht verstehen, wenn sie nicht auseinandergenommen werden und die Materie, die Gestalt und die Bewegung jedes Teiles für sich betrachtet wird.«[**]

---

[*] La Mettrie: *Der Mensch eine Maschine*, DB Schüler-Bibliothek: Philosophie.
[**] Hobbes: *Grundzüge der Philosophie*. Digitale Bibliothek: Philosophie, S. 7237 (vgl. Hobbes-G2, S. 71–72).

Der erste, notwendige Schritt ist also der, das »technische« Wunderwerk des Organismus in kleinere Einheiten zu zerlegen, von denen man eher hoffen kann, ihre Wirkungsweise zu verstehen. Dieses Programm, das man unter das Motto »Vom Menschen zum Kristall« stellen könnte, ist in den auf Hobbes und La Mettrie folgenden Jahrhunderten mit beispielloser Radikalität und Konsequenz durchgeführt worden.

In der Suche nach der Zerlegung des Organismus in kleinere und damit der wissenschaftlichen Analyse zugänglichere Einheiten wurden zu Zeiten Goethes die Fundamente gelegt für eine der größten Entdeckungen in der Geschichte der Lebenswissenschaften: die Entdeckung, dass alle Pflanzen, alle Tiere aus spezifischen, selbstständigen Grundeinheiten aufgebaut sind. Goethe selbst hat sich als profunder Kenner der damaligen Naturwissenschaften, die Biologie eingeschlossen, mit dieser Frage intensiv befasst. Im Jahre 1807 fasst er seine Gedanken hierzu wie folgt zusammen: »Jedes Lebendige ist kein Einzelnes, sondern eine Mehrheit; selbst insofern es uns als Individuum erscheint, bleibt es doch eine Versammlung von lebendigen selbständigen Wesen, die der Idee, der Anlage nach gleich sind, in der Erscheinung aber gleich oder ähnlich, ungleich oder unähnlich werden können.« Man vergleiche diese Sätze mit der berühmten Entdeckung, die Matthias Schleiden, einer der Pioniere der Zellenlehre und von 1839 bis 1862 Professor an der von Goethe bis wenige Jahre vorher jahrzehntelang betreuten Universität Jena, rund 30 Jahre nach Goethes Vision auf der Grundlage mikroskopischer Untersuchungen veröffentlichte: »Jede nur etwas höher ausgebildete Pflanze ist aber ein Aggregat von völlig individualisierten in sich abgeschlossenen Einzelwesen, eben den Zellen selbst.« Da Schleiden sich mit den Metamorphosegedanken Goethes intensiv auseinander gesetzt hat, darf man vermuten, dass zwischen den 1807 niedergeschriebenen Gedanken des Förderers der Botanik an der Universität Jena und der 1838 formulierten Entdeckung des Jenaer Gelehrten ein Zusammenhang besteht.

In jedem Fall aber hat die Entdeckung, dass der menschliche Körper – wie der aller anderen Organismen – aus einzelnen, miteinander in komplexer Weise interagierenden Zellen besteht, zu einer Revolution der Biowissenschaften im Ganzen, aber auch der Medizin geführt.

Seit Virchows Entdeckung 1855, dass Krankheit eng mit Veränderungen in einzelnen Zellen verknüpft ist, haben sich vielfältige Möglichkeiten ergeben, das menschliche Leben durch Einwirkung auf spezifische zelluläre Mechanismen ganz wesentlich zu verlängern.

D. NUR WEIL WIR DIE MENSCH-MASCHINE VERSTEHEN, KÖNNEN WIR SIE NOCH LANGE NICHT BEHERRSCHEN ODER KOPIEREN

Heute wissen wir dank der modernen Strukturbiologie, dass eines der wesentlichen Geheimnisse des Lebens tatsächlich die fast kristalline Ordnung der einzelnen Moleküle, Makromoleküle und der aus ihnen gebildeten »biomolekularen Maschinen« in den Zellen ist. Diese »molekularen Maschinen« sind Gebilde mit typischen Größen im Bereich von wenigen 10 millionstel Millimetern und damit für das menschliche Auge unfassbar klein. Dennoch verdienen sie das Wort »Wunderwerk« vollkommen: In biologischen Makromolekülen eines bestimmten Typs, wie etwa vielen Proteinen, hat jedes Atom seinen zugewiesenen Platz. Weiß man den Ort von nur drei Atomen in einem solchen Protein, so kann man heute oft den Ort der übrigen Tausenden präzise vorhersagen; sie können zu Kristallen zusammen gelagert werden, ähnlich wie viele einzelne Atome einen Salzkristall bilden können. Dies bedeutet, dass die einzelnen biologischen Makromoleküle eines bestimmten Typs außerordentlich ähnliche Anordnungen der sie bildenden Atome haben müssen, also auf atomarer Ebene sich in ähnlicher Weise gleichen wie die sich wiederholenden

Grundelemente eines Kristalls in der anorganischen Natur. Mithilfe von Röntgenstrahlung kann dann die Position der einzelnen Atome in solchen Kristallen bestimmt werden. Selbst kurze Stücke des Erbmaterials DNA können Kristalle bilden. Daher können solche Makromoleküle auch als die »Kristalle« des Lebendigen bezeichnet werden.

Aber nicht nur biologische Makromoleküle desselben Typs können kristallisieren; in vielen Fällen ist es gelungen, auch Moleküle verschiedenen Typs, die in der Zelle bei einem Lebensvorgang zusammenwirken (»biomolekulare Maschinen«), zu Kristallen zusammenzulagern. Anschließend können dann mithilfe von sehr intensiver Röntgenstrahlung die atomaren Strukturen auch dieser kristallisierten biomolekularen Maschinen bestimmt werden. Ein Beispiel hierfür sind die aus DNA und Proteinen bestehenden »Nukleosomen«. Das sind nur etwa 10 millionstel Millimeter große Gebilde, die die Grundeinheiten der »Verpackung« des Erbmaterials (also der DNA) bilden. Ihre »kristalline« Struktur, das heißt die Anordnung der Atome in ihnen, ist so bedeutsam für das Leben, dass selbst winzigste Änderungen dieser Ordnung an bestimmten Stellen so tödlich sind, dass neues Leben schon gar nicht entstehen kann. So hat sich die Struktur eines der am Nukleosom beteiligten Proteine in den vergangenen Hunderten Millionen von Jahren nicht geändert. Sie ist in allen Menschen die gleiche, in allen lebenden Tieren; selbst die Pflanzen haben es in fast identischer Form. Es hatte bereits die heutige Gestalt, als noch das Urmeer die Erde bedeckte; es behielt diese Gestalt, als Europa und Asien sich bildeten, als die Alpen aufstiegen; es wird diese Gestalt in zukünftigen Lebensformen vermutlich auch dann noch haben, wenn der Himalaya wieder den Boden der Tiefsee bildet. Andere »Kristalle« des Lebendigen ändern sich etwas rascher; in vielen Fällen aber übersteigt die Formbeständigkeit von bestimmten biologischen Makromolekülen in Lebewesen aufeinanderfolgender Generationen diejenige von Gebirgen.

Ein anderes Beispiel für diese gründliche Stereometrie der lebendigen Natur in ihren Grundstrukturen sind die Ribosomen, die aus Nukleinsäuren und Proteinen aufgebauten biomolekularen Maschinen der Proteinsynthese. Auch diese hochkomplexen Gebilde mit vielen Zehntausenden von Atomen und einem Durchmesser von einigen 10 millionstel Millimetern lassen sich kristallisieren und beweisen damit ihre hochgeordnete, eben »kristalline« Struktur. Dank der Teilchenbeschleuniger der modernen Physik und der damit erzeugten intensiven Röntgenstrahlen konnte auch bei Ribosomen die atomare Anordnung aufgeklärt werden. Allerdings kann es hier zwischen verschiedenen Arten von Lebewesen kleine Strukturunterschiede geben, beispielsweise zwischen Mikroorganismen wie Bakterien und dem Menschen. Diesen kleinen Unterschieden in der kristallinen Struktur verdanken Millionen von Menschen ihr Leben: Sie erlauben die Herstellung von Antibiotika.

Die sich in den Zellen des menschlichen Körpers befindenden biomolekularen Maschinen – es gibt davon Tausende verschiedene Typen – werden ständig aufgebaut, umgebaut und abgebaut. Damit ist die Zelle »ein ewiges Leben, Werden und Bewegen [...] sie verwandelt sich ewig, und es ist kein Moment Stillestehen in ihr. Fürs Bleiben hat sie keinen Begriff, und ihren Fluch hat sie ans Stillestehen gehängt«, wie es im Fragment »Die Natur«von 1782 heißt, das Goethes Denken zugeschrieben wird.

Störungen dieser hoch dynamischen, aber auf atomarer Ebene äußerst präzisen Stereometrie können zu einer Funktionsminderung, einer ungewünschten Funktionsänderung oder einem Ausfall solcher biomolekularer Maschinen führen und damit Altern, Krankheit und Tod nach sich ziehen. Das kann auf vielfältige Weise geschehen, etwa durch Umweltgifte wie Chemikalien oder Schwermetalle, die sich nach und nach in den Zellen ansammeln.

Oder Proteine können mit dem Alter beginnen, sich in unerwünschter Art zusammenzulagern und durch ihre Aggregate das Funktionieren von Nervenzellen zu behindern, wie das bei der Alzheimerkrankheit geschieht. Eine andere wichtige Ursache sind Veränderungen der atomaren Ordnung in den Chromosomen. Zum Beispiel können radioaktive oder Röntgenstrahlen, kosmische Strahlung, aber auch ultraviolettes Sonnenlicht oder Chemikalien zu kleinen oder größeren Veränderungen der in der DNA gespeicherten Geninformation für bestimmte Bausteine von biomolekularen Maschinen oder deren Regulation führen. Da diese aber ständig vom Körper neu aufgebaut werden müssen, ist die Wirkung so, als ob bei einem von Menschen hergestellten hochkomplexen Gegenstand ein Ersatzteil nicht mehr passgenau geliefert würde: Eine Orgel mit willkürlicher Pfeifenlänge wird ihren Klang verlieren, und in ein Flugzeug mit nicht passenden Einzelteilen in den Turbinen würde man ungern einsteigen. Solche umweltbedingten Schäden in den Zellen können zu einem gewissen Grad vermindert werden. Aber selbst die langfristige Abschaffung aller Kernkraftwerke, aller Röntgenapparate, aller Mittelmeer- und Skiurlaube (um den Hautkrebs auslösenden Sonnenstrahlen zu entgehen) oder aller künstlich hergestellten Chemikalien könnte die aus der Erde selbst kommende radioaktive Strahlung, die aus den Tiefen des Weltalls uns treffende kosmische Strahlung explodierender Sterne oder die bei der natürlichen Atmung im Körper anfallenden reaktiven Stoffwechselprodukte nicht beseitigen. Eine der offenkundigsten lebensverkürzenden Entgleisungen in der Funktion von zellulären biomolekularen Maschinen sind Genveränderungen, die zu Krebs führen. Um sie trotz Umwelteinflüssen zu verhindern, besitzt die Zelle zahlreiche Reparaturmechanismen für geschädigte Gene; ohne diese wäre unsere Lebensspanne wohl sehr viel kürzer.

Die Reparaturen werden selbst wiederum durch hochkomplexe biomolekulare Maschinen ausgeführt. Ihre Effizienz ist außerordentlich gut, aber auch ihnen unterlaufen Fehler, die sich mit den Jahren in den Zellen des Körpers akkumulieren. Werden etwa umweltinduzierte Chromosomenbrüche bei einer Stammzelle des blutbildenden Systems falsch repariert, so kann die Folge eine Leukämie sein; oder es können sich durch »Punktmutationen« Krebsstammzellen mit veränderten Proteinen bilden. Besonders katastrophal kann es sein, wenn die Genveränderungen Proteine der Reparaturkomplexe selbst betreffen. Dies ist so, als ob in einer Stadt mit hoher Brandgefahr die Feuerwache selbst abbrennt.

E. KANN SICH DIE MENSCH-MASCHINE SELBST OPTIMIEREN?

Wenn das alles so komplex und kleinteilig ist, wissen wir Menschen überhaupt, was wir da tun, wenn wir an der »Maschine Mensch« arbeiten? Bei dieser Frage gibt es ein klares Jein. Medizintechnisch besteht ohne jeden Zweifel viel Wissen, Erfahrung und Vorstellungskraft, um wahre Wunder zu vollbringen. Die Fortschritte der letzten Jahrzehnte sind gleich mehrere Quantensprünge hintereinander gewesen, die sich mit der Entdeckung des Penizillins durchaus messen können. Doch sind sie so kompliziert und schwer zu verstehen, dass wir immer weniger Notiz von diesen atemberaubenden Fortschritten nehmen.

Viel eher ist die Frage so zu verstehen: Wenn wir von »ewigem Leben«, also dem dafür erforderlichen Umbau der »Maschine Mensch« reden, müssen wir wirklich tief in die Konstruktionspläne einsteigen, bis ins Allerkleinste. Aber was meinen wir eigentlich, wenn wir von einem solchen Umbau der Maschine reden? Im Prinzip könnte man sich vorstellen, dass eine Modifikation der für Reparaturmechanismen zuständigen Gene oder der Regulation von Genen Altersprozesse wesentlich verlangsamen könnte, die mit der Veränderung biomolekularer Maschinen verbunden sind. Auf der Annahme der Möglichkeit einer völlig beherrschbaren zellulären Reparatur beruht die eingangs genannte Science Fiction einer »tausendjährigen« individuellen Lebensspanne.

Ob diese Vision aber jemals Wirklichkeit werden kann, ist völlig unklar: Bereits ein der Gravitation unterliegendes System von drei kleinen frei beweglichen Körpern kann nur noch in Sonderfällen in seiner zeitlichen Entwicklung genau berechnet werden.

Schon eine einzelne Zelle mit ihren rund 100 000 Milliarden Atomen ist mit ihren Wechselwirkungen so komplex, dass ihre vollständige Analyse sehr, sehr schwierig ist.

Zwar haben die Biochemie und die Molekularbiologie der Zelle in den letzten Jahrzehnten so große Fortschritte gemacht, dass im Prinzip wenigstens alle Molekülsorten in einer Zelle bestimmt werden können; selbst die Abfolge der Basenpaare in der DNA einer einzelnen Zelle kann analysiert werden. Von hier ist es aber noch ein riesiger Schritt bis zu einem wirklichen Verständnis der Interaktion dieser Bausteine: Wer noch nie ein Auto gesehen hat (und auch sonst nichts über seine Mechanik weiß) und die vielen Tausend Einzelteile eines solchen in einem großen Sack findet, wird das Gefährt kaum zusammensetzen können. Auf zellulärer Ebene bedeutet dies: Es ist notwendig, wenigstens an einigen Beispielen zu wissen, wie die molekular kleinen Einzelteile zum Ganzen der Zelle zusammengefügt sind. Und selbst dann müssen wir zugeben: Nur weil wir den Zusammenhang zwischen Turbolader und Abgasen verstehen, heißt das noch lange nicht, dass wir uns darüber im Klaren sind, was passiert, wenn wir eine Schraube weglassen. Eine Schraube weniger, das kann schon mal gut gehen, aber irgendwann kann ein Fehler im System nicht mehr kompensiert werden und uns fliegt die ganze Kiste um die Ohren. Wer Details verändern will, muss also über Detailwissen verfügen.

Dazu reichen detailreiche Bilder durch Elektronenmikroskope allein nicht aus; aus einer Reihe technischer Gründe benötigt man auch höchstauflösende lichtoptische Analysen an ganzen Zellen. Bis vor Kurzem schien dies jedoch unmöglich zu sein, da selbst das beste Lichtmikroskop nur Struktureinzelheiten analysieren konnte, die der Zusammenballung von Tausenden von biologischen Makromolekülen entsprachen. In den letzten Jahren wurde dieses Problem dank der Entdeckung völlig neuer Prinzipien der lichtmikroskopischen Analyse einer Lösung näher gebracht; diese neuen lichtoptischen »Nanoskopie«-Methoden haben möglich gemacht, was noch vor Kurzem als den Naturgesetzen widersprechend angesehen wurde: Einzelne nebeneinanderliegende Proteine desselben Typs in einer ganzen Zelle voneinander zu unterscheiden und damit ihre für ihre Funktion wichtige räumliche Anordnung bestimmen zu können. Aber selbst wenn man den Ort und die Bewegung aller wichtigen Moleküle in einer einzelnen Zelle genau wüsste (wovon die heutige Biophysik noch »Lichtjahre« entfernt ist), so müsste man das Ineinandergreifen all dieser Hunderttausenden von Bewegungen und Reaktionen noch so präzise verstehen, dass eine verlässliche Voraussage der Wirkung von Pharmaka möglich würde. Dank der Arbeit vieler Tausender Forscher im Bereich der molekularen Zellbiologie gibt es heute mehr und mehr »konzeptuelle« Modelle zu dem Ablauf einzelner molekularer Prozessketten in der Zelle und der Wirkung einzelner Pharmaka. Aber selbst die Möglichkeit einer molekularen Strukturanalyse einzelner Zellen unter der Wirkung einzelner Pharmaka vorausgesetzt: Ohne eine wirklich »greifende« Theorie, also einem Verständnis der zellulären Vorgänge nicht nur auf qualitativem Niveau (»Konzept«), sondern auf quantitativer Ebene (»Theorie« im Sinne der Physik), wird es extrem schwierig sein, die für eine radikale Beseitigung von Zellschäden erforderlichen Pharmaka zu entwickeln.

Nun könnte man sagen: »Seien wir eben fleißig; stellen wir alle möglichen Kombinationen pharmazeutischer Wirkstoffe her, und probieren wir deren Wirkungen aus.« Dieser Ansatz, die sogenannte »kombinatorische Chemie«, wurde in der Tat versucht. Solange man nur relativ wenige Versuche machen muss (zum Beispiel 100 Millionen), ist dieser Ansatz auch höchst erfolgreich. Es können aber sehr schnell auch sehr viel mehr Versuche werden. Nehmen wir beispielsweise an, wir wollten für die Elimination eines bestimmten Zellschadens ein proteinähnliches Pharmakon (ein »Oligopeptid«) entwickeln, das aus einer Aneinanderreihung von 15 frei kombinierbaren »Aminosäurebausteinen« bestünde. An der ersten Stelle hätten wir dann 20 Möglichkeiten (da es in den natürlichen Proteinen 20 Typen von Aminosäurebausteinen gibt). An der zweiten Stelle hätten wir wieder 20 Möglichkeiten, also insgesamt $20 \times 20 = 400$. An der dritten Stelle kämen wieder 20 Möglichkeiten hinzu; insgesamt wären jetzt bereits $20 \times 20 \times 20 = 8000$ Möglichkeiten zu analysieren. Mit jeder weiteren Stelle steigt die Anzahl der bei freier Kombinierbarkeit zu untersuchenden Substanzen um den Faktor 20. Insgesamt wäre bei einer aus 15 solchen Bausteinen bestehenden Substanz 20 hoch

15 = 3 × 10 hoch 19 (etwa 6 Milliarden × 6 Milliarden) Möglichkeiten zu untersuchen. Selbst wenn man pro Sekunde 1 Million Substanzen analysieren könnte (zum Beispiel indem man 1 Million Forschergruppen gleichzeitig daran arbeiten ließe), dann bräuchte man immer noch rund 1 Million Jahre, um die am besten geeignete Verbindung zu finden. Dies ist eine offensichtliche Unmöglichkeit; irgendwie muss die Zahl der Substanzkombinationen und damit der erforderlichen Versuche auf menschliches Maß gebracht werden. Hier könnte eine Grundidee der Physik helfen, die auch der Vorstellung des menschlichen Körpers als einer »Maschine« inhärent ist: die quantitative Vorhersage wenigstens von globalen Systemeigenschaften aufgrund bekannter Naturgesetze und bekannter quantitativer Eigenschaften des Systems. Beispielsweise kann kein Physiker (auch kein zukünftiger) auf der Welt jemals den Weg der einzelnen Gasteilchen in einer ausgetrunkenen, nunmehr luftgefüllten Weinflasche vorhersagen, dafür sind es einfach zu viele, ständig miteinander interagierende Luftmoleküle; aber er kann ziemlich genau vorhersagen, welchen Wanddruck wie viele Moleküle bei einer bestimmten Temperatur ausüben; oder er kann vorhersagen, bei welcher Geschwindigkeit ein bestimmtes Großflugzeug vom Boden abheben wird. Das heißt, quantitative Theorien können den »Parameterraum« selbst komplexer Vorgänge so weit einengen, dass Verbesserung durch »Probieren« möglich wird. Angewandt auf die Entwicklung neuer Arzneimittel bedeutet dies: Ein quantitatives Modell der wesentlichen Stoffwechselvorgänge im System einer Zelle und der Auswirkungen bestimmter Umwelteinflüsse wäre außerordentlich hilfreich, um letzten Endes wenigstens grobe Voraussagen über die Wirkung bestimmter pharmazeutischer Substanzen oder anderer Behandlungsweisen machen zu können.

An solchen quantitativen »systembiologischen« Modellen wird derzeit an vielen Orten gearbeitet. Zum Beispiel werden Computermodelle biochemischer Stoffwechselvorgänge aufgestellt; oder es werden quantitative Modelle der Zellkernstruktur zur Berechnung der Wirkung von Strahlenschäden entwickelt. Je größer die Rechenkapazitäten und je ausgefeilter die Berechnungsverfahren (zum Beispiel durch Anwendung Künstlicher Intelligenz) sind, desto genauer können solche Modelle werden. Je mehr diese »theoretische Biophysik« der Zelle voranschreitet, desto deutlicher werden aber auch die Schwierigkeiten. Eine Hauptschwierigkeit ist unser immer noch sehr geringes quantitatives Wissen über zelluläre Grundvorgänge; ohne dieses Wissen ist es noch viel mühsamer, irgendwie brauchbare Voraussagen zu machen. Aber seien wir einmal optimistisch: Irgendwann zu einer Zeit, die für uns nur durch H. G. Wells *Zeitmaschine* erreichbar wäre, würde man die Reaktion einer einzelnen Zelle auf bestimmte Umwelteinflüsse/Pharmaka mit genügender Genauigkeit voraussagen können. Dann wäre man aber noch lange nicht am Ziel: Ein erwachsener menschlicher Körper besteht nicht nur aus einer Zelle, sondern aus bis zu rund mehreren 10 000 Milliarden Zellen, mit außerordentlich komplexen Wechselwirkungen zwischen ihnen.

Die höchst verwickelten und höchst dynamischen Lebensvorgänge, die sich aus der Interaktion der Moleküle im Inneren der Zellen und zwischen den Zellen eines Organismus ergeben, sind das große Zukunftsthema der Biowissenschaften des 21. Jahrhunderts, der »Systembiologie«.

Derzeit beginnt in den Lebenswissenschaften diese Erweiterung vom Molekül zum System, vom Kristall zum Menschen, vom Teil zum Ganzen. Auf diese Weise wird es möglich werden, unser Wissen von den Molekülen und den vielfältigen biochemischen Reaktionen in ein geistiges Bild der materiellen Grundlagen des Lebens zu integrieren und voll für die Medizin der Zukunft nutzbar zu machen.

Dieser systembiologische Weg »vom Kristall zum Menschen« – gegen den der bemannte Flug zum Pluto ein Spaziergang wäre – stellt ungeheure Herausforderungen an alle Wissenschaften und ihre interdisziplinäre Verknüpfung.

Nehmen wir einmal an, diese gewaltigen Probleme könnten in einer vermutlich weit entfernten Zukunft wenigstens teilweise gelöst werden und es könnten Therapien von heute unvorstellbarer Wirkungskraft gefunden werden, die in einer so behandelten Zelle alle durch Krankheit und Alter bedingten Schäden reparierten, zum Beispiel auch durch Ersatz defekter Gene oder defekter Regulationseinheiten durch funktionierende, wie bei einer technischen Maschine, dann müssten die Myriaden Zellen des Körpers – oder wenigstens sehr viele von ihnen – durch diese höchstspezifischen Therapeutika erreicht werden. Ob und wie dies gelingen könnte, ist derzeit ebenfalls unklar. Aber selbst ein nur partielles Gelingen auf breiter Skala – etwa eine Erhöhung der jetzigen mittleren maximalen Lebenserwartung um einige weitere Jahrzehnte – würde das Leben der Menschheit wesentlich grundlegender verändern, als es die moderne Technik bislang jemals vermocht hat. Nicht vergessen sollte man, dass selbst in dieser Welt der vollständigen Therapie altersbedingter Krankheiten eine sehr wirksame Beschränkung des menschlichen Lebens genauso weiter existieren würde wie zur Zeit unserer Vorväter: Gegen die Auswirkungen von Hunger, Krieg und Unfällen ist »kein Kraut gewachsen«. Bereits das Übersehen eines entgegenkommenden Lastwagens oder ein kleines Ausgleiten auf einem Stückchen Eis kann einem potenziell »ewigen« (oder wenigstens sehr langen) Leben ein jähes Ende bereiten.

Im Kontext der »molekularen Systembiologie« und ihrer Anwendungen ergeben sich vielfältige übergreifende Fragen, die in einer auch der Würde des Menschen angemessenen Weise zu beantworten sind. Inwieweit können die auf die quantitative Analyse des komplexen molekularen Systems »Leben« ausgerichteten Biowissenschaften an der Schwelle des dritten Jahrtausends diese kühnen Visionen einer wesentlichen Verlängerung des menschlichen Lebens verwirklichen oder wenigstens ihnen etwas näher kommen?

Ist die Auffassung von Organismen als hochkomplexen »Maschinen« ausschließlich nach den heute bekannten Grundgesetzen von Physik und Chemie die wahre oder müssen sie als »Steigerung der Materie« – wie Goethe es meinte – aufgefasst werden?

Können wir das Leben erst verstehen aufgrund der Entdeckung neuer physikalischer Grundgesetze, die nur bei der dynamischen Interaktion sehr komplexer Systeme beobachtbar werden? Auch wenn das auf der Grundlage unseres heutigen Wissens naturwissenschaftlich noch schwer vorstellbar ist: Denkbar wäre es, ohne gleich »metaphysische Phänomene« annehmen zu müssen. So erzeugt eine ruhende elektrische Ladung nur rein elektrische Kräfte; sobald sie sich aber bewegt, treten auch magnetische Kraftwirkungen auf; ändert man die Geschwindigkeit der Bewegung, so kommen sogar ganz neue Erscheinungen noch hinzu: Sich mit Lichtgeschwindigkeit ausbreitende, immaterielle »elektromagnetische Felder«. Auf diesen von der romantischen Naturphilosophie mit inspirierten Entdeckungen des 19. Jahrhunderts beruht unser elektrotechnisches Zeitalter, inklusive Radio, Fernsehen und Internet. Dies mag ein Beispiel sein für die Emergenz neuer Naturgesetze, die nur unter bestimmten komplexen Bedingungen wirksam werden.

Wer weiß: Vielleicht fehlen uns heute noch die entscheidenden revolutionären Einsichten zu einem wirklichen Verständnis des Lebens?

Abschließend zwei Fragen, die die Gesellschaft als Ganzes angehen:

Führt die Entwicklung der Lebenswissenschaften in ihrer Konsequenz zur Lebensvervollkommnung oder zur Lebenszerstörung?

Und: Möchten wir wirklich »unsterbliche Maschinen« werden oder doch lieber, wie Odysseus, das unmenschliche Angebot ablehnen und dafür unser Leben in Jugend, Reife und Altern in Würde leben, mit der möglichen Aussicht auf eine vom wirklichen Leben im Geist erfüllte Unsterblichkeit?

KAPITEL 9

VOM GANZHEITLICHEN MENSCHEN ZUM EINZELNEN MOLEKÜLKRISTALL: WIR BRAUCHEN EINE BRÜCKE ZWISCHEN DEN WISSENSCHAFTSWELTEN*

»Für Wissenschaftler ist das, was von einer Theorie übrig
bleibt, nachdem sie mit Daten in Berührung gekommen ist,
das, was als schön empfunden wird.«**

AVI LOEB, PROFESSOR FÜR ASTROPHYSIK AN DER HARVARD UNIVERSITY***

---

* Dem Inhalt dieses Kapitels liegen insbesondere Vorträge und Schriften von Prof. Dr. Dr. Christoph Cremer zugrunde. Siehe auch C. Cremer u. D. Borchmeyer in Cremer (Hg.), 2007.

** Loeb: *Extraterrestrial*, London 2021, S. 33. (Anm. der Autoren: eigene Übersetzung aus dem englischen Original). ›For scientists, what remains of a theory after its contact with data is what is deemed beautiful.‹

*** Avi (Abraham) Loeb wurde 1962 in Israel geboren. Der theoretische Physiker befasst sich in erster Linie mit Astrophysik und Kosmologie. Seit 1997 ist er Professor für Astrophysik an der Harvard University, seit 2007 Direktor des Institute for Theory & Computation (ITC) im Harvard-Smithsonian Center for Astrophysics, seit 2011 Vorsitzender des Fachbereichs Astronomie der Harvard University und seit 2012 dort Inhaber der Frank B. Baird, Jr. Professur of Science. 2012 wurde Loeb in die American Academy of Arts and Sciences gewählt.

A. »HÖRT AUF DIE WISSENSCHAFT!« – DIE WISSENSCHAFT MUSS SICH SELBST AUCH ZUHÖREN

Harvards Top-Astronom ist der israelischstämmige und in den USA lebende Wissenschaftler Avi Loeb. Als Professor an einer der berühmtesten Universitäten der Welt, der Harvard University, hat er jahrzehntelang im Bereich der Astrophysik von sich reden gemacht. Zu Beginn des Jahres 2021, mitten in der Pandemie, gelang ihm ein Paukenschlag. Mit seinem Bestseller-Buch *Extraterrestrial* stellte er die – wissenschaftlich allerdings sehr gewagte – These auf, dass der Asteroid mit dem klangvollen Namen »Oumuamua«, der unser Sonnensystem vor wenigen Jahren durchquert hat, gar kein Asteroid war, sondern Weltraumschrott. »Außerirdischer Weltraumschrott«. Loeb hat alle Daten ausgiebig geprüft und als Experte für Solarsegel in der Weltraumfahrt festgestellt, dass die gewonnenen Erkenntnisse über das Objekt am ehesten für eine glattpolierte Oberfläche sprechen, als für einen länglichen und sich merkwürdig verhaltenden Asteroiden. Ob diese kühne Hypothese zutrifft oder nicht, braucht uns hier nicht weiter zu beunruhigen. Wichtig scheint uns ein anderer Aspekt: In Deutschland eher kaum wahrgenommen, hat Loeb mit seinem Buch international so manchen Wissenschaftler vor den Kopf gestoßen und gleich mehrere Finger tief in die klaffende Wunde der internationalen Wissenschaft gelegt – die des beschränkten Horizonts und des mangelnden Austauschs untereinander. In seinem Buch beschreibt er eindrucksvoll den Unwillen seiner Kollegen aus der Wissenschaft, auch nur in Betracht zu ziehen, es könne sich um etwas anderes als einen »normalen Asteroiden« handeln. Der Unwille, zu wagen zu denken, gemäß der höchst erfolgreichen amerikanischen Tradition des »brain storming«, scheint in vielerlei Aspekten in unserer Gesellschaft tief verankert zu sein. Für Loeb ist klar: Wissenschaft ist immer auch Austausch und Diskurs. Wer diskutiert, muss bereit sein, Erkenntnisse zu erlangen, die einem selbst klarmachen, dass man unrecht hat und eventuell sogar gescheitert ist. Wer nicht diskutiert, Wahrheiten infrage stellt, wird die Wahrheit über das eigene Scheitern jedoch vermutlich niemals erfahren. Damit wäre niemandem geholfen. Schlimmer noch: Wenn wir über unsere Forschungen des Menschseins nicht diskutieren, unser Scheitern nicht mehr riskieren, um mehr Erkenntnisse zu erlangen, schaffen wir Wissens-Monolithen im wahrsten Sinne des Wortes: Für sich alleine stehende wissenschaftliche Hypothesen sind nichts wert, denn sie werden den ersten Sturm des Diskurses, der früher oder später auch dann kommt, wenn man es nicht will, nicht überstehen – sie werden umgeweht und es bleibt nichts übrig als liegengebliebene Denkmäler der Wissenschaft, die vom Winde verweht werden.

B. VON DER SPRACHE GOTTES – DIE SCHÖNHEIT DER KRISTALLINEN GRUNDELEMENTE DES LEBENS

Und damit sind wir bei einer anderen wichtigen Feststellung:

> Wer das Menschsein verstehen will, muss mehr tun, als nur die »Maschine Mensch« zu betrachten.

Loebs Hypothesen zu einer möglicherweise bahnbrechenden Entdeckung, deren Diskussion aus vielen Gründen in der Wissenschaft ignoriert oder gar negiert wird, lässt sich auch auf die Erforschung des Lebens selbst anwenden. Die leidenschaftlichen Diskussionen um Gentechnik und Gentherapie, Stammzellenforschung und ihre erwünschten oder befürchteten Anwendungen in allen Gebieten der Biowissenschaften wie der Medizin haben deutlich gemacht, wie Entscheidungen von größter praktischer Bedeutung in allgemeinen Konzepten von Natur und Leben gegründet sind. Darum ist es nicht nur wichtig, diese zu verstehen, sondern auch über die damit verbundenen Erkenntnisse offen, wissenschaftlich und gesellschaftlich zu diskutieren.

Die Auseinandersetzung mit diesen Fragen ist nicht neu. Die Epoche um 1800 stellt einen Umbruch in der Geschichte der Wissenschaft und der Konzepte der Natur dar: In den Vordergrund der Forschung treten Fragen der Organisation des Lebendigen, insbesondere in seiner Beziehung zu den physikalisch-chemischen Grundgesetzen, aber auch mit ihren religiösen, philosophischen und ethischen Implikationen.

Sicherlich: Aller Anfang ist schwer. Die Ideen von Darwin brauchten Jahrzehnte, um zu reifen und zu Papier gebracht zu werden, und hatten für allerlei Aufruhr gesorgt. Jedoch: Man diskutierte, auch wenn man sich teilweise spinnefeind dabei war. Ignoranz und die Ablehnung wissenschaftlicher Erkenntnisse und Arbeiten aus ideologischen Gründen haben wir leider im 20. Jahrhundert auf viele schreckliche Weisen kennengelernt und wir treffen bis heute immer wieder auf diese Mechanismen. Mit Beginn des 19. Jahrhunderts jedoch setzte eine ungeahnte wissenschaftliche Neugierde und Schaffenskraft ein. Nicht umsonst spricht aus den Büchern von Jules Verne das begeisterte Kind in uns allen, das auf Entdeckungsreise geht und sich die Welt mit atemberaubender Technik untertan macht. Es war die Zeit, in der der Botaniker Matthias Schleiden und der Mediziner Theodor Schwann gerade erst verdeutlicht hatten, dass Organismen aus Zellen und Zellverbünden bestehen und als Organismus miteinander zusammenwirken. Schleiden, Schwann und ihre Kollegen wollten das Leben, das Menschsein, verstehen, nicht nur um des Wissens willen, sondern auch um Wege zu finden, wie man handelt, um Menschen gesund zu machen und das Leben lebenswerter – frei nach dem berühmten Physiker Hermann von Helmholtz, der Wissenschaft als Aufruf zum Handeln verstand.

In den letzten 200 Jahren war es also die Strategie der Biowissenschaften, erst den Organismus in seine einzelnen Zellen zu zerlegen und in diesen Zellen immer kleinere Einheiten zu charakterisieren, bis zu den einzelnen Molekülen, aus denen sie bestanden. Die Erkenntnis:

> Leben ist ein spezielles Ordnungssystem, das Atome und Moleküle zu einem bestimmten Zweck miteinander verbindet und trennt und das, obwohl sie von selbst in der für das Leben notwendigen Weise gar nicht zusammenfinden würden.

Dank neuer chemisch-physikalischer Methoden wurde im letzten Jahrhundert entdeckt, dass viele dieser Moleküle wiederum aus Tausenden von Atomen bestehen, die hochkomplexe Strukturen bilden, bei denen jedes Atom seinen genau vorgeschriebenen Platz hat. Dies ist eine wesentliche Eigenschaft von Kristallen, daher können solche Makromoleküle auch die »Kristalle des Lebendigen« genannt werden. In der Tat: Werden solche Moleküle aus den Zellen isoliert, so bilden sie unter gewissen Bedingungen sogar sichtbare kleine Kristalle. In solchen Kristallen wiederholt sich periodisch die räumliche Anordnung der Atome; die Entdeckung der Röntgenstrahlen hat es möglich gemacht, diese Anordnung festzustellen.

Auf diese Weise gelang die Bestimmung der atomaren Struktur von Protein-Kristallen. Die Untersuchungen von Rosalind Franklin und Maurice Wilkins mit Röntgenstrahlen spielten auch eine entscheidende Rolle bei der Entschlüsselung der kristallinen Eigenschaften des Erbmoleküls Desoxyribonukleinsäure (DNA): Sie führten 1953 durch Watson und Crick zur Postulierung der DNA-Doppelhelix als Grundmolekül der Vererbung, der bislang größten Umwälzung in der Geschichte der Biowissenschaften. Bereits der Physiker Erwin Schrödinger (1887–1961), einer der Väter der modernen Quantenphysik, hatte Anfang der 1940er-Jahre in seinem Buch *Was ist Leben?* vorausgesagt, die Erbinformation müsse einen »aperiodischen Kristall« bilden:

»In der Physik haben wir uns bisher nur mit periodischen Kristallen beschäftigt [...]. Doch im Vergleich zum aperiodischen Kristall sind sie eher schlicht und uninteressant. Der Unterschied in der Struktur ist der gleiche wie zwischen einer alltäglichen Tapete, auf der sich ein und dasselbe Muster in regelmäßiger Periodizität immer wieder wiederholt, und einem Meisterwerk der Stickerei, etwa einem Wandteppich von Raffael, der keine langweilige Wiederholung zeigt, sondern ein kunstvolles, zusammenhängendes, bedeutungsträchtiges Muster, das der große Meister entworfen hat.«

»In physics we have dealt hitherto only with periodic crystals [...] Yet compared with the aperiodic crystal, they are rather plain and dull. The difference in structure is of the same kind as between an ordinary wallpaper in which the same pattern in repeated again and again in regular periodicity and a master piece of embroidery, say a Raphael tapestry, which shows no dull repetition, but an elaborate, coherent, meaningful design traced by the great master.«

Die moderne Molekularbiologie hat diese Vision Schrödingers bestätigt. Heute ist bekannt, dass die DNA-Struktur aus sich periodisch wiederholenden Elementen besteht (dem Zucker-Phosphat-Rückgrat), an das sich die vier Bausteine Adenin, Thymin, Guanin und Cytosin (und ihre Modifikationen) in einer aperiodischen Abfolge als Sequenz binden.

Francis Collins, der Leiter des Humangenomprojekts, hat diese Sequenz als die »Sprache Gottes« bezeichnet. Er äußert sich auch über die Schönheit der kristallinen Grundelemente des Lebens:

»Wie tief befriedigend ist die digitale Eleganz der DNA! Wie ästhetisch anziehend und künstlerisch sublim sind die Komponenten lebender Dinge.«[*]

Damit knüpft er an eine lange Tradition an, die versucht, mit Goethe zu reden, in den Teilen das »geistige Band« wiederzufinden. Und tatsächlich: Bausteine der DNA wurden bereits in Asteroiden nachgewiesen. Erinnern wir uns kurz an das Bestreben in Goethes Werk *Faust* von

---

[*] Collins: *The Language of God*, 2007.

eben diesem, einen Erdgeist zu beschwören. Es geht um den Drang der Wissenschaft, die Natur zu unterwerfen, ohne sie zu verstehen. Zu Recht macht sich der Erdgeist über Faust lustig. Die »Sprache Gottes«, wie Collins sie beschreibt, ist der Wunsch, die Schöpfung zu verstehen. Der aufmerksame Leser wird nun wiederum an Helmholtz denken, dem Wissen nicht reichte, handeln müsse man.

Der Weg der Biowissenschaften in den letzten 200 Jahren ging überwiegend vom ganzheitlichen Menschen zum einzelnen Molekülkristall. Wir verdanken dieser Forschung tiefe Einsichten in die Grundlagen der Lebensprozesse und in ihrer Folge wesentliche Fortschritte in der Bekämpfung schwerster Krankheiten. Es besteht jedoch die Gefahr, dass die Gesellschaft aufgrund dieser Erfolge nur noch solche Projekte fördert, die sich mit der physikalisch-chemischen Analyse der Kristalle des Lebendigen befassen, und von dieser Hauptrichtung abweichende Projekte unterbindet: Dies bedeutet, dass das Ganze – in moderner Sprache das biologische System – nicht mehr als wesentlicher Gegenstand der Naturforschung betrachtet wird.

C. DER MENSCH IST MEHR ALS EINE ANHÄUFUNG VON ZELLEN UND REIZEN

In diesem Geist wurde in führenden Lehrbüchern der molekularen Zellbiologie die Zelle, die lebendige Grundeinheit eines jeden Organismus, mit einem Reagenzglas verglichen, in dem diese Moleküle gelöst sind und chemische Reaktionen bewirken. Wenn in einer radikalen Konsequenz der gesamte Organismus – das heißt die Vielheit der Zellen – nur als eine große Ansammlung von »Reagenzgläsern« aufgefasst wird, besteht die Gefahr, dass ein humanes Bild des Menschen infrage gestellt wird.

Doch ist in jüngster Zeit eine Gegenrichtung immer stärker geworden: die Systembiologie. Sie versucht, biologische Organismen in ihrer Gesamtheit zu verstehen. Ihr Ziel ist es, ein integriertes Bild aller Lebensprozesse auf allen Ebenen zu gewinnen, angefangen bei der DNA über die

Gesamtheit der einzelnen Proteine und die aus ihnen aufgebauten Makromolekülkomplexe zu noch größeren Untereinheiten der Zellen, weiter zu den noch komplexeren Eigenschaften des Systems einer unvorstellbar großen Zahl miteinander interagierender Zellen in einem menschlichen Organismus. Notwendige Voraussetzung hierfür ist es, die höchst verwickelten und hochdynamischen Vorgänge zu verstehen, die sich aus der Interaktion der jetzt zum guten Teil bereits sogar in ihren kristallinen Strukturen bekannten Moleküle ergeben. Denn nur auf diese Weise wird es möglich werden, unser Wissen von den Molekülen und den vielfältigen biochemischen Reaktionen in ein wirkliches Bild der materiellen Grundlagen des Lebens zu integrieren. Dies ist von größter Bedeutung für die Medizin der Zukunft. Eines ihrer Hauptprobleme wird die Zukunft des Alterns sein. Dabei ergeben sich viele Einzelaspekte, angefangen bei allgemein gesellschaftlichen Gesichtspunkten wie denen der demografischen Entwicklung über die Zukunft der sozialen Sicherungssysteme oder die Wettbewerbsfähigkeit alternder Volkswirtschaften bis zu den biologischen Ursachen des Alterns, dem Alterungsprozess einzelner Zellen und Gewebe und seinen molekularen Ursachen. Ganz offensichtlich ist es, dass unsere Vorstellungen von den biologischen Grundlagen des Alterns und seinen Konsequenzen aufs Engste mit molekularen und systembiologischen Konzepten des Lebens zusammenhängen.

Das Ziel einer auf der Kenntnis der Kristalle aufbauenden Erkenntnis des Lebens als eines ganzheitlichen Systems mag bereits Goethe vor Augen geschwebt haben, wenn er auf den engen Zusammenhang zwischen den gründlich stereometrischen – das heißt kristallinen – leblosen Anfängen und dem »unberechenbaren und unermesslichen Leben« hinweist.

D. DAS LEBEN – EINE UNIVERSELLE WUNDERMASCHINE

Betrachtet man das Konzept des lebendigen Organismus als System, dann stellt dieses System – bezogen auf seine Größe – das komplexeste Gebilde unseres Universums dar. Man kann schnell ins Tagträumen kommen: ohne Gravitation keine supermassiven schwarzen Löcher. Ohne diese Giganten der Gravitation keine Galaxien. Ohne Galaxien keine verschiedenen Generationen von Sternentypen. Ohne verschiedene Sternentypen keine vielfältigen Elemente. Ohne vielfältige Elemente keine Wasser-Kohlenstoff-Verbindungen mit komplexen Strukturen. Ohne diese komplexen Strukturen kein Leben. Das ganze Universum und dessen gesamte Struktur findet sich im Leben wieder – so, als sei das ganze Universum nur darauf ausgerichtet, Leben zu erschaffen. Für diese Phänomene gibt es verschiedene Erklärungen – metaphysische, aber auch physikalisch-theoretische Spekulationen auf der Grundlage der Annahme einer Vielzahl von Universen.

Zurück zu den konkreten allgemeinen Perspektiven der Lebenswissenschaften: Man kann Goethe als Ausgangspunkt wählen, der – einem Wort Carl Friedrich von Weizsäckers folgend – in naturwissenschaftlicher Hinsicht zwar nicht als Leuchtturm geeignet sein mag, als Leitstern jedoch weiter aktuell bleibt. Dies gilt insbesondere im Hinblick auf den Brückenschlag zwischen Natur- und Geisteswissenschaft, die für ihn noch eine Einheit bildeten. Im Laufe des 19. Jahrhunderts begann diese Brücke jedoch unter der Last des Fortschritts einzustürzen. Expertenwissen in einer Profession lässt es heute nur noch sehr selten zu, den Blick in andere Fachbereiche zu wagen oder gar leisten zu können.

In seiner berühmten Rektoratsrede von 1882, der er – an Goethes großen Shakespeare-Essay anknüpfend – den Titel gab: »Goethe und kein Ende«, hat Emil Du Bois-Reymond* das berüchtigte Verdikt über die unheilvolle Wirkung der Goetheschen Naturforschung gefällt – im Namen einer Naturwissenschaft, die sich nun als die neue, die eigentliche Kultur der Zukunft verstand. Du Bois-Reymonds Fach: Die Sinnesphysiologie, die sich lange immer wieder auf Goethe berufen hatte, sollte, von ihren naturphilosophischen und vitalistischen Ursprüngen gänzlich be-

---

* Emil Heinrich du Bois-Reymond, 1818–1896, geboren und gestorben in Berlin, Begründer der experimentellen Elektrophysiologie und Mitbegründer des Faches Physiologie als naturwissenschaftliche Disziplin.

freit, eine reine Physik des Organischen sein und so der Physik und der Chemie gleichgestellt werden; »keine anderen Kräfte als die physisch-chemischen« wollten Du Bois-Reymond und seine Weggefährten im Organismus anerkennen. »Es gibt kein anderes Erkennen als das mechanische, keine andere wissenschaftliche Denkungsform als die mathematisch-physikalische.« So das Axiom der neuen Physiologie.

In seinem Essay »Goethe und die Naturwissenschaften« (1932) verlegte Gottfried Benn in poetischer Zuspitzung den Beginn der radikal mit der naturphilosophischen und vitalistischen Physiologie aufräumenden mathematisch-physikalischen Naturwissenschaft ins Jahr 1847: »Die eigentliche Geburtsstunde dieses Seinsbildes wurde der 23. Juli 1847, jene Sitzung der Berliner Physikalischen Gesellschaft, in der Helmholtz das von Robert Mayer aufgeworfene Problem von der Erhaltung der Kraft mechanisch begründete und als allgemeines Naturgesetz vorrechnete. An diesem Tag begann die Vorstellung von der völligen Begreiflichkeit der Welt, ihrer Begreiflichkeit als Mechanismus.« Helmholtz selbst sah darin freilich auch schon eine Gefahr: die Steigerung des *homme machine* der materialistischen Aufklärung. Der Scylla der Naturphilosophie entronnen, drohte man nun der Charybdis des reinen Materialismus zu verfallen: »Unsere Generation hat noch unter dem Druck der spiritualistischen Metaphysik gelitten, die jüngere wird sich wohl vor dem der materialistischen zu wahren haben.« So Helmholtz 1877 in seiner Rede »Das Denken in der Medizin«.

In diesen Zusammenhängen spielte im 19. Jahrhundert der Name Goethes immer wieder eine bedeutende Rolle. Er war – zumal nach der Reichsgründung 1871 – die nationale und kulturelle Identifikationsfigur in Deutschland schlechthin. Wer geistig etwas bedeuten wollte, musste sich an ihm orientieren, sich auf ihn berufen, sich durch ihn legitimieren. Man kann begreifen, dass die gewaltig aufstrebende, zur unangefochtenen Weltgeltung gelangende mathematisch-physikalische Naturwissenschaft in Deutschland sich hier herausgefordert sah, zumal Goethe nicht auf das andere Ufer des Stroms der Kultur – hier Wissenschaft, da Dichtung – zu verweisen war.

Goethes deskriptive, am Phänomen in seiner Gesamtheit ausgerichtete Farbenlehre, seine scharfe Polemik gegen Newton, sein Argwohn gegenüber der Mathematik als Instrument der Naturbeschreibung mussten ihn als Widersacher der modernen mathematisch-quantitativen Naturwissenschaft erscheinen lassen, zumal die Naturphilosophen, gegen deren Dominanz sich die Naturwissenschaftler vehement zu wehren hatten, die Goethesche Naturforschung weitgehend fast bedingungslos akzeptierten.

E. DAS MENSCHSEIN BEDARF EINES BESONDERS TIEFEN BLICKS

Die Trennung der beiden Kulturen – der natur- und der geisteswissenschaftlichen –, die für Goethe noch eins waren, hat hier einen ihrer Gründe, obwohl beide in Deutschland in der Philosophischen Fakultät bis an die Schwelle des 20. Jahrhunderts verbunden waren; eine Synthese, die sich in diesem Jahrhundert auflösen musste, da sie immer unter der Vorherrschaft einer Philosophie stand, von der sich die Naturwissenschaft nun emanzipieren wollte. Die Auseinandersetzung der beiden Kulturen vollzog sich aber gerade im Blick auf Goethe, seine Vereinnahmung durch die überständigen Vertreter eines spiritualistisch-vitalistischen Bildes der Natur. Bis heute ist deshalb die Meinung nicht verstummt, die Naturwissenschaft habe in Deutschland durch die Wirkung Goethes ernsthaften Schaden genommen. Doch ist das Gegenteil eher der Fall.

Goethe hat die Naturwissenschaft herausgefordert, er wollte sie als ganzheitlich verstehen: wie sie wirkt und was sie bewirkt. Heute, da unsere Erkenntnisse immer tiefer und vielfältiger gleichzeitig werden, sind Universalgelehrte wie Goethe kaum noch vorstellbar. Wer hat heute schon die Kapazitäten, von der Philosophie über die Astronomie und Mathematik bis hin zu Quantenphysik mitreden zu können?

Im Übrigen ist Goethes Naturforschung nicht auf einen Nenner mit den Übergriffen der idealistischen Philosophie auf das Gebiet der Naturwissenschaft – wie in Hegels Dissertation über die Planetenbahnen oder der spekulativen Physik Schellings – zu bringen, auch wenn er zumindest für Schellings Naturphilosophie Sympathie empfand. Die »Gruppe 47« um Helmholtz und Du Bois-Reymond (siehe ihre von Gottfried Benn so bezeichnete Geburtsstunde) sah Goethe nämlich anfänglich durchaus als Bundesgenossen im Widerstand gegen die Naturphilosophie à la Schelling und Hegel. Das zeigt etwa Helmholtz' Schrift *Ueber Goethe's naturwissenschaftliche Arbeiten* von 1853, in der er eingehend begründet, warum Goethe trotz des Grundfehlers seiner physikalischen Farbenlehre naturwissenschaftlich durchaus aktuell geblieben ist.

In seiner Gedächtnisrede auf Helmholtz und Du Bois-Reymonds epochemachenden Lehrer (und in seiner Jugend dezidierten Goetheaner) Johannes von Müller preist im Jahre 1859 ausgerechnet jener Du Bois-Reymond Goethe – mit dessen Werk er zeitlebens eng vertraut war – als Retter des durch spiritualistische Spekulation bedrohten »Prinzips der Beobachtung für die Naturwissenschaften«. Das war im Jahre 1859. In diesem Jahr stand das geistige Deutschland gänzlich im Bann des in beispiellosem Überschwang gefeierten 100. Geburtstages von Schiller. Und dieses Jahr bildete zugleich den Tiefpunkt in der Wirkungsgeschichte Goethes, der völlig in den Schatten des jüngeren Freundes geraten war.

Man kann es als ein Zeichen der Opposition von Du Bois-Reymond gegen den Zeitgeist ansehen, dass er sich nun gerade auf Goethe beruft. 23 Jahre später: 1882, im Jahr der Rektoratsrede von Du Bois-Reymond, hatten sich die Zeichen der Zeit entschieden geändert. Goethe war seit der Reichsgründung die geistige Zentralgestalt in Deutschland geworden. Und nicht zuletzt in seinem Namen hatte sich eine neue naturwissenschaftliche Auffassung ausgebildet, die sich Monismus nannte und deren Führungsgestalt Ernst Haeckel wurde. Sie ist eigentlich gemeint, wenn Du Bois-Reymond nun gegen Goethe – als Berufungsinstanz der Monisten – polemisiert. Hatte er sich 1859 aus Widerspruch gegen den wissenschaftlichen Zeitgeist auf Goethe als Bundesgenossen berufen, so musste

er ihn 1882 aus Opposition gegen einen neuen Zeitgeist, der sich seinerseits auf ihn berief, in den wissenschaftlichen Orkus verbannen.

Es bleibt erstaunlich, wie stark sich im 19. Jahrhundert die führenden
Naturwissenschaftler – nicht nur in Deutschland – auf Goethe beriefen
oder sich an ihm rieben.

Zu den wichtigsten dieser Naturwissenschaftler gehört der Anatom
und Physiologe Johannes Müller. Dass die Physiologie als Physik des Lebendigen, wie sie im 19. Jahrhundert zur Blüte gelangte und die besten
Naturwissenschaftler in Deutschland an sich zog, von Goethe entscheidende Impulse empfangen hat, ist nie bestritten worden. »Ich mei-
nesteils trage kein Bedenken, zu bekennen, wie sehr viel ich den Anregungen durch die Goethesche Farbenlehre verdanke und (...) daß ich
der Goetheschen Farbenlehre überall dort vertraue, wo sie einfach die
Phänomene darlegt und in keine Erklärungen sich einläßt«, schreibt der
junge Müller 1826 in seiner Schrift *Zur vergleichenden Physiologie des Ge-
sichtssinnes des Menschen und der Tiere.*

Müller sollte einer der bedeutendsten Naturwissenschaftler seiner Zeit
werden. Ihm erst ist es zu verdanken, dass sich die Physiologie als selbst-
ständiges Fachgebiet in Deutschland etablierte, ja zur Paradedisziplin
der deutschen Naturwissenschaft wurde. Aus seiner Schule gingen auch
Helmholtz, Du Bois-Reymond und Virchow hervor – sämtlich Gelehrte,
die sich zeitlebens intensiv mit Goethe auseinandersetzten. Sollte seine
Wirkung also immer noch ein solches Verhängnis für die Naturwissenschaft gewesen sein, wie bis heute gern behauptet wird?

Johannes Müller begann als ein noch im Banne Goethes sowie der
idealistischen und romantischen Naturphilosophie stehender Gelehrter,
ehe er sich zur exakten Naturwissenschaft bekehrte. Diese Wende ist zumal von seinen Schülern Virchow und Du Bois-Reymond in ihren Ge-
dächtnisreden auf ihn in den Jahren 1858/59 betont worden. Ob diese
Wende wirklich so radikal war, ob sich nicht hinter dem Empiriker Müller
ein heimlicher Naturphilosoph verbarg, ist bis heute strittig. Ganz verborgen geblieben sind seinen Schülern derartige Inkonsequenzen nicht, sie
wurden als Rückfall in anachronistische vitalistische Denkmuster bedau-

ert. Was aber Goethe betrifft: Auch wenn Müller die Probleme seiner Farbenlehre in ihren physikalischen Aspekten natürlich durchschaut hatte,
nahm er seine physiologischen Beobachtungen und Methodik bis an sein
Lebensende sehr ernst, wie auch Virchow und Du Bois-Reymond nicht
verkennen. Dass »das Ausgehen von den subjektiven Erscheinungen« bei
Goethe prinzipiell legitim ist, dass er »dieselben zuerst mit Nachdruck in
ihr Recht als physiologische Phänomene eingesetzt« hat, leugnet Virchow
nicht. Die Rückwendung zu Goethe wird von ihm anders als die natur-
philosophisch-vitalistischen Rückfälle des Lehrers toleriert. Den definiti-
ven Übergang vom vitalistischen zum mechanistischen Paradigma in den
Lebenswissenschaften kann diese Toleranz jedoch nicht verschleiern.

Mit dem Ende der klassischen Physik ist der Streit um Recht oder Unrecht der Goetheschen Naturforschung weithin verstummt. Freilich wird
von niemandem mehr bestritten, dass Goethes Ablehnung der von Isaac
Newton, Christiaan Huygens und anderen eröffneten Wege zur Physik
des Lichtes mittels einfacher, mathematisch analysierbarer Modellvorstel-
lungen lange Zeit hindurch wenig hilfreich war. Ernst Cassirer, philosophisch, naturwissenschaftlich und als Goethe-Experte gleich kompe-
tent, sah im Verhältnis Goethes zur mathematischen Naturwissenschaft
einen »tragischen Einschlag in dessen Leben und Aufbau der theoretischen Weltsicht«. Gleichwohl bleibt es erstaunlich, wie stark die be-
deutenden Repräsentanten der modernen Physik – wie Niels Bohr und
Werner Heisenberg – sich den Prämissen des Goetheschen Denkens verpflichtet fühlten.

Die Lebenswissenschaften als Erben der im 19. Jahrhundert etablier-
ten Physiologie sind mehr und mehr in eine zwar nicht fachwissenschaft-
liche, aber ethische Krise geraten. Die Genforschung, die Debatte um
Recht und Grenzen des Klonens hat nicht nur alte Menschheitsträume
vom Jungbrunnen und ewigen Leben inmitten des Zeitalters der exakten Naturwissenschaften aktualisiert, sondern auch das Problem der In-
strumentalisierung des Lebens auf die Spitze getrieben. Die einschlägige
ethische Auseinandersetzung trifft nicht nur von außen auf die Wissenschaft, sondern bricht in ihr selber immer wieder auf. Rigide Positionen

stehen hier ethischem Laxismus gegenüber: Wenn nämlich etwa ein führender Mediziner den Embryonenschutz durch eine bloße Sprachregelung zu umgehen sucht – indem man einen Embryo eben nicht mehr Embryo nennt, sondern als totipotenten Zellverband bezeichnet und das therapeutische Klonen gezielte Zellvermehrung nennt.

Hier ist das Aufeinanderzugehen der Naturwissenschaften und der Geisteswissenschaften, die einstens Humaniora hießen und in der angelsächsischen Welt sinnvoller »Humanities« genannt werden, mehr denn je gefragt. Die beiden Kulturen müssen wieder zusammenkommen, und dafür mag der Name Goethe vorbildlich sein.

F. GOETHE HAT DEN MENSCHEN ALS GANZES GESEHEN

Es ist eine Ironie der Geschichte, dass die Fragmentierung der heutigen postmodernen Wissenschaften immer stärker den Bedarf offenbart, im Sinne Goethes ganzheitlich zu denken.

Wobei die Postmoderne ein an sich strittiger Begriff ist, viel eher sollte man von der Wissenschaft des digitalen Zeitalters sprechen. Natürlich geht es nun nicht darum, universalgelehrte Philosophen auf die arglose Menschheit loszulassen, die genug damit zu tun hat, täglich zur Arbeit zu gehen und das eigene Leben möglichst gut zu gestalten. Viel eher geht es um das Thema Verantwortung. Wenn jede Wissenschaft nur vor sich hin forscht und den Blick nicht aus dem eigenen Reagenzglas erheben kann, ist das für viele nicht weniger als pure Geldverschwendung derer, die Steuern zahlen und das ganze System am Laufen halten. Wissenschaften müssen wissenschaftlich denken, reden und diskutieren. Daraus entstehen wissenschaftliche Handlungsweisen und hoffentlich neue Schulen, die nicht nur im eigenen Saft schmoren.

Der harvardsche Astrophysiker Avi Loeb ist ein beeindruckendes Beispiel dafür, wie das geht. Er wagt zu denken, und gibt sein Gesicht für Theorien und Ideen her, die ihn in gewissen ignoranten Kreisen als merkwürdigen Visionär erscheinen lassen mögen, besonders in Deutschland. Doch international ist Loeb nicht nur ein gefeierter Experte, man würdigt auch seinen Mut, seine Meinung offen zu sagen. Ganzheitliches Denken bedeutet eben nicht, Astrophysik mit Science Fiction zu vermischen und daraus möglichst viel Geld zu schöpfen. Seine Sicht auf außerirdisches Leben ist mehr als ein Gedankenspiel oder eine Masche, um an Geld zu kommen. Sie ist Vision und Kritik zugleich. Eine Vision, welche die Menschheit in ein neues Zeitalter katapultieren könnte. Eine Kritik, dass der Blick nur in das eigene Reagenzglas für die großen Zusammenhänge blind und ignorant machen kann. Es ist die gleiche Kritik, die Goethe in seinem Werk *Faust* an der Wissenschaft geübt hat. Faust, der Universalgelehrte, der sich in seinem Labor verschanzt und alles Mögliche unternommen hat, um dem Leben auf die Schliche zu kommen, hat das Leben selbst erst kennengelernt, als er aus dem Labor hinaus ins Leben getreten ist.

KAPITEL 10

DAS ÄNDERN DER PERSPEKTIVE UND DIE MYSTIK ALS INITIALZÜNDUNG EINES NEUEN DENKENS

»Die Wahrheit liegt nicht in der Welt, sondern in uns selbst.«

NIKOLAUS VON KUES

A. DIE REVOLUTION DES DENKENS – MEHR ALS NUR DAS ÄNDERN DER PERSPEKTIVE

Roger Willemsen, einer von Deutschlands beliebtesten Intellektuellen, nimmt in seiner Zukunftsrede von 2015 die Perspektive unserer Nachfahren ein, die aus der Zukunft auf uns schauen. Was sie sehen, stimmt nicht gerade positiv: Wir Menschen steuern demnach – trotz unseres Wissens – auf eine Katastrophe zu, weil wir unseren Planeten zerstören. Willemsen beschreibt, dass zwar alle Information vorhanden sind, aber aus all diesen Fakten keine Praxis entsprungen sei. Wir besäßen zwar genügend Informationen dafür, leiteten aber daraus nicht die notwendigen Erkenntnisse ab, da es sich um ein Wissen ohne Bewusstsein handle. Er führt aus, dass zu den bewusstseinsbildenden Prozessen der Kultur am Anfang das Reflektieren und das sich Vergegenwärtigen, das Innehalten, das Zweifeln, aber auch das Staunen, steht. »In dieser Zone des Innehaltens oder Verweilens entsteht aber nicht das Staunen allein, auch das Urteil bildet sich hier, als Reflexion des Augenscheins, ein Begrifflich-Werden des Impulsiven.«* Auch spricht er hier einen Perspektivenwechsel an. Dieser sei notwendig, um die Probleme, die wir global haben, zu erkennen und davon ausgehend lösen zu können. Aus dem Betrachten verschiedener Perspektiven heraus, der Möglichkeit, aus seiner eigenen herauszutreten und eine andere einzunehmen, scheint sich Bewusstsein zu entwickeln. Das Betrachten von einer anderen Warte aus eröffnet, im wahrsten Sinne des Wortes, neue Horizonte. Es weitet in jedem Fall das eigene Bewusstsein. Dies ist die Voraussetzung, verantwortliches Handeln zu entwickeln.

Ohne es explizit herauszustellen – es handelte sich auch um eine Rede, das Buch konnte leider von Roger Willemsen nicht mehr verfasst werden, er starb 2016 –, macht Willemsen in seiner Zukunftsrede zwei Faktoren für Bewusstseinsbildung aus: den Perspektivenwechsel, gekennzeichnet durch Reflexion, Zweifel und panoramisches Blicken, und

---

* Willemsen: *Wer wir waren*, 2021, S. 48.

das, was er mit Vergegenwärtigen, Innehalten, Schauen und Staunen beschreibt. Er gibt dem keinen Begriff, doch meint er damit nichts anderes als Mystik.

B. DER WELTRAUM: UNENDLICHE WEITEN – UND ANDERE PERSPEKTIVEN: DIE SCHÖNHEIT UND DIE MYSTIK

»Aus der Ferne wirkt es verrückt, wie wir mit unserem kleinen Planeten umgehen.« So formuliert es der deutsche Astronaut Alexander Gerst. Wir sind wieder zurück im Weltraum und wir können aus einem ganz anderen Winkel auf die Erde blicken. In den letzten Jahrzehnten haben wir immer mehr und mehr Kameras, Sensoren, Geräte und Menschen ins Weltall gebracht. Und somit haben wir Stück für Stück unseren Blick auf die Erde erweitert. Im wahrsten Sinne des Wortes nehmen wir physisch eine andere Perspektive ein und schauen von außen auf unseren Heimatplaneten. Diese im Grunde banale und triviale Feststellung hat aber eine sehr große Wirkung auf diejenigen, die diese Perspektive haben einnehmen können. Alexander Gerst, der schon zwei Mal auf der Internationalen Raumstation ISS war, beschreibt, wie einem das gegenseitige Bekriegen und die Naturzerstörung aus Profitgründen vom Blick von außen auf die Erde völlig un- und widersinnig erscheint und Außerirdische wohl denken würden, dass Menschen nicht gerade »the smartest kids on the block« sind. »Im Angesicht der Unendlichkeit spürt und fühlt man die Verletzlichkeit des Planeten«,* meint Alexander Gerst und merkt an, dass diese Erkenntnis das ist, was man als Astronaut auf die Erde zurückbringen kann. Ziel der Raumfahrt der Europäischen Weltraumagentur sei es nämlich, die Erde zu beschützen, nicht eine zweite Erde zu kolonisie-

---

* Interview mit Alexander Gerst, RedaktionsNetzwerk Deutschland: ›Astronaut Alexander Gerst: ›Das All darf nicht zum Wilden Westen werden‹«. https://www.rnd.de/panorama/alexander-gerst-der-astronaut-im-interview-ueber-seine-erlebnisse-an-der-weltraumstation-iss-ALMKMPIDZ5HIXPPM4R6Q7UKDSU.html, aufgerufen am 08.11.2022.

ren, nachdem die erste von uns abgewirtschaftet wurde. Es geht darum, durch die Erforschung des Weltraums das Leben auf der Erde zu verbessern. Aber am bemerkenswertesten und wunderbarsten ist, dass man durch die andere Perspektive auf die Erde, die man aus dem Weltraum einnimmt, erkennt, dass nicht der Weltraum der besondere Ort ist, sondern die Erde selbst. Und, dass die Schönheit der Erde herausstechend ist und bleibt. Dies wird einem erst umfassend und nachhaltig bewusst, wenn die Erde als Ganze wahrgenommen wird.

> So gesehen hat die »Weltraumperspektive« einen nicht zu unterschätzenden Einfluss auf unser Denken und Handeln und könnte somit einen wichtigen, ja vielleicht sogar einen unerlässlichen Anteil an der Lösung unserer globalen Probleme, wie Kriege und Umweltkatastrophen, haben.

Alle, die im Weltraum waren oder die einen Fuß auf den Mond gesetzt haben, sprachen davon, dass sie als anderer Mensch wiedergekommen sind. Ihre Perspektive, wie auch ihr Verhältnis zur Erde, hatte sich geändert und zwar dahingehend, dass man seine eigensüchtigen Bedürfnissen nicht mehr in den Mittelpunkt stellt, sondern den Schutz der Erde als unser aller Lebensgrundlage. Diese Erkenntnis ist nicht neu, neu ist dabei die Qualität dieser Erkenntnis: Es handelt sich nicht mehr um ein Lippenbekenntnis oder ein oberflächliches Wissen, wobei man meint, dass man allein durch braves Müllsortieren den Planeten rettet; auch handelt es sich nicht um einen Aktionismus, bei dem man ohne Rücksicht auf Verluste auf martialische Art und Weise vermeintlich für die Erde kämpft. Die Qualität dieser neuen alten Erkenntnis ist dadurch entstanden, dass von einer neuen Perspektive auf die Erde geschaut wurde, weit von ihr entfernt – der Betrachter ist aus dem Geschehen des Lebens auf der Erde herausgenommen und so kann er ihre ganze Schönheit bewundern. Die Qualität dieser Erkenntnis ist dadurch entstanden, dass die ganze Schönheit der Erde den Betrachter in Staunen versetzt. Dieses Staunen lässt einen zurücktreten von seinen eigenen banalen, egoistischen und auch triebgesteuerten Bedürfnissen. Man kann erkennen, was wirklich wichtig ist und worum es auch wirklich geht. Dieses Staunen, das einen wieder in die Lage versetzt, sich in die richtige Relation zu setzen, kann als ein mystisches Erleben beschrieben werden.

Die Erschließung des Weltraums dient nicht nur naturwissenschaftlichen oder wirtschaftlichen Zwecken. Der Mensch im Weltraum bricht nicht nur geografisch zu neuen Ufern auf, sondern auch mental und geistig.

> Die Raumfahrt kann auch unsere Perspektive verändern, indem sie zu einer Veränderung des Denkens, sogar zu einer Revolution des Denkens, beitragen kann.

C. VOM ÄNDERN DER PERSPEKTIVE ZUM DENKEN ODER: VOM ENTWEDER-ODER ZUM SOWOHL-ALS-AUCH

Warum, so kann man sich fragen, ist denn eine Revolution des Denkens notwendig? Zum einen hat ein Perspektivenwechsel immer zu einem Entwicklungsschub geführt. Zum anderen ist mit Revolution des Denkens etwas anderes als »nur« ein Perspektivenwechsel gemeint. Natürlich ist das Hineinversetzen in eine andere Position nicht nur hilfreich, es ist der Schritt zu erkennen, dass man nicht der Einzige zu sein scheint, der mit seiner Meinung »recht« hat.

Umfassende und tiefgreifende Perspektivenwechsel, die Weltanschauungen betreffen, werden Paradigmenwechsel genannt. Sie gehen leider auch häufig mit Kollateralschäden einher, wie beispielsweise bei der Reformation oder der Aufklärung. Ein weiterer Paradigmenwechsel war der von einer naturphilosophisch-vitalistisch geprägten Naturwissenschaft zu einer rein materialistisch-physikalischen im 19. Jahrhundert. Hermann von Helmholtz hatte schon damals auf das Problem hingewiesen, dass man zwar der Naturphilosophie entronnen sei, aber vor allem in der Zukunft die Gefahr drohe, dem kruden Materialismus zu verfallen, und die Aufgabe kommender Generationen sei, diesen dann zu überwinden.*

Die Voraussetzung von einem Perspektivenwechsel – geschweige denn einem Paradigmenwechsel – ist allerdings nicht eine wissenschaftliche Erkenntnis, sondern, dass dieser von der Gesellschaft möglich gemacht und dann auch akzeptiert wird. Dazu braucht es eine dogmenfreie Forschung, eine dogmenfreie Bildung und natürlich dogmenfreie Berichterstattung – kurz, eine freie Gesellschaft, am besten gefasst in einem demokratisch organisierten Rechtsstaat, der diese Freiheit garantiert. In dieser Freiheit können sich Gedanken und Ideen entwickeln, in Freiheit können alte Glaubenssätze geprüft, relativiert und verworfen werden und neue entstehen. Aus den neuen Einsichten und Gewissheiten entstehen allerdings wieder neue Glaubenssätze und Dogmen, womit das beschriebene alte Problem wieder neu auftaucht.

> Es scheint ein immerwährender Kreislauf zu sein: Alte Glaubenssätze werden durch neue ersetzt.

Perspektivenwechsel und Paradigmenwechsel gab es schon immer in der Menschheitsgeschichte. Nein – es geht hier nicht nur um einen Perspektivenwechsel, es geht um etwas Tiefgreifenderes: Es geht um die Einbeziehung aller Perspektiven, ohne den Standpunkt zu verlieren oder unverbindlich zu sein. Oder, um es greifbarer zu formulieren: Es geht darum, das Entweder-oder-Denken in ein Sowohl-als-auch-Denken zu überführen.

---

* Vgl. C. Cremer u. D. Borchmeyer, in Cremer (Hg.): *Vom Menschen* (2007), S. 13. Helmholtz begründete 1847 in einer Sitzung der Berliner Physikalischen Gesellschaft das Problem von der Erhaltung der Kraft mechanisch und rechnete es als allgemeines Naturgesetz vor.

Ein kleiner Ausflug in die Kunst kann diese Überlegung vielleicht besser veranschaulichen. Geistesgeschichtliche Entwicklungen einer Gesellschaft haben sich immer in der Kunst widergespiegelt. In der Renaissance, die ein abendländisches Phänomen war, zog beispielsweise in der Malerei die Perspektive ein – etwas völlig Neues und auch Revolutionäres. Die Weltsicht hatte sich in dieser Zeit geändert. Das geozentrische Weltbild wurde, wenn auch allmählich, vom heliozentrischen abgelöst, die Wissenschaft und deren Methoden wurden wiederentdeckt und der Mensch nahm von seiner Perspektive aus die Welt wahr und rückte somit in den Mittelpunkt. Der Mensch wurde als das Maß aller Dinge wahrgenommen, wobei man feststellen muss, dass der Mensch in der Renaissance nie daran gedacht hätte, dies abgelöst von einem Gottesbild, dem christlichen Gottesverständnis, zu sehen. Die Welterklärung ausgehend vom Menschen als wahrnehmendem Subjekt ist der Kern des Humanismus – und ist auch in der Kunst ablesbar: Die Perspektive zog in die bildliche Darstellung ein. Man wollte möglichst wirklichkeitsnah und naturgetreu darstellen, und dies wurde mit der Zentralperspektive erreicht. Der gedachte Fluchtpunkt, auf den alles hinter der Leinwand zulief, lag auf der Augenhöhe des Betrachters.

Das Bemühen um wirklichkeitsgetreue Darstellung, um Rationalisierung des Wahrzunehmenden auf der Leinwand erreicht dabei aber im Grunde das Gegenteil: Denn der Betrachter nimmt die naturgetreue Darstellung nur aus einer Perspektive wahr, und zwar aus der, wenn er direkt vor dem Bild steht. Die Wahrnehmbarkeit des Wirklichen oder der Realität, die im Bild abgebildet wird, ist für den Betrachter dann Realität, wenn er eine bestimmte Position hat und aus dieser Perspektive schaut. Die Rationalität der Darstellung, die dem Gemälde zugrunde liegt, ist also nur richtig wahrnehmbar, wenn eine subjektive Perspektive, eine einzige Perspektive, eingenommen wird. Diese Perspektive hin zur Subjektivität hat, so könnte man kühn behaupten, den Grundstein zu dem gelegt, wo wir uns heute mit unserer Welterklärung befinden: Wir meinen, dass wir die Welt am wahrheitsgetreusten erklären, wenn wir diese rationalistisch betrachten, merken aber nicht, dass wir unter dieser Prämisse die Welt nur aus einer Perspektive wahrnehmen können. Das ist dann unsere Wirklichkeit, die wir allerdings gerne als Wahrheit bezeichnen.

Natürlich stellt sich richtigerweise die Frage, ob wir fähig sind, zu wissen oder zu erkennen, was die »Wahrheit« überhaupt ist oder wie diese aussieht. Darüber zerbrechen sich seit Jahrtausenden Philosophen und Gelehrte ihre Köpfe. Man sollte vielleicht auch nicht den Anspruch haben, diese für absolut erklärbar zu halten. Aber wir könnten uns ihr viel besser annähern, indem wir nicht einfach mehr als nur eine Perspektive annehmen, sondern alle Perspektiven, die möglich sind. Die Renaissance war revolutionär: Auf der einen Seite mit der naturgetreuen, aber auch philosophisch gesehen einschränkenden Perspektive in der Malerei – als Paradebeispiel sei hier der Kupferstich »Hieronymus im Gehäus« von 1514 von Albrecht Dürer erwähnt –, auf der anderen Seite Gemälde wie das der »Mona Lisa« von wahrscheinlich 1503, die einen von jeder Perspektive aus, an jedem Platz, den man im Raum einnehmen kann, in die Augen schaut. Dieses Bild ist eines der ersten, das mit dem in der Malerei genannten »Silberblick«, also dem verfolgenden Blick, gemalt wurde.

Womit wir einen großen Sprung zur ägyptischen Wandmalerei machen, denn ägyptische Wandmalerei zeichnet sich durch ihre nicht vorhandene Perspektive aus. Ihre Künstler bildeten einen Gegenstand nicht ab, wie sie ihn sahen – also hier ganz im Gegensatz zum künstlerischen Anspruch, der in der Renaissance vorherrschte –, sondern sie bauten ihn aus lauter Einzelvorstellungen auf. Es wurde kein Wert auf eine genaue, porträthafte Wiedergabe gelegt, Überschneidungen und Verkürzungen wurden als Verfälschung der Wirklichkeit gesehen. Die Intention war, das Abbild des Menschen als einen Idealtypus darzustellen. Es war also nicht künstlerisches Unvermögen – zu dieser Zeit schufen die ägyptischen Bildhauer Statuen, die den menschlichen Körper so perfekt, wie man es aus der Antike und der Renaissance kennt, nachbildeten –, sondern diesem Stil lag eine andere Weltanschauung zugrunde, personalisiert durch die Göttin Ma'at, die als regulative Energie agierte und die kosmische Ordnung durch Gerechtigkeit, Harmonie und Wahrheit sicherstellte. Dieses Ideal durchzog das gesamte Denken, beherrschte die religiösen Vorstellungen und formte die Struktur von Staat und Gesellschaft des Alten Ägypten. Die Gesetze der Ma'at zeigen sich bis ins kleinste Detail in der ägyptischen Kunst: Die perspektivenlose Darstellung – die Menschen immer im Profil, die Augen aber immer aus frontaler Perspektive gemalt – ist eine »Blaupause« des Menschen aus der Ideenwelt. Der Betrachter bekommt hier visuell das Abbild als Idealtypus präsentiert, quasi ein Modell, und hat die Freiheit, das hineinzuprojizieren, was er möchte, wenn man es salopp ausdrückt. Dadurch war man der »Wahrheit« viel näher, denn es wurde keine Wirklichkeit durch Perspektive definiert.

Ägyptische Wandmalerei ist natürlich nicht so einfach mit einer Mona Lisa vergleichbar – der Silberblick in Mona Lisas Augen entstand nicht durch perspektivenlose Malerei, wie sie in Ägypten zu finden ist, ganz im Gegenteil. Der Silberblick kommt dadurch zustande, dass die beiden Augen mit unterschiedlichen Fluchtpunkten, also unterschiedlichen Perspektiven, gemalt wurden. Während der Silberblick den Eindruck gibt, die Augen würden den Betrachter verfolgen, tun das die in Frontalansicht und perspektivenlos gemalten ägyptischen Augen nicht wirklich. Sie schauen aber, egal wo man sich im Raum befindet, unverändert auf alles in den Raum. So gesehen kann eine Parallele in der Auswirkung von der Anwendung mehrerer Perspektiven in der Malerei und gar keiner Perspektive gesehen werden.

D. VOM ÄNDERN DER PERSPEKTIVE ZUR MYSTIK

Diese Idee kann man bei dem Theologen, Philosophen und Mathematiker Nikolaus von Kues wiederfinden. Nicolaus Cusanus, wie er in latinisierter Form auch genannt wird, wurde im heutigen Bernkastel-Kues an der Mosel geboren. Er lebte von 1401 bis 1464 und bildet als einer der ersten Humanisten geistesgeschichtlich die Brücke zwischen Spätmittelalter und Renaissance. Der schon zu seinen Lebzeiten berühmte Cusanus schlug eine politische und diplomatische Laufbahn ein und spielte kirchenpolitisch eine bedeutende Rolle. Er war Fürstbischof von Brixen,

Kardinal, Generalvikar im Kirchenstaat und päpstlicher Legat. Außerdem war er mit der Erste, der die Konstantinische Schenkung als Fälschung entlarvte. Dies ist eine ungewöhnliche Karriere für jemanden, der ein mystischer Theologe war.[*] Seine vom Neuplatonismus beeinflusste Theologie knüpft unter anderem an die Überlegungen von Pseudo-Dionysus Areopagita, der als der »Begründer« der christlichen Mystik gilt, und auch denen von Meister Eckhart an. Seine mystagogische Übung, die er 1453 als Schrift mit dem Namen *Von der Schau Gottes* den Mönchen der Benediktinerabtei Tegernsee schickte, sind für die Überlegungen zur Perspektive und dem Ändern des Denkens von großer Bedeutung. In dieser Schrift zeigt er mit der Übung ganz einfach und spielerisch, wie man sich der Wahrheit annähern kann. In seinem christlichen Kontext ist die Wahrheit natürlich mit Gott gleichzusetzen.

Einzigartig ist, dass Cusanus tiefe und mystische Erkenntnis nicht kompliziert und wissenschaftlich verbrämt, wohl aber mit rationalen Gedankengängen, entfaltet. Er selbst lehnte die Welt des Wissenschaftsbetriebs ab – er folgte dem Ruf der Universität Loewen als Professor aus diesen Gründen nicht – mit der Begründung, dass die akademische Welt alles unnötig verkompliziere. Durch seine Übung kann aufgezeigt werden, dass man sich der Wahrheit durch simultanes Zusammenschauen und gegenseitiges Austauschen der jeweiligen Erfahrung nähern kann. Der wichtigste Aspekt dabei aber ist, dass die Wahrnehmung des anderen geglaubt wird. Durch dieses Vertrauen ist überhaupt erst simultanes Schauen, also das Einnehmen unterschiedlichster oder aller nur möglichen Perspektiven, möglich.

Die konkrete Übung bestand darin, dass eine von Cusanus selbst angefertigte ikonische Darstellung von Jesus[**] an die Wand gehängt wurde und die Mönche aus unterschiedlichen Positionen das Bild betrachten sollten. Dabei sollten die Positionen geändert werden und die Mönche konnten feststellen, dass die Augen des dargestellten Jesus sie immer an-

---

[*] Vgl. McGinn: *Die Mystik*, Band 4, 2008, S. 720.

[**] Anmerkung: Cusanus hatte Jesus als Bild deshalb gewählt, weil Jesus der inkarnierte Gott ist und somit die einzige Möglichkeit darstellt, Gott abzubilden.

schauten und verfolgten. So konnte am eigenen Leib erfahrbar gemacht werden, dass, gleichgültig, welche Perspektive man einnahm, auf der einen Seite das Bild immer gleich aussah, aber die Ikone den Betrachter auch immer gleich »ansah«, egal wo dieser sich im Raum befand. Das Staunen und das gegenseitige Austauschen darüber war ein erster entscheidender Punkt dieser Übung.

> Mona Lisas Lächeln könnte also ein Lächeln über das Erstaunen ihrer Betrachter darüber sein, dass sie diese immer in ihrem Blick hat, egal, wo sie sich im Raum befinden.

Ein weiterer war die Erkenntnis darüber, was die mystische Schau Gottes ist und dass diese eben mit Perspektivenwechsel zu tun hat.

Cusanus intendierte mit dieser Übung einen weiteren Perspektivenwechsel, und zwar im Sinne einer Einheitserfahrung: Beim Betrachten der Ikone sollte die Illusion erkannt werden, dass sie einen wirklich ansehe. Diese Erkenntnis stellt nach Cusanus eine Analogie dar: Wir meinen, wir würden wirklich sehen. Aber genauso, wie die Ikone nicht wirklich sieht, so sind es nicht wirklich wir, die aus unseren Augen sehen. Es ist Gott, der aus unseren Augen sieht und in Wahrheit ist unser Sehen das Sehen Gottes. Leider ist das von Cusanus gemalte ikonografisch dargestellte Jesus-Porträt heute nicht mehr erhalten; durch die Beschreibung der Übung könnte man davon ausgehen, dass Cusanus die Augen mit derselben Technik gemalt hatte, die 50 Jahre später Leonardo da Vinci bei seiner Mona Lisa anwendete.

E. ÜBER DIE ENTSTEHUNG DER MYSTIK

Albert Einstein stellte einmal fest: »Das Schönste, was wir erleben können, ist das Geheimnisvolle.« Mystik – dieses Wort löst in unserer heutigen Zeit eher zwielichtige Gefühle aus. Dieser Begriff wird gemeinhin gerne dem Bereich der Esoterik zugeordnet, verbunden wird häufig etwas Numinoses, nicht Greifbares, Unerklärbares und auch Unseriöses, da der Begriff und das, was er bedeuten könnte, sich für die meisten einer rationalen Erklärbarkeit entzieht. Wenn man sich aber genauer mit diesem Begriff, seiner Geschichte und seiner Bedeutung beschäftigt, stellt man fest, dass Mystik in vielerlei Hinsicht philosophisch reflektierbar ist.

Der Begriff »Mystik« wurde in der Spätantike von dem griechischen Philosophen Proklos geprägt, μυστικός (mystikos) – er verstand ihn im Sinne von geheimnisvoll. Plotin, sein Lehrer, verwendete den Begriff zwar selbst nicht, aber beschrieb von der Sache spekulativ, was Mystik bedeutet: die Einswerdung mit dem Einen. Den Weg dorthin beschrieb er auch: ἄφελε πάντα (aphele panta), lass ab von allem. Etymologisch lässt sich Mystik vom griechischen Verb μύειν (myein) herleiten, was so viel wie »sich schließen«, vor allem die Augen und Ohren betreffend, bedeutet. Diese Bedeutung beschreibt auch schon die Eigenschaft eines »mystischen« Erlebens: Die körperliche sinnenhafte Wahrnehmung ist »ausgeschaltet«. Das Wort μυεῖν (myein) hingegen – man sieht den feinen Unterschied nur in der unterschiedlichen Akzentsetzung – wird schon mit der Bedeutung von »einweihen« verwendet.

Der Begriff »Mystik« wurde in der europäisch-abendländischen Kultur außerhalb des Christentums geprägt, aber von diesem rezipiert. Eine maßgebliche Rolle dabei spielte der Mönch und Philosoph Dionysius Areopagita, der wahrscheinlich im 5./6. Jahrhundert lebte. Seine Identität ist bis heute nicht eindeutig geklärt. Es handelt sich bei ihm wohl um einen Mönch, der im heutigen Syrien lebte. Wie bei Mönchen üblich, gab er sich den Namen eines Heiligen – den des heiligen Dionysius Areopagita, einen Schüler Paulus', der im 1. Jahrhundert in Athen das Evangelium verkündigte. Zur Unterscheidung wird der spätere Dionysius häufig als »Pseudo-Dionysius« bezeichnet.

Dionysius Areopagita also prägte in der Spätantike den Begriff der christlichen Mystik in seiner Schrift *Die mystische Theologie* als Weltdeutung und Zugang zum Göttlichen. Johannes Scotus Eriugena, Theologe,

Philosoph und Neuplatoniker aus dem 9. Jahrhundert, der am Hofe Karl des Kahlen wirkte, übersetzte seine Werke, deren Inhalte er auch weiterentwickelte. Meister Eckhart und vor allem Cusanus bezogen sich auf Dionysius. Somit wirkte die christliche Mystik noch bis in die Renaissance hinein.

Natürlich gibt es das Phänomen der Mystik auch in anderen Kulturkreisen und in anderen Religionen, beispielsweise der Sufimus als islamische Mystik oder die Kabbala als jüdische Mystik, Zen oder Vipassana als mystischer Weg im Buddhismus, der Weg des Tao im Taoismus oder die Yogapraxis im Hinduismus. Im Rahmen dieses Buches wird Mystik ausschließlich im europäisch-abendländischen Kontext beleuchtet.

Philosophie entstand ungefähr Mitte des 1. Jahrtausends v. Chr., als die Menschen begannen, ihre Existenz und die Welt zu hinterfragen und darauf Antworten zu suchen. Das Bedürfnis hatte sich entwickelt, das Dasein und die Welt rational zu deuten und so aus dem vorherbestimmten Schicksal und der Macht der Götter zu entrinnen. Es war ein Befreiungsschlag, der dort seinen Anfang nahm. Es war eine Revolution des Denkens, die mit der schon erwähnten Achsenzeit einherging: Die Menschen nahmen ihr Schicksal selbst in die Hand, indem sie mittels Vernunft, die jedem Menschen innewohnt, begannen, sich und die Welt zu erklären. Mit dem Schritt der Objektivierung und der rationalen Reflexion war zwar die Eigenverantwortung geboren, aber sie stellte auch eine Trennung von einer Ganzheit dar. Der Mensch begann, sich vom Eingebettetsein im ewigen Kreislauf des Daseins mittels Vernunft zu emanzipieren. Die Deutung der Welt entwickelte sich von einer mythologischen, die dem Schicksal unterworfen war, zu einer philosophischen, wo die Ratio jetzt regierte. Und seit dieser Trennung, die im Laufe der Jahrtausende immer größer wurde, entwickelte sich bei den Menschen die Sehnsucht nach Einheit. Dieser Vorgang allerdings trug zur Entwicklung des Bewusstseins bei. Karl Jaspers beschreibt ihn als geistigen Entwicklungsprozess, der den bewussten und reflektierten Menschen hervorbrachte, mit dem wir bis heute leben. Auch der US-amerikanische Psychologe Julian Jaynes spricht von der Entstehung des Bewusstseins im Menschen. Die Abtrennung von der schicksalhaft gedeuteten Welt spiegelt sich auch in der Entstehung des Bewusstseins, ja, es ist der Anstoß für seine Entstehung. Erst ab jetzt kann der Mensch sich reflektieren, erst ab jetzt kann der Mensch sagen »Ich erkenne mich«, denn diese reflexive Aussage ist erst möglich, wenn ich in mir ein Gegenüber habe, zu dem ich reden kann. Der Mensch hat sich in dieser Zeit in ein »Ich« und in ein »Selbst« geteilt. Somit ist überhaupt erst Selbsterkenntnis möglich geworden – und auch Eigenverantwortung. Aber gleichzeitig ist auch die Sehnsucht im Menschen entstanden, diese Trennung, die eine Trennung in ihm selbst als Trennung von seinem eigentlichen Sein zu sein scheint, zu überwinden.

Ab dieser Zeit haben sich neben den Philosophien auch die Weltreligionen entwickelt, eben als Werkzeug, um diese Trennung vom wahren Sein zu überwinden und zum Ursprung oder zum Göttlichen zurückzufinden. Der Weg der Rückbindung zur Einheit ist ein mystischer und hat religions- und kulturbedingt unterschiedliche Ausprägungen und Bezeichnungen – sie haben aber alle ein gemeinsames Ziel: das Einswerden mit dem Sein, dem Urgrund, der Wahrheit, dem Göttlichen: die Unio mystica.

> Die rationale Welt- und Seinsdeutung ist dabei die philosophische Methode, denn dabei wird versucht, die Welt und ihre Ursache zu erklären. Die Mystik hingegen stellt einen überrationalen, deshalb geheimnisvollen Weg dar, die Ursache des Seins zu erfahren.

F. MYSTISCHES ERFAHREN

Mystik bedeutet Einheitserfahrung mit der höchsten Realität, dem Urgrund, Gott, der Wahrheit und mit seinem innersten Sein. Diese Erfahrung findet in einer Dimension statt, die rational nicht erfassbar ist, die auch außerhalb unseres Raum- und Zeitverständnisses liegt. In der christlich-abendländischen Tradition gibt es keine Auflösung des Selbst in ein größeres oder höheres Sein. Es gibt eher eine Schau des absoluten Seins, die in Einheit mit diesem stattfindet, aber man verliert dabei nie seine eigene Identität, denn die Einheit ist nicht differenzfrei; das Ego aber spielt keine Rolle mehr. Deshalb haben die christlichen Mystiker, besonders die Mystikerinnen unter ihnen, die Einheitserfahrung mit dem Liebesakt verglichen: die bedingungslose und liebende Vereinigung zweier Menschen, die sich dabei nicht »auflösen«, sondern ihre Körper behalten.

Mystiker haben diese Erfahrung recht ähnlich beschrieben. Meister Eckhart hat von einem »Bürglein« in der Seele unseres Herzens gesprochen – als einem Ort, der so erhaben, so heilig ist, dass sich nur das Göttliche darin widerspiegeln und erkannt werden kann. Die Mystikerin Theresa von Avila spricht auch von einem bestimmten Bereich in der »Seelenburg«, in der die Gotteserkenntnis stattfindet. Meister Eckhart beschreibt die mystische Erfahrung, die Gotteserfahrung, folgendermaßen: »Wenn die Erfahrung Gottes eintritt, dann sendet der Vater seinen Sohn in die Seele und Gott spricht im Herzen der Seele das ewige Wort. Dann erkennt sich der Mensch nicht nur vereint, sondern als Einheit.« Eine zeitgenössische Beschreibung liefert der Literaturwissenschaftler und Philosoph Rüdiger Safranski, auch wenn er kein »offizieller« Mystiker ist: »Die große Kommunion ist der Augenblick, wenn das Außen vor der Sonne eines Inneren wegschmilzt oder wenn das ganze Außen sich verwandelt in ein strahlendes Innen.«[*]

> Mystische Erfahrung liegt in der Gegenwärtigkeit, im absoluten Hier und Jetzt und jenseits von Raum und Zeit. Man könnte es auch als Einheitserfahrung beschreiben, die jenseits der menschengemachten Realität, der sogenannten Wirklichkeit, der Welt der eingrenzenden Blickwinkel, stattfindet und in die Wahrheit, in den Urgrund oder in Gott, eintaucht.

---

[*] Safranski: *Wieviel Wahrheit*, 2014, S. 20.

G. MYSTIK ALS INITIALZÜNDUNG EINES NEUEN DENKENS

»Lernen ist Erfahrung. Alles andere ist einfach nur Information.« So hat es Albert Einstein ausgedrückt.

Mystik bedeutet Einheitserfahrung, reines visionäres Sehen ist damit übrigens nicht gemeint. Das ist ein wichtiger Unterschied, denn gerne wird der Begriff »Mystik« damit verbunden. Die Definition von Mystik als Einheitserfahrung geht auf Dionysius Areopagita zurück, der diesen Begriff, wie schon beschrieben, geprägt hat. Durch die Einheitserfahrung, die Transzendenzbezug bedeutet, ist überhaupt erst Selbsterkenntnis – »Ich erkenne mich« – möglich. Durch den Bezug zum Bereich des Objektiven kann man sich selbst relativieren oder eben objektivieren. Man könnte es auch so formulieren, dass jeder Einzelne dadurch seinen Platz in der Welt findet und ihm auch dadurch ein glückliches Leben möglich ist. Der Vorgang des sich Relativierens geschieht nicht in der mystischen Erfahrung selbst, sondern bei deren Reflexion. Das Nachdenken über seine Erfahrung ist dann die Domäne der Vernunft oder der Philosophie; das könnte dann als Erkenntnis bezeichnet werden.

Der platonische Sokrates beschrieb die Seele als das Organ, in dem ein solches Erkennen überhaupt erst möglich ist. So ist das Wort »Seele« zu verstehen – als »das Leben des Geistes«. In der Antike und bei den christlichen Mystikern wurde die Seele als ein Ort bezeichnet, wo dieser Erkenntnisprozess stattfindet. Die Wahrnehmungssphären der Mystik hingegen sind Staunen und Affektivität. Affektivität meint Stimmung oder Gemütsverfassung, in welcher mystische Erfahrungen stattfinden können. Aber auch die Wortbedeutung von Begierde und Leidenschaft wird der Beschreibung von Mystik gerecht. Es ist hier nicht von einer Begierde die Rede, wie wir sie von unserem materiellen Leben her kennen, denn die mystische Erfahrung findet nicht auf einer Ebene statt, die verstandesmäßig erfasst werden kann. Diese Begriffsbedeutungen müssen in diesem Zusammenhang auf einer transzendenten Ebene verstanden werden. Und schließlich ist das Staunen ein ganz zentraler Begriff in der Wissenschaft. Aber zunächst verbinden wir mit dem Zustand des Erstauntseins nicht Wissenschaft und Philosophie. Jeder hat diesen Zustand schon erlebt und weiß, dass er nichts mit Denken oder Verstand zu tun hat. Er hat mit Ergriffenheit zu tun, er hat damit zu tun, dass man sich wie ein Kind fühlt, das von etwas Unbegreiflichem überwältigt ist. Sowohl Platon – »Es ist gar sehr einem Philosophen zu eigen jenes Erleben, das Erstaunen; es gibt nämlich überhaupt keinen anderen Anfang der Philosophie als diesen«* – als auch Aristoteles – »Denn aufgrund des Erstaunens begannen die Menschen sowohl jetzt wie auch zuallererst mit dem Philosophieren«** – setzten das Staunen als Ursprung von Philosophie überhaupt. Für den deutschen Philosophen Martin Heidegger bedeutet Philosophie, das Selbstverständliche in seiner Fragwürdigkeit zu entdecken.

»Nur wenn wir πάθος (páthos) als Stimmung (dis-position) verstehen, können wir auch das θαυμάζειν (thaumázein), das Erstaunen näher kennzeichnen. Im Erstaunen halten wir an uns. Wir treten gleichsam zurück vor dem Seienden – davor, dass es ist und so und nicht anders ist. Auch erschöpft sich das Erstaunen nicht in diesem Zurücktreten vor dem Sein des Seienden, sondern es ist, als dieses Zurücktreten und An sich halten, zugleich hingerissen zu dem und gleichsam gefesselt durch das, wovor es zurücktritt. So ist das Erstaunen die Disposition, in der und für die das Sein des Seienden sich öffnet. Das Erstaunen ist die Stimmung, innerhalb derer den griechischen Philosophen das Entsprechen zum Sein des Seienden gewährt war.«***

---

* Platon: *Theaitetos* 155 d, S. 2 f
** Aristoteles: *Metaphysik* 982 b, S. 10-18.
*** Heidegger: *Was ist das, die Philosophie?*, S. 26.

> Das Staunen beschreibt das Ergriffensein, das Zurücktreten vor etwas rational Ungreifbarem, es geht einher mit Affektivität, und in diesem Moment, wo scheinbar die Zeit stillsteht, findet Erfahrung statt. Das Staunen steht am Anfang jeglicher Erkenntnis.

Werner Heisenberg hatte während eines Erholungsurlaubs auf Helgoland 1925 eine »Erleuchtung«, wie er es selbst beschrieb, und mit dieser Erfahrung, die er dabei machte, nahm seine Arbeit über Quantenmechanik überhaupt erst Gestalt an. »In Helgoland war ein Augenblick, in dem es mir wie eine Erleuchtung kam, als ich sah, daß die Energie zeitlich konstant war.«[*] Dies ist nur ein – in diesem Fall bekanntes – Beispiel dafür, dass mystische Erfahrung nicht nur in religiösen Zusammenhängen stattfinden muss, sondern in allen Bereichen gemacht werden kann. Durch die Erfahrung, die gemacht wurde, erlebt man einen kleinen Quantensprung – vielleicht sogar im wahrsten Sinne des Wortes.

Wenn Heidegger vom Selbstverständlichen spricht, beschreibt er die eigentliche Aufgabe der Philosophie: Sie denkt über das Selbstverständlichste und Alltäglichste nach, nämlich über das Sein an sich und alles, was darunter verstanden wird: die Existenz des Menschen, die Natur, das Übersinnliche, kurz: über Gott und die Welt. Und die Ursache des Denkens ist laut Heidegger die Stimmung des Erstauntseins, der Ursprung der Philosophie ist das Staunen, wie schon die obigen Zitate von Platon und Aristoteles es zeigen. Heidegger führt also das Denken auf die Stimmung des Erstaunens zurück. Dadurch kann sich das Denken wieder erneuern, oder auch neu geboren werden. Die denkursprüngliche Stimmung des Staunens muss wieder freigelegt werden, um ihre Möglichkeiten freizusetzen, um daraus eine *Erneuerung des Denkens* zu gewinnen.

---

[*] https://hg-hh.de/schule/ueber-uns/werner-heisenberg, aufgerufen am 09.11.2022.

H. MYSTIK ALS LÖSUNG

»Probleme kann man niemals mit derselben Denkweise lösen, durch die sie entstanden sind.« So bringt es Albert Einstein auf den Punkt. Staunen, Affektivität und Erfahrung beschreiben das, was ein Einheitserlebnis, ein mystisches Erleben, ausmacht. Sie sind aber auch die Attribute, die Denken und Lernen ausmachen und die Entwicklung erst möglich machen. Und mit Entwicklung ist nicht einfach »nur« Fortschritt gemeint – mit Entwicklung ist Entfaltung gemeint. Das bedeutet in diesem Zusammenhang eine vermeintlich ambivalente oder gegenläufige Bewegung. Fortschritt kennen wir ausgiebig in unseren modernen und postmodernen Zeiten, vor allem, was technologische Entwicklung betrifft. Allerdings hat uns diese Bewegung im wahrsten Sinne des Wortes von uns selbst, von unserer Mitte, weggebracht. Wahre Entwicklung braucht aber dazu eine gegenläufige Bewegung, nämlich die, die uns zu unserer Mitte hinführt. Dieser Rückgriff auf unsere Mitte, auf unser Innerstes, gibt uns Halt und Stabilität in dieser Hinsicht, dass unser Fortschritt sich nicht entkoppelt und die Sphären – um wieder mit Alfred Weber zu sprechen – nicht weiter auseinanderdriften beziehungsweise diese so wieder in Resonanz gebracht werden können. Und das kann die Mystik leisten. Wieso? Weil in der mystischen Erfahrung alle Perspektiven zusammenfallen, weil es »dort« keine Perspektiven, keine Blickwinkel und keine Zeit (gemäß unserer Zeitvorstellung) gibt. Weil, so paradox es klingt, in der Subjektivität der Einheitserfahrung, in der Unio mystica, die Objektivität liegt. Diese Erfahrung wurde immer als Quelle beschrieben, wie es beispielsweise auch das Helgoland-Erlebnis von Werner Heisenberg zeigt. Werner Heisenberg war und ist nicht der einzige Wissenschaftler, dem so etwas widerfahren ist. Dies ist kein aktiver Akt, es »passiert wie von selbst« durch einen Zugang, einen »Link« und kann Ideen, die scheinbar von selbst kommen, in die Realität bringen. Es ist das Eintauchen in das unendliche Feld der Möglichkeiten, aus dem – auch wieder unbewusst – geschöpft wird. Übrigens haben Genies, die sich durch ihr schöpferisches, kreatives und anderes Denken auszeichnen, auch diesen »Zugang«, manche bewusster, manche weniger bewusst. Dieser Vorgang, dieses Erleben kann immer nur bei dem einzelnen Menschen stattfinden. Die Erfahrung, die gemacht wird, geschieht immer nur in einem selbst, auch wenn die Auswirkung dann kollektiv wahrnehmbar sein kann. Es scheint so, dass der Mensch, der sich als eigenständige Person begreift, auch nur als solche über diese Möglichkeit verfügt, so eine Erfahrung zu machen. Diese Genialität des Einzelnen konnte man schon immer beobachten, denn die großen Ideen gingen schon immer nur von einzelnen Personen aus. Der Kommunikationswissenschaftler Norbert Bolz trifft auch hier eine Unterscheidung zwischen Idee und Information. Niemals sei aus noch so vielen Informationen eine Idee ableitbar; eine Idee entstehe grundsätzlich im Feld radikaler Freiheit und Einsamkeit.* Wenn von dem Einzelnen die Rede ist, bedeutet das nicht, dass hier einzelne Genies gemeint sind. Es ist auf jeden Menschen bezogen, allerdings eben einzeln, denn die Ideen erschließen sich nicht in der Masse, denn jeder ist dort wie der andere und keiner wie er selbst, wie Heidegger schon festgestellt hat.

Die Individualisierung des Menschen begann mit der Renaissance und hatte somit die geistesgeschichtliche Grundlage dafür gelegt, dass ab dieser Zeit eine Zeit der – leider fast ausschließlich nur technologischen – Entwicklungen angebrochen ist. Es setzte eine Entwicklung ein, die über die Epochen hinweg zu einem einseitigen mechanistischen und materialistischen Weltbild geführt hat, was durch Egoismen die Zerstörung unserer Lebensgrundlage und unseres Menschseins verursachen kann.

Aber auch in der Renaissance entstand greifbar das Mittel dagegen: der Humanismus mit seiner formulierten Menschenwürde. Jetzt sind wir an einem Punkt angekommen, bei dem wir Menschen unsere Indivi-

---

* Norbert Bolz 2009; Forum Alpbach.

dualität dazu verwenden, uns nicht nur als einzelne Person mit ihren Bedürfnissen wahrzunehmen – und nur das mit Selbstverwirklichung gleichsetzen –, sondern mit der Selbstverwirklichung dasjenige in unsere Wirklichkeit bringen, was unserer Würde, der Würde des Menschen, entspricht. Karl Rahner hatte es so formuliert: »Der Fromme, der Christ der Zukunft wird ein Mystiker sein, einer, der etwas erfahren hat, oder er wird nicht mehr sein.« Diese Aussage gilt nicht nur für Fromme oder für Christen, sie gilt für alle Menschen.

Die Wissenschafts- und Fortschrittsfreude, die die Renaissance prägte, gilt es nicht aufzugeben - ganz im Gegenteil! Aber wir wissen durch Erfahrung um deren Schattenseiten und können gerade deshalb daraus lernen. In dem Maße, indem wir als Menschen in den Weltraum reisen und unsere Perspektiven erweitern, erweitern wir unser Bewusstsein – nach innen und nach außen. Die Richtung des eigenen und auch des kollektiven Bewusstseins ist nicht linear, sondern konzentrisch. So können auch die immer weiter auseinanderdriftenden Sphären, die Alfred Weber beobachtet hatte, wieder in Einklang gebracht werden.

Was macht dann aber eine Revolution des Denkens aus? Heidegger meinte, dass philosophisches Staunen das Denken in Bewegung bringt und damit Initialzündung von neuem Denken ist. Das philosophische Staunen kann mit mystischer Erfahrung gleichgesetzt werden, was dann das Denken, das Reflektieren, anstößt, denn im Augenblick des Staunens gibt es keine Sprache und kein Denken. Im Augenblick des Staunens gibt es absolute Ergriffenheit. Nur in diesem Bereich, in dieser »Nullpunkt-Energie«, kann eine Art »Reset« stattfinden, da man in das Feld der unendlichen Perspektiven und Möglichkeiten eintaucht. Und nur hier kann der Start für ein neues Denken gezündet werden, eine Initialzündung für eine Revolution des Denkens. Nur von hier aus kann es etwas anderes sein als das fortlaufende Ablösen einer Denkrichtung oder Perspektive von der nächsten. Nur von hier aus ist es möglich, eine Zusammenschau, ein Sowohl-als-auch, umzusetzen und dabei authentisch zu sein, weil man sich selbst verortet hat. Nur von hier, vom »Absoluten«, ist es möglich, sich und seine Probleme zu relativieren und seine gesamte

Umwelt in sein Denken und Handeln mit einzubeziehen. Nur von hier aus kann das Denken immer wieder erneuert und initiiert werden. Und nur von hier aus kann kreatives und freies Denken und Handeln entstehen und dadurch die Welt zum Besten von Mensch und Natur gestaltet werden.

Cusanus sah in der Kreativität des Menschen, in seiner individuellen Schaffenskraft, dessen Gottebenbildlichkeit. Wenn wir erreichen, daraus Denken und Handeln abzuleiten, ist vielleicht der Grundstein für den nächsten großen Schritt der Menschheit gelegt: Den einer geistigen Evolution.

EXKURS UND DENKANSTOSS: FREIMAUREREI WAR IMMER*

»Mensch, lerne dich selbst erkennen, das ist der Mittelpunkt
der Weisheit.«

GOTTHOLD EPHRAIM LESSING (1729–1781), FREIMAURER

»Daß wir selber sind, ist unser höchster und edelster
Gedanke.«

KARL PHILIPP MORITZ (1756–1793), FREIMAURER

---

* Dem Inhalt dieses Kapitels liegt insbesondere das Buch von Heussinger et al.: *Freimaurer,* 2020, zugrunde.

A. IST DIE AUFKLÄRUNG EIN KIND DER FREIMAUREREI?

Kehren wir noch einmal gedanklich zurück zu Kapitel 1, bei dem es um den Sprung der Menschheit von der Erde auf den Mond im wörtlichen Sinn gegangen ist, den tollkühne Astronauten in ihren »fliegenden Kisten« vollzogen haben. Es wird dabei ersichtlich, dass sich der Mensch zwangsläufig durch die Technik, die er einsetzt, verändert. Wie tief die Verbindung von Fortschritt, Freiheit und Gemeinwohl in der Gedankenwelt der Freimaurerei miteinander verwoben ist, zeigte sich tatsächlich bei der Mondlandung. Neil Armstrong war der erste Mensch, der den Mond betrat. Buzz Aldrin der zweite. Er ist Freimaurer. Neben unzähligen, beängstigenden oder auch belustigenden Anekdoten der Apollo-Flüge ist ein Geschehen besonders interessant: Die Astronauten hatten ihren Vorgesetzen stets mit einer gewissen Renitenz, Eigenarten und Sturheit so manche graue Haare beschert. So kam es auch zu einem Ereignis, das so nicht bei der Planung des größten Raumfahrtereignisses der Menschheit vorgesehen war. Bei seiner Reise zum Mond hatte seine Großloge* Buzz Aldrin eine seidene Flagge mit freimaurerischer Widmung mit auf den Weg gegeben. Als er von der Leiter der Landefähre trat, trug er außerdem eine schriftliche Sonderabordnung bei sich, die ihn ermächtigte, im Namen der Großloge von Texas die erste freimaurerische Jurisdiktion auf dem Mond zu gründen. Aldrin deponierte daher am 20. Juli 1969 im Auftrag des Großmeisters der Großloge von Texas eine Urkunde für eine erste freimaurerische Jurisdiktion auf dem Mond unter einem Steinhaufen. Die Tranquility Lodge 2000, die nach dem Meer der Ruhe, dem Landeplatz der Fähre, benannt wurde, zeugt bis heute von diesem Ereignis.

Um was geht es bei der Freimaurerei? Freimaurerei hat in jedem Fall etwas mit Persönlichkeitsentwicklung zu tun. Der Prozess der Bildung einer individuellen Identität ist wichtiger denn je: In Zeiten von Social

---

* Anmerkung: Eine Großloge ist in der Freimaurerei ein Dachverband, in dem einzelne Logen (Vereine) zusammengeschlossen sind.

Media und nahezu vollkommener Transparenz bedürfen wir Menschen Integrität, Authentizität und sozialer Kompetenz. Und zwar auf allen gesellschaftlichen Ebenen. Diese Eigenschaften und Kompetenzen können aber nicht einfach so erlernt oder vermittelt werden. Sie müssen erlebt und gelebt werden.

Man kann die Zukunft der Gesellschaft insbesondere auch als klare Herausforderung an unsere Bewusstseins- und Persönlichkeitsentwicklung beschreiben – gerade weil das kleinste Element, das »Pixel« sozusagen, das wir in einer Betrachtung von Gesellschaft und Humankapital darstellen können, das Individuum ist. Dieses kleinste Element also, den einzelnen Menschen, sucht und findet die Freimaurerei. An ihn richtet sie sich. Individualität als Währung des Humankapitals wird in der Freimaurerei geradezu wertschöpfend betrieben. Im gleichen Atemzug bedeutet Humankapital, das Individuum zu stärken. Freiheit ist dabei ein, wenn nicht der zentrale Aspekt der Freimaurerei. Die Freiheit des einzelnen Menschen ist damit gemeint. Das ist – zugegeben – wenig überraschend. Es ist die Voraussetzung dafür, sich zu entfalten und zu verbessern. Unter dem Begriff »freier Mann« verstehen Freimaurer die Souveränität, über das eigene Leben frei bestimmen zu können. Freimaurerei lässt sich durchaus als erfolgreichstes Netzwerk der Weltgeschichte einordnen und ihre Prinzipien, Methoden und Werkzeuge lassen sich für die Persönlichkeitsentwicklung seit Jahrhunderten nutzen. Dass die Freimaurerei ein Kind der Aufklärung sei, ist oft zu hören. Vielleicht ist es aber genau umgekehrt: Ist nicht die Aufklärung vielmehr ein Kind der Freimaurerei? Fest steht: Als einen wesentlichen Entwicklungsschritt und Höhepunkt unserer Kultur beziehungsweise der europäischen Geistesgeschichte und des sich daraus entwickelnden Humanismus erkennen wir immer noch die Zeit der Renaissance und der Aufklärung an.

Unsere neue Epoche mit Künstlicher Intelligenz, Biotechnologie und dem anstehenden Weltraumzeitalter und zwischen Pandemien, Klimawandel und Massenflut an Informationen und Konflikten führt mehr denn je zu einer unmissverständlichen Klarheit: Zu den Menschenrechten gibt es auch Menschenpflichten, und jeder muss sich seiner moralischen und ethischen Verantwortung dabei bewusst werden – damit Individualität und Intuitionsfähigkeit sich bilden und auch künftig weiter entfalten können. Daher entsteht die Idee einer von den persönlichen Interessen erweiterten Schicksalsgemeinschaft verantwortlich Handelnder, mit Tugenden wie Empathie und Respekt, die die Voraussetzung für ein friedliches Miteinander bilden.

Persönlichkeitsentwicklung, Freiheit, Humanität und Fortschritt sind in der Freimaurerei untrennbar miteinander verbunden.

»Freimaurerei war immer« – das sagte schon der Dichter Gotthold Ephraim Lessing. Nirgendwo sonst haben sich über die Gezeiten der Weltgeschichte hinweg unterschiedlichere Geister getroffen und ausgetauscht.

Die Freimaurerei in dem von Lessing gebrauchten allgemeinen Sinn hat die Form, unter der sie in Erscheinung getreten ist, mehrfach im Laufe der Zeit gewechselt, sie hat auch nicht immer den Namen »Freimaurerei« geführt, aber das unnennbare Etwas ist immer tätig gewesen, seit Menschen in Gemeinschaften leben, und hat eine treibende Kraft gebildet zur Entwicklung des Ganzen.

Freimaurer bewahren – ganz allgemein ausgedrückt – ethische Werte. Diese werden erfahrbar und spürbar gemacht. Man erlebt sie im freimaurerischen Ritual gemeinsam mit den Freimaurer-Brüdern oder -Schwestern und kann sie so verinnerlichen. Das ist das Besondere.

Freiheit, Gleichheit, Brüderlichkeit (oder Geschwisterlichkeit), Humanität in einem großherzigen Sinn und Toleranz kann man durchaus als erstrebenswerte Freimaurer-Tugenden bezeichnen. Und ja, es ist auffällig, dass wir ihnen zum Beispiel in Form der Ideale der Amerikanischen oder Französischen Revolution offensichtlich wieder begegnen. Aber um hier gleich einem Missverständnis vorzubeugen: In den Logen gibt es keine Ideologie, vor allem keine, die das eigenständige Denken ersetzen möchte oder könnte. Niemals kann Freimaurerei auch nur in die Nähe einer Diktatur der Gesinnung gerückt werden, somit etwas »im Namen der Freimaurer« geschehen; der einzelne Bruder oder die einzelne Schwester mit dem Willen, aus sich einen besseren Menschen zu formen, das »Gute noch besser zu machen«, ist, was zählt. Nicht die Großloge, nicht die einzelne Loge vor Ort kann etwas bewegen. Es ist der einzelne Freimaurer, der sich engagiert und der willens ist, seine gebildeten mitmenschlichen Fähigkeiten in der Gesellschaft oder in seinem direkten Umfeld gestaltend-schöpferisch einzubringen. Freimaurer brauchen grundsätzlich den freien Menschen. Daran knüpfen Freimaurer an. Und nicht Freimaurer verändern den freien Menschen, sondern er sich selbst – die Freimaurerei reicht nur Werkzeuge zur Selbsterkenntnis und Selbstverbesserung. Die Loge bietet dabei einen geschützten Platz, einen Rückzugsort für den Einzelnen. Der Mensch benötigt einen Ort der Ruhe, des Zurückgezogenseins vom Lärm der Welt, der kontemplativen Einkehr, um eben im Getöse der Welt verändernd wirken zu können. Und: In Zeiten von Absolutismus, Folter und Zensur war die Loge Keimzelle für freies Denken und geschützte Vernetzung unter den Brüdern, und ist es natürlich mit anderen Vorzeichen auch noch heute, bedenkt man die vielfachen Formen einer bedrohlichen Gesinnungsdiktatur und gesellschaftlicher Intoleranz.

Kein Wunder, dass die freimaurerische Symbolik begeistert von der wachsenden Demokratiebewegung und dem gesellschaftlichen Emanzipationsprozess aufgenommen worden ist. Dichter und Philosophen wie Johann Gottfried Herder und Gotthold Ephraim Lessing waren überaus engagierte und sehr aktive Freimaurer, denen es gelungen ist, die Symbolik auf die Gesellschaft zu übertragen. Man baute dann im übertragenen Sinne am »Tempel der Humanität«, am »großen Bau der Menschenliebe«.

Dass viele der großen Geister aus Politik, Wissenschaft und den vielfältigen Künsten, ja aus allen Bereichen der Gesellschaft sich in die Reihe der Freimaurer einordnen, wie Goethe, Mozart oder George Washington, ist allgemein bekannt. Zwei Beispiele für aktive und öffentlich bereits zu Lebzeiten bekennende Freimaurer aus Deutschland und Frankreich:

Gustav Stresemann, Reichskanzler und Außenminister der Weimarer Republik, erhielt gemeinsam mit seinem Freimaurerbruder Aristide Briand, französischer Ministerpräsident und Außenminister, 1926 den Friedensnobelpreis. Aristide Briand kritisierte die harten Bedingungen des Versailler Vertrages gegenüber Deutschland, während sich Gustav Stresemann für einen friedlichen Ausgleich mit Frankreich und für Deutschlands Aufnahme in den Völkerbund einsetzte.

Wer nicht weiß, woher er kommt, kann nicht wissen, wohin er geht. Wir finden den Ursprung unseres Weges in Europa, in unserer abendländischen Kultur. In wesentlichen Teilen ist sie eine Synthese griechisch-römischer und jüdisch-christlicher Kultur. Historisch ist sie eine Hauptquelle der Konzepte von Freiheit, Menschenwürde und -rechten und Demokratie geworden. Respekt vor der Würde und den aus ihr resultierenden Rechten eines jedes Menschen und Solidarität im Geist von gegenseitigem Vertrauen und Nächstenliebe bilden den Kern. Das sind fundamentale und auch universale Werte. Ohne diese Werte heute und in Zukunft zu leben, wird es nicht möglich sein, eine gelingende Existenz der Menschheit zu gewährleisten. Der Humanismus ist jedoch keine Selbstverständlichkeit. Er muss gelebt werden. Ansonsten läuft das einzigartige Bild des nach dem Abbild seines göttlichen Schöpfers geschaffenen Menschen Gefahr, zur Fratze verzerrt zu werden. In dieser Vorstellung der Gottebenbildlichkeit liegt die theologische Begründung der Menschenwürde und daraus lassen sich die eben aus ihr abgeleiteten Menschenrechte folgern. Nicht umsonst steht die Würde des Menschen an erster Stelle im deutschen Grundgesetz. Es ist und bleibt immer die gleiche Herausforderung: Wie wird Humanismus gelebt?

Freimaurer sehen und erfahren in der Loge, wie Brüderlichkeit gelebt und ethische Entwicklung gepflegt wird, wie man dort als Mensch mit Geist, Herz und Seele, als ganze Person, angesprochen und gefordert wird. Im Mittelpunkt steht das freimaurerische Ritual, das stetig neue Erfahrungshorizonte eröffnet.

Ein Ziel dabei ist es, die humanistischen und damit auch christlichen Ideale unseres Kulturellen Gedächtnisses, wie sie schon bei den griechischen Philosophen und in der Bibel überliefert sind, in die Gesellschaft zu tragen und durch das Vorleben dieser Ideale die Welt – zumindest ein klein wenig – besser zu machen. Freimaurer sind sich ihrer humanistisch-abendländischen Wurzeln genauso bewusst wie der jahrtausendealten Einflüsse antiker Mysterienbünde. Auf den Punkt gebracht trifft hier durchaus der Satz zu: »Behandle andere so, wie du von ihnen behandelt werden willst.«

> Um an dieser Stelle kein Missverständnis aufkommen zu lassen: Freimaurerei ist weder Religion noch Kirche und lehrt keine religiöse Heilsdoktrin.

Jeder Bruder und jede Schwester als einzelner Freimaurer hat seine Religion, seinen ganz persönlichen Glauben. Seine nur ihm innewohnende religiöse Überzeugung bleibt ausschließlich eben ihm überlassen und wird niemals und von niemandem auch nur im Geringsten beeinträchtigt. Ein Begriff ist bereits mehrfach gefallen: Ritual. Was ist darunter zu verstehen? Ritual ist im allgemeinen Sinn eine Methode, etwas zu kommunizieren, zu vermitteln. Qualität und Inhalt dieser Methode, ob sie »gut« oder »schlecht« ist, hängt davon ab, was mit ihr gemacht wird, von Form und Inhalt des intendierten Auszusagenden. Rituale können kulturell, religiös oder gesellschaftlich geartet sein oder auf Alltäglichkeiten beruhen. In der Kirche ist es beispielsweise das Ritual der Liturgie und der Sakramente. In der Freimaurerei wird das Ritual verwendet, um ein bestimmtes Menschenbild zu entwickeln, für das Hier und Jetzt humanistische Werte zu kommunizieren und die auf jene gründende liebende Brüderlichkeit zu vermitteln. Das Wesentliche der Freimaurerei ist die Liebe zum Menschen an sich, unabhängig von Nation, Stand oder Religion. Freimaurer üben brüderliche Liebe, die sie als Grundstein, als Schlussstein und als verbindendes Element ihrer Bruderschaft betrachten.

Bezeichnend für die Freimaurerei ist, dass ausgerechnet der schottische Prediger der schottisch-presbyterianischen Kirche in London, James

Anderson, und der Naturforscher John Desaguliers als ihre geistigen Gründungsväter gelten, zumindest was den Umstand und die Wirkung der Zusammenfassung von vier bereits in England bestehenden Logen zu einer Großloge anbelangt. Die sogenannten Alten Pflichten sind mehr oder weniger verbindliche Regeln für alle Logen, sie erschienen 1723 in Buchform und sind heute noch ausschlaggebend für Freimaurer. Anderson ist der offizielle Autor, Desaguliers soll dabei »dessen Schreibfeder geführt haben«. Ein Mann der Kirche und ein Naturforscher stehen sinnbildlich für die Versöhnung von Religion und Naturwissenschaft, der man in der Freimaurerei durchaus so begegnen kann.

Der Vollständigkeit halber sei erwähnt, dass John Desaguliers diesen vermeintlichen Widerspruch auch selbst in seiner eigenen Vita verkörpert. Er war zum einen ein hervorragender Forscher und erhielt für seine Entdeckungen der Eigenschaften von Elektrizität die höchste Auszeichnung der Royal Society, also der nationalen britischen Akademie der Wissenschaften für die Naturwissenschaften. Übrigens war Desaguliers mit Sir Isaac Newton befreundet und unterstützte ihn in seinen Experimenten. Zum anderen war er auch ein Geistlicher in der Church of England.

Ein Dritter im Bunde fehlt noch: John Herzog von Montagu, seinerzeit einer der reichsten Männer Englands, Mitglied der Royal Society und Freimaurer seit 1720. Er war der erste adlige englische Großmeister und darf wegen seiner aktiven Rolle gleich zu Beginn nicht unerwähnt bleiben.

Ein Geistlicher, ein reputierter Naturforscher und ein reicher Adliger, der als Lord Justice des Königreiches und bei Hof eine große Rolle spielte, stehen also am Start des bis zum heutigen Tage erhaltenen Großlogen-Systems in der Freimaurerei. Über alle Stände und über alle vermeintlichen Grenzen zwischen Religion und Naturwissenschaft hinweg besteht gleich am Anfang der modernen Freimaurerei das Bild dieser drei Persönlichkeiten, wie für einen programmatischen Zukunftsentwurf gemacht.

Natürlich sind Freimaurer-Logen in Deutschland Vereine mit Satzung und gewählten Vorständen. Demokratische Wahlen sind eine Selbstverständlichkeit und die dazugehörige Transparenz mit Protokollen, Vereinsregisterauszügen und Tätigkeitsberichten ist Standard. Weltweit soll es etwa sechs Millionen Freimaurer geben, lediglich 15 000 Freimaurer findet man davon in Deutschland. Vor allem die Herrschaft der National-sozialisten und der Zweite Weltkrieg haben den deutschen Freimaurern einen fast vernichtenden Schlag versetzt, von dem sie sich bis heute nicht wirklich erholt haben, wenn man bedenkt, dass es vor 1933 einmal über 80 000 Freimaurer auf deutschem Boden gab.

Übrigens: Die sogenannten Service-Clubs wie Rotary, Lions oder Kiwanis haben an sich mit der Freimaurerei nichts zu tun. Ihr Motto ist eher dem »tue Gutes und rede möglichst viel darüber« geschuldet. Freimaurer sprechen lieber von der »stillen Hilfe« – man macht daraus »kein großes Ding«, sondern tut es einfach, eben im Stillen. Aber es gibt natürlich Verbindungen zu Rotary, Lions & Co.: So war der Freimaurer Gustav Loehr Mitbegründer von Rotary 1905 und der Freimaurer Melvin Jones gründete Lions 1917. Dass sich manche Ideen der Freimaurer bei den Service-Clubs wiederfinden, ist dann reiner Zufall – oder eben auch nicht. Es ist letztlich für einen Freimaurer unbedeutend.

Wie wird man eigentlich Freimaurer? Ganz einfach: »Möchten Sie einer werden, fragen Sie einen!« Im Englischen heißt das dann: »To be one, ask one!« Kontakt zu einer Freimaurer-Loge vor Ort aufnehmen, einen Gästeabend besuchen und schon ist man im Gespräch mit Freimaurern. So einfach geht das.

B. REVOLUTION, FREIHEIT UND FREIMAURER

Für die Freiheit sterben: Diesem Ruf folgten die meisten Revolutionäre. Die Idee eines demokratischen und selbstbestimmten Volkes war in Europa zu Beginn der Französischen Revolution – der »Mutter aller Revolutionen« – zwar nicht neu, doch wurde sie vor allem durch die Revolution in Amerika Ende des 18. Jahrhunderts in die Alte Welt getragen.

Einer der größten Verfechter dieser Bewegung war Marie-Joseph Mortier, auch bekannt als der Marquis de Lafayette. Er war überzeugt von den Werten der Aufklärung, Demokratie, Freiheit und Gleichheit. Als General machte er zeitlebens auf beiden Kontinenten von sich reden.

Lafayette, er stammte aus adeligem Geschlecht und verfügte über ein nicht unbeträchtliches Vermögen, verkehrte im vorrevolutionären Paris in einflussreichen und vor allen Dingen freigeistigen Kreisen. Als Offizier von Stand hatte er zudem eine gute Ausbildung genossen und war politisch und gesellschaftlich recht umtriebig. So wurde er Mitglied der Freimaurerloge »Les Neuf Sœurs« – der auch einer der berühmtesten Philosophen der Aufklärung nahestand: Voltaire. Beinahe zeitgleich residierte auch Benjamin Franklin, einer der Gründerväter der Vereinigten Staaten, in Paris. Er war neben seiner Leidenschaft für das angenehme Leben vor allem für seine guten Vernetzungen bekannt. Franklin war 1776 vom amerikanischen Kongress dorthin entsandt worden. Seine Tätigkeiten waren vor allem davon bestimmt, Frankreich als Verbündeten zu gewinnen und die revolutionäre Armee seiner Heimat mit Waffen und Material zu versorgen. Franklin war selbst bereits seit 30 Jahren Freimaurer.

Damals wie heute: Ein Freimaurer in einer fremden Stadt ist geneigt, Gesellschaft vor allem in den ortsansässigen Logen zu suchen. Es ist also denkbar, dass Voltaire, Franklin und Lafayette bei einer – vielleicht etwas weinseligen – Zusammenkunft im Logenhaus der »Neuf Sœurs« über die Amerikanische Revolution gesprochen haben. Ein Politiker, ein Philosoph und ein vermögender adeliger Offizier, vereint in ihrer Weltanschauung von Aufklärung und Freiheit. Diese Möglichkeit bleibt besonders von deutschsprachigen Historikern weitestgehend unbeachtet. Doch erscheint es einem Freimaurer mehr als nur wahrscheinlich, dass es sich so ereignet hat.

Das Ergebnis der Umtriebigkeit von Lafayette jedoch ist unstrittig: Er kaufte sich ein Schiff und segelte mit französischen Freiwilligen 1777 in die Neue Welt, sehr zum Unwillen seiner Frau und seines Schwiegervaters sowie seiner Bankiers. Seine freimaurerischen Verbindungen und seine Begabung für Sprachen öffneten ihm Tür und Tor. Er traf in Philadelphia auf George Washington, wurde als Generalmajor Mitglied im Stab des amerikanischen Oberkommandierenden und bekam somit Zugang zu den höchsten Kreisen der Amerikanischen Revolution. Washington sorgte dafür, dass der Marquis Mitglied der gleichen militärischen Freimaurerloge wurde wie er selbst. Lafayette war zu diesem Zeitpunkt gerade einmal 20 Jahre alt.

Dreh- und Angelpunkt dieser Clique von überzeugten Aufklärern, Glücksrittern und Romantikern war Benjamin Franklin. Frankreich war von den Unabhängigkeitsbestrebungen der Amerikaner bereits elektrisiert. Franklin gelang es, dem Ganzen Flair zu verleihen, und organisierte hintergründig zahlreiche Gespräche und Treffen, unterstützte aber auch die nur oberflächlich geheim gehaltenen Rüstungsunterstützungen Frankreichs nach Amerika. Bereits knapp 70 Jahre alt, von einer nicht zu verachtenden Hybris heimgesucht, dennoch charmant und listig, war es ihm geglückt, verschiedenste Akteure für seine Sache zu gewinnen. So gelang ihm auch die Rekrutierung einer weiteren beachtenswerten Person.

Friedrich Wilhelm von Steuben war ein ehemaliger preußischer Offizier, der kurzzeitig sogar von Friedrich dem Großen – ebenfalls Freimaurer – als sein Adjutant persönlich in militärischen Belangen unterrichtet worden war. Steuben hatte als Verbindungsoffizier in Russland gedient und Friedrich durch direkte Berichte treue Dienste erwiesen. Jedoch kam es zu Meinungsverschiedenheiten zwischen Steuben und dem Generaladjutanten des Königs, sodass der junge Steuben aus Friedrichs Armee entlassen wurde. Für den König war Steuben somit Geschichte. Steuben hatte seit jeher das Talent gehabt, Menschen von sich einzunehmen oder sie gegen sich aufzubringen.

Nach dem Siebenjährigen Krieg von Entlassungswellen in der Armee getroffen, musste auch er sich nach seiner Zeit beim Militär seinen Lebensunterhalt standesgemäß verdienen und arbeitete nach mehreren Stationen als Hofmarschall für den Fürsten von Hohenzollern-Hechingen auf der beschaulichen Schwäbischen Alb. Steuben galt als schwieriger Charakter – er beanspruchte mehr schlecht als recht den Titel eines Freiherrn –, der mehr aus sich machen wollte. Als Hofmarschall in Hechingen konnte er seinen Lebensunterhalt verdienen und seinen Anspruch auf den Titel eines Barons formulieren. Glücklich war er damit jedoch nicht. So manchen Abend verbrachte er bis spät in die Nacht in dicken Pfeifenrauch gehüllt damit, sich mit militärischer Lektüre weiterzubilden. Er wartete geduldig auf seine Zeit und diente weiterhin als Verwalter.

Es kam, wie es kommen musste: Steuben sah sich aufgrund seiner nicht gerade anpassungsfähigen Art allerlei Intrigen und Gehässigkeiten ausgesetzt. Vermutlich aber vor allem wegen des Vorwurfs der Homosexualität musste er sich nach einigen Jahren treuer Dienste für seinen Fürsten wieder nach neuen beruflichen Möglichkeiten umsehen. Der sparsame Hohenzollernfürst verbrachte 1777 einige Zeit in Paris, um in seiner Heimat keine Hofkosten zu haben. In seinem Geleit war auch Steuben.

Dort traf dieser über den üblichen Klüngel auf den emsigen Netzwerker Franklin, der bereits über seinen Kontaktmann aus Karlsruhe auf Steuben wartete. Steuben sagte seine Teilnahme an der Amerikanischen Revolution zu und forderte, mittellos, jedoch unbescheiden und ambitiös, wie er war, gleich den Rang eines höheren Offiziers. Der Rest ist Geschichte: Steuben leistete in Amerika ganze Arbeit. Als Profi machte er aus einfachen Bauern und Handwerksleuten eine professionelle Armee. Er trug somit maßgeblich zum Gelingen der Unabhängigkeit und der Gründung der Vereinigten Staaten bei. Steuben hatte am Ende bekommen, was er immer wollte: Er starb in der Neuen Welt als wohlhabender, berühmter und anerkannter Mann. Heute gibt es in New York jährlich eine Parade zu seinen Ehren. Bereits während des Unabhängigkeitskrieges trat er in seiner neuen Heimatstadt einer Freimaurerloge bei und war zeitlebens ein sehr aktives Mitglied der Bruderschaft.

Zufall oder nicht, die Verbindungen aller Beteiligten sind auch bei Steuben mehrere Blicke wert: Voltaire und der König von Preußen waren alte Bekannte. Voltaire war ein gern gesehener Gast der Salons, die Friedrich veranstaltet hatte. Die von Höhen und Tiefen, Eifersucht und Bewunderung, aber auch von skurrilsten Ereignissen geprägte Männerfreundschaft zwischen dem Philosophen und dem König ist nicht nur unterhaltsam. Es ist ein verblüffender Zufall, dass Steuben, als ehemaliger Adjutant Friedrichs und als sein ehemaliger persönlicher Schüler, ausgerechnet in den Dunstkreis von Franklin trat, zu dem auch Voltaire als herausragende Persönlichkeit zu zählen ist, aber auch Lafayette als ein späterer Kollege Steubens im Stab Washingtons.

Unterschätzt werden darf Steuben trotz seiner Opportunität keinesfalls. Die wochenlange Überfahrt von Frankreich nach Amerika nutzte Steuben zur Lektüre. Als begeisterter Leser von Thomas Paine und Jean-Jacques Rousseau hatte er sich rasch der Freiheit verschrieben. Mit Unterstützung von Franklin hatte Paine sein Werk *Der gesunde Menschenverstand* verfasst – man fragt sich dabei, wie es seinen Weg in Steubens Reisekoffer gefunden haben mag –, in dem er die britische Herrschaft über die amerikanischen Kolonien anprangerte. Die Denkschrift Paines hatte durchschlagenden Erfolg und verkaufte sich, für damalige Zeiten, ungeheuerlich stark – mehrere Hunderttausend Male – und prägte die Sicht der Dinge über Jahrzehnte. Steuben hatte sich, mit einem guten Gespür für Theatralik und höfisches Benehmen, gegenüber dem amerikanischen Kongress zunächst als Freiwilliger verpflichtet. Seine Hoffnung, durch seine Fähigkeiten zu beeindrucken und als General einen festen Sold zu beziehen, wurde nicht enttäuscht. Schon in seinen ersten Tagen bei der Revolutionsarmee Amerikas wurde ihm klar, wen er vor sich hatte: Männer, die in zerlumpten Kleidern, krank, frierend und mit kaum nennenswerter Bewaffnung der mächtigen britischen Armee gegenüberstanden. Diejenigen, die nicht weggelaufen waren, wurden vor allem von einem angetrieben – dem Wunsch nach Freiheit. Steuben war von dieser Entschlossenheit so tief beeindruckt, dass er sagte, nie habe er bessere Soldaten gesehen. Er unterließ adeliges oder höfisches Gehabe, marschierte mit seinen Männern durch den Matsch und behandelte sie, so gut es Rang und Stand erlaubten, als seinesgleichen: freie Männer in einem nach Freiheit strebenden Land.

Eine Verschwörung war all dies jedoch nicht. Alle Beteiligten des Netzwerkes um Franklin hatten den damals sprühenden Geist der Aufklärung gemein. Ihr Wille und ihr Wunsch nach einer freiheitlichen Gesellschaft, die sie den Zwängen der Monarchie enthob, war nicht etwa durch geheime Riten oder Absprachen entstanden, sondern durch freigeistige Foren, in denen sie sich bewegten. Dies zeigte sich auch im Denken und Handeln Steubens.

Es geht um das abendländische Freiheitsbewusstsein, das in die Neue Welt exportiert wurde und dort auf fruchtbaren Boden fiel. Diese Weltanschauung ist die Grundvoraussetzung für die Freimaurerei. Es ist eine Sicht auf die Freiheit, die sich in Europa über Jahrtausende entwickelt hatte. Die Antike lege nach dem Philosophen Karl Jaspers die Grundlagen des Freiheitsbewusstseins in Europa. Es geht um die äußere und die innere Freiheit, die Freiheit im Denken. China und Indien kennen diese Freiheit im politischen Sinne Jaspers zufolge in dieser Art nicht. Doch gerade diese Politisierung des Abendlandes war ausschlaggebend für den durchschlagenden Erfolg der Aufklärung: Der gesellschaftliche Austausch über standesmäßige Schranken hinweg war eine der Grundbedingungen für die Verbreitung freiheitlichen Gedankenguts. Die Menschenrechte, deren essenzielle Grundvoraussetzung die Anerkennung der Freiheit ist, wurden durch die Freimaurerlogen getragen und verbreitet, da das humanitäre Wirken des Individuums eine der tragenden Säulen freimaurerischen Denkens ist. Die Freimaurerei wirkt weniger als eine Organisation denn als eine Bewegung, ein Netzwerk Gleichgesinnter. Der Einfluss und die Durchschlagskraft humanitären und freiheitlichen Denkens manifestieren sich bis heute nicht durch etwa die Großlogen oder die einzelnen Vereinigungen, sondern durch das Handeln der einzelnen Mitglieder. Es ist ein dynamischer Prozess gegenseitiger Entwicklung: Freiheitliches Denken wird durch das Individuum in diese Bewegung eingebracht und miteinander verwoben, um schließlich wiederum durch das Individuum nach außen getragen zu werden.

Hier zeigt sich die Stärke der freimaurerischen Bewegung, der Freimaurerei. Das Individuum ist als Teil des Ganzen Dreh- und Angelpunkt des Geschehens. Dies zeigt sich auch im Ritual: Die Initiation fordert vom Einzelnen die Anerkennung von merkwürdig und anachronistisch scheinenden Regeln, die Verpflichtung, für die Gruppe und ihre Werte einzustehen – und doch bleibt der Einzelne selbst im Ritual stets der Mittelpunkt allen Handelns. So verhält es sich auch im Leben außerhalb der Logen: Keine Loge kann, soll und will das Leben eines Mitglieds bestimmen oder vorschreiben, kontrollieren oder sanktionieren. Vielmehr geht es um den wechselseitigen Gewinn des Engagements des Einzelnen in der Gruppe. Ziel ist es nicht, das Leben der Logenmitglieder zu bestimmen, sondern ihnen bei der Entwicklung ihrer Geisteshaltung zu helfen. Dies kann nur in Anerkennung der Freiheit und Selbstbestimmtheit des Einzelnen funktionieren, damit ein Input von innen nach außen und von außen nach innen getragen werden kann. Salopp gesagt: Freimaurer sind gleichgesinnte Individualisten, die sich gerne in der Gruppe treffen – das ist kein Paradoxon, sondern die Folge der Veranlagung des Menschen als soziales Wesen.[*]

Die Werte der Aufklärung waren – und sind – der gemeinsame Nenner, unter dessen Vorzeichen sich die Beteiligten auf intellektueller Ebene der Amerikanischen Revolution trafen, in der Alten und in der Neuen Welt. Liberale Ideen, Menschen- und Bürgerrechte stehen in der Freimaurerei nicht etwa im Widerspruch zum Christentum und dem damit verbundenen Welt- und Menschenbild, sondern sind miteinander verbunden. Die Freimaurerei war das Forum, das den Austausch über solche Gedanken über nationale Grenzen erst ermöglichte. Sie ist ein originär europäisches Phänomen. Es lässt sich als ein dynamisches Geschehen beschreiben: In Logen und freimaurerischen Verbindungen treffen sich Menschen, die gemeinsame Wertesysteme und Ansichten über Freiheit teilen. Dort diskutieren sie darüber und entwickeln ihre Ideen weiter. Letztendlich haben sich somit auch die Logen selbst weiterentwickelt und internationalisiert. Voltaire und Lafayette, sie hätten Steuben oder Franklin vermutlich nie getroffen, wären sie nicht im Logenhaus der »Neuf Sœurs« ein- und ausgegangen.

---

[*]   Reinhalter: *Freimaurerei, Politik und Gesellschaft*, 2018, S. 118 f.

Doch ist heute nicht alles anders? Haben wir uns nicht Freiheit, Demokratie, Selbstverwirklichung und Gleichberechtigung längst erkämpft? Wozu braucht eine Gesellschaft ein Forum der Verschwiegenheit, des geschützten Austauschs untereinander, wenn Menschen- und Freiheitsrechte allgemein gültig sind?

Die Logen sind stets nicht mehr als ein Spiegel der Gesellschaft. Letztere hat sich weiterentwickelt, und somit auch die Logen. Unsere gesellschaftlichen Interessen, Bedürfnisse und Nöte haben sich verändert. Die Ansprüche an die Freiheit sind andere als früher, in den Logen ist man sich darüber bewusst. Sie werden von den Mitgliedern der Logen unweigerlich in diese hineingetragen.

Viele Fragen hinsichtlich der Freiheit haben wir aus dem 20. Jahrhundert in das neue Jahrtausend mit uns genommen. Es sind Fragen der Gleichberechtigung, der Migration, der Integration und der Teilhabe, die wir seit Beginn der Moderne für jede Generation neu klären müssen und auf die wir immer wieder neue alte Antworten finden. Doch mit dem 21. Jahrhundert hat der Fortschritt noch einmal Fahrt aufgenommen. Zu den alten Fragen kommen neue hinzu.

> Die neue Weltordnung des 21. Jahrhunderts hat sich frühzeitig als volatil erwiesen. Bereits vor etlichen Jahren hat der deutsche Philosoph Ralf Dahrendorf dieses neue System als »Welt ohne Halt« beschrieben.

Wir haben gesellschaftliche Errungenschaften im Sinne der Gleichberechtigung, Mitbestimmung und internationalen Kooperation geschaffen. Es gibt ferner keinen gesellschaftlichen Bereich mehr, der nicht mit den anderen Bereichen digital vernetzt ist. Ernteausfälle in Südamerika verteuern den Kaffee und den Tee in unseren Lokalen. Überschwemmungen in China wirken sich auf die Börsenkurse deutscher Unternehmen aus. Digitale Währungen torpedieren nationale Devisen. Es gibt etliche Beispiele. Multiple globale Verknüpfungen bergen jedoch die Gefahr, dass wir uns in verschiedensten Vernetzungen geradezu verfangen und Stück für Stück Freiheiten aufgeben, die in den Generationen davor mühevoll erarbeitet und erkämpft wurden. Wir reden also von nicht weniger als einer neuen Epoche der Menschheitsgeschichte, der sich die Freimaurer wie die Gesellschaft auf der Suche nach geistiger und direkter Freiheit stellen müssen. Der Austausch untereinander unter der Maxime der individuellen und unveräußerlichen Freiheit, Toleranz und Gleichberechtigung unter den Mitgliedern eröffnet nicht nur neue Horizonte. Es ist auch der geschützte Raum, der den Einzelnen gegenüber mehreren in der Loge als ebenbürtig aufbaut, der das Mitglied in seiner Entwicklung stärkt und fördert.

> Die Zusammenkunft der Logen unterscheidet dabei nicht zwischen Herkunft, Vermögen, Stand oder Bildung. Die Brüder und Schwestern werden nach ihren Taten und Worten beurteilt.

Die Ideen der Aufklärung waren in der Gesellschaft des 18. Jahrhunderts besonders im Bürgertum und im Adel präsent, doch war die Gesellschaft gleichermaßen in ihren Strukturen und Herrschaftssystemen, die sich in Europa über Jahrtausende aufgebaut hatten, verhaftet. Es war also kein Zufall, dass Lafayette nach Amerika segelte. Die amerikanische Unabhängigkeitsbewegung hatte vor allem politische und wirtschaftliche Gründe. Die Menschenrechtserklärung der Virginia Bill of Rights von 1776 war dabei von enormer Bedeutung. Die Revolutionäre hatten keine andere Wahl: Die Loslösung von der britischen Herrschaft forderte ein neues Gesellschaftssystem. Diese Loslösung gelang nur mit dem Instrument der Aufklärung. Das Recht auf Freiheit, Leben und Glück für jedermann war eine radikale Idee, die aus Europa in die Neue Welt getragen worden war. Ihre erstmalige politische Umsetzung jedoch konnte nur auf dem amerikanischen Kontinent gelingen, nirgendwo sonst. Es gab schlichtweg keine Alternative, auf die ein neues Gesellschaftssystem in Amerika kulturell oder historisch aufgebaut werden konnte, als die Demokratie. Wenden wir uns aber nicht von der Wahrheit ab: Dass alle Menschen gleich geschaffen sind mit unveräußerlichen individuellen Rechten, das galt damals nicht für alle. Die Folgen von Sklaverei und Rassismus trägt die Welt bis heute mit sich als eine schwere Hypothek.

Doch die Gelegenheit, die sich für die Freiheit bot, war in der Menschheitsgeschichte einmalig: die komplette Loslösung von einem monarchischen System, die Begründung einer eigenen Bürgerlichkeit und die Deklaration eines eigenen Freiheits- und Wertekanons, der den Menschen als Individuum in den Mittelpunkt des staatlichen Handelns stellt. Kurzum: Die Amerikaner des 18. Jahrhunderts haben Freiheit und Demokratie, so wie wir sie heute weltweit kennen und leben, in erster Linie für sich selbst erfunden. Dennoch war dies ein Schlüsselmoment der Menschheitsgeschichte, das die Französische Revolution maßgeblich bestimmen sollte. Die historische Herkunft der Erklärung der Menschen- und Bürgerrechte der Französischen Revolution ist im revolutionären Amerika in der Bill of Rights zu finden.

Nach dem Krieg in Amerika kehrte Lafayette nach Europa in das vorrevolutionäre Frankreich zurück. Als Kriegsheld und Freiheitskämpfer gefeiert, besaß der noch immer nicht einmal dreißigjährige Lafayette großen Einfluss. Er hatte in seinem Gepäck nicht nur Orden und Andenken, sondern auch sein Wissen um den Freiheitskampf in Amerika und den daraus entstandenen Staat, dessen Repräsentanten vom Volk frei gewählt wurden.

Jeder in Frankreich wollte ihn treffen: der Adel, die Nationalversammlung, die Presse und die Spekulanten, die an seinem Ruhm verdienen wollten. Reich an Kriegsjahren, doch jung an politischer Erfahrung, versuchte er die Revolution in Frankreich zu beeinflussen. Überzeugt von den Idealen der Freiheit, die er im Dienste Washingtons kennenlernen durfte, wurde er zu einer der bedeutendsten Personen der Französischen Revolution. Die Menschenrechte sollten nach dem Willen Lafayettes in der Verfassung formuliert werden, nach amerikanischem Vorbild. Lafayette träumte davon, dass auch seine Heimat eines Tages frei sein würde, ein selbstbestimmtes souveränes Volk. Doch auch er sollte die Wirren der Revolutionskriege, der napoleonischen Kriege und des Wiederaufbaus erleben. Der Traum einer friedlichen Revolution erfüllte sich für Lafayette nicht. Sein Traum der Demokratie lebt jedoch im Kulturellen Gedächtnis des Westens bis heute weiter.

Die Revolutionen der Zukunft sind hoffentlich nicht mehr gewaltsamer Natur. Wir finden uns momentan mit der digitalen Revolution konfrontiert, über deren Beginn, Verlauf und Ende wir uns noch nicht einmal einig sind. Sie wird Wegbereiterin dafür sein, was das 21. Jahrhundert für uns bereithält. Lafayette und Steuben wussten es: Niemand kann sagen, wie eine Revolution ausgeht. Und auf eine Revolution folgt gelegentlich gerne auch einmal eine nächste. Das gilt auch für uns heute. Wir werden die Freiheit dabei im Blick behalten, sie beschützen und weiterentwickeln müssen. Eines von vielen Foren dafür wird auch in Zukunft die Freimaurerei bieten. Als erfolgreichstes soziales Netzwerk der Welt ist es für die Freimaurerei Aufgabe und Hoffnung zugleich, Freiheit, Toleranz, Humanität und Menschlichkeit als Grundpfeiler des individuellen Handelns aufzustellen.

C. DIE FREIMAUREREI ALS EINE INSTITUTION DES BRÜCKENBAUS ZWISCHEN KULTUREN UND ZWISCHEN MENSCHEN BRAUCHT DIE FREIE INDIVIDUELLE PERSÖNLICHKEIT

Freimaurerei ist vor allem auch eine Plattform, damit unterschiedliche Menschen miteinander in Kontakt und in Kommunikation treten können. Dies ist wichtig, um Brücken zu bauen und um scheinbar unüberwindbare Differenzen doch zu bewältigen.

Freimaurer sind nicht selten gute Moderatoren und Mediatoren. Sie sollten darin geübt sein, Konflikte beizulegen und einen nachhaltigen Lösungsprozess herbeizuführen. In den Logen werden schließlich Menschen zu Brüdern, die sich im profanen Leben wahrscheinlich nicht mal getroffen, geschweige denn kennengelernt hätten. Menschen werden in dieser Art wirklich zusammengeführt. Manche sprechen von einem »Stück Kitt«, der Menschen verbindet. Nicht umsonst stellte der ehemalige Bundespräsident Horst Köhler am 15. Dezember 2008 bei einem Treffen mit führenden Freimaurern auf Schloss Bellevue fest: »Die Freimaurerei hat einen festen Platz in unserer freiheitlichen Gesellschaft.« Dass Freimaurerei oft als eine Institution des Brückenbaus zwischen Kulturen und zwischen Menschen gesehen wird, ist sicherlich zutreffend, vor allem unter den folgenden Prämissen: Alle Menschen sind gleichwertig. Alle Menschen sind Brüder und Schwestern. Alle Menschen müssen frei sein.

Dass Freimaurer nicht nur unter den Nationalsozialisten verhasst waren, sondern auch im Kommunismus als »wahre Feinde« gesehen wurden und werden, ist allgemein bekannt. Im sozialistischen China, das bis heute von der alleinherrschenden kommunistischen Einheitspartei Chinas autoritär bis totalitär regiert wird, gibt es natürlich keine Freimaurer. Zur Erinnerung: 2013 wurde Xi Jinping zum Staatspräsidenten ernannt, am Vormittag des 11. März 2018 hob der Volkskongress die Begrenzung der Amtszeit auf und er wurde nun zum »Präsidenten auf Lebenszeit« gemacht. Der »Überragende Führer« hat sämtliche hohen Ämter Chinas in sich vereint und Macht über die personell größte Armee der Welt. Dem Gesetz nach kann er China nun so lange regieren, wie er will. Neben den Theorien von Karl Marx und Mao Zedong werden nun auch seine »Leitgedanken« in die chinesische Verfassung aufgenommen. Xi Jinping hat sich also im 21. Jahrhundert tatsächlich selbst zum »roten Kaiser von China« gekrönt – unbedingte Loyalität der Chinesen inklusive.

Damals wie heute: Die Freiheit wird einem anderen Ziel geopfert, damals politisch-ideologischer Natur, in Gestalt von Bolschewismus und

Faschismus, heute eher wirtschaftlich-gesellschaftlicher Natur, in Form von Überwachungskapitalismus oder Algorithmenmacht zur Steigerung von Produktivität und Überwachung des und der Menschen, damit das Leben »fehlerlos« funktioniert. In totalitären Systemen wie China ist Freimaurerei heute verboten, denn solche Systeme brauchen die Gleichschaltung, nicht Persönlichkeitsentwicklung oder gar frei denkende Menschen, denn diese sind wie Stolpersteine in einem konformen System, das nur funktionieren soll. Der heutige Konformismus wird von Algorithmen gesteuert, die den Menschen als konsumierende Maschine gleichschalten und ihn glauben lassen, dass er alles sein kann, was und wer immer er sein möchte, und verkauft dieses als Freiheit. Heute wie damals wird der Mensch in ein System hineingepresst, das er nicht mehr mitgestalten kann, allerdings wird ihm heute vorgegaukelt, dass er es könne.

> Eine Identität, weder eine individuelle noch kollektive, gibt es gar nicht mehr – zugespitzt formuliert. Sie wird durch ein beliebiges »Du kannst sein, wer immer du willst« ersetzt und dies mit Freiheit gleichgesetzt.

Die Entseelung des Einzelnen kennzeichnete sich damals neben der Mechanisierung durch das unhinterfragte und auch zwanghafte Annehmen einer kollektiven Ideologie, heute durch das willfährige Annehmen technologischer Errungenschaften, die uns »bespaßen« und das Leben vermeintlich vereinfachen.

Beide verhindern die Verinnerlichung, das Erleben der eigenen inneren Freiheit, die Selbsterkenntnis und dadurch die Ausbildung einer eigenen, selbstbestimmten, kreativen Persönlichkeit. Der Mensch gestaltet in der Gemeinschaft eben nicht mehr das persönliche und gesellschaftliche Leben, das übernimmt immer mehr die Digitalisierung und der Überwachungskapitalismus – vermeintlich zum Wohl aller. Man könnte auch eine Parallele zu totalitären Systemen ausmachen: Zum vermeintlichen Wohl aller wird das, was das Menschsein ausmacht, geopfert. Damals mit der Ideologie, dass der Einzelne nicht ermessen kann, was gut für alle ist, und heute, dass der Mensch fehlerhaft ist und durch die »Künstliche Intelligenz« eben Fehler, die zum Nachteil aller wären, vermieden werden.

Wie kann dieser Entseelung des Menschen entgegengewirkt werden? Die Antwort liegt insbesondere in der Ausbildung des Ichs, in der freien Persönlichkeitsentwicklung und in der Verinnerlichung. Und der Schlüssel dazu, sich zu der Persönlichkeit zu entwickeln, die man eigentlich ist, liegt in der inneren Freiheit.

> Man kann die innere Freiheit – im Gegensatz zur äußeren, bei der es um die Unabhängigkeit vom äußeren staatlichen Ordnungssystem geht – als Streben nach innerer Wahrhaftigkeit, auch als einen Kampf um die Würde des Menschen definieren, weshalb damit der Begriff der Pflicht verbunden sei, nicht der Begriff des Rechts wie bei der äußeren Freiheit.

Kämpfen bedeutet in diesem Zusammenhang ein stetiges Ringen um die besten Ideen und Lösungen, ein Tolerieren und ein Akzeptieren von abweichenden Meinungen, ein Durchsetzen und ein Nachgeben. Das ist nicht nur kennzeichnend, es ist lebensnotwendig für die innere Entwicklung des Einzelnen, aber auch für die Umsetzung von Demokratie und Freiheit in der Gesellschaft. Wahre äußerliche Freiheit ist nur möglich, wenn man auch innerlich frei ist. Der Weg ist nicht leicht, er verläuft nie reibungs- oder fehlerlos und bedeutet eine immerwährende Auseinandersetzung – er ist also richtig anstrengend. Er kann nur erfolgreich beschritten werden, wenn man Verantwortung übernimmt oder wenn man sich selbst in die Pflicht nimmt. Aber der Lohn dafür ist nicht hoch genug zu schätzen; es geht um die Umsetzung von Menschlichkeit und um das Menschsein schlechthin.

Aber sind wir ehrlich: Demokratie ist anstrengend. Die dampft, qualmt, rüttelt und lärmt. Sie ist unbequem. Sie setzt vor allen Dingen die Achtung der Meinungsfreiheit des anderen voraus. Meinungsfreiheit gehört nicht umsonst zu den Grundrechten unserer Demokratie. Geduldiges Zuhören, gegenseitiges Verständnis, Kraft der Unterscheidung und Mut zur Entscheidung sind die Voraussetzungen. Sich widersprechende Meinungen müssen respektiert und ausgehalten werden. Eine falsch verstandene Meinungsgleichheit, häufig bedingt durch die Sehnsucht nach Harmonie, kann in einer Demokratie sehr schnell zu einer monopolistischen öffentlichen Meinung mit einer gleichzeitigen Unterdrückung Andersdenkender führen.

Jede Generation muss die Freimaurerei für sich neu entdecken. Jede Generation hat ihre eigenen Themen und bekommt auch durch die Freimaurerei dazu Antworten. Es sind zeitlose Antworten und zeitlose geistige Werkzeuge, welche die Freimaurerei anbietet, die aber eben jedes Mal neu auf Probleme und Fragestellungen angepasst werden müssen – durch die freie individuelle Persönlichkeit. Dem legendären chinesischen Philosophen Laotse, der im 6. Jahrhundert v. Chr. gelebt haben soll, wird folgender Gedankengang zugeschrieben: »Würden die Menschen danach streben, sich selber zu vervollkommnen, statt die ganze Welt zu erretten, selbst innerlich frei zu werden, statt die ganze Menschheit befreien zu wollen, wie viel würden sie zur wahren Befreiung der ganzen Menschheit beitragen.« Freimaurerisch kann man das nicht besser ausdrücken.

Unsere europäische Werteidee steht vor großen Herausforderungen. Es geht um alles: Freiheit, Individualismus, Frieden und Wohlstand. Die westliche Welt muss sich schon bald entscheiden: zwischen einem durchdigitalisierten, massenkonsumorientierten, kollektivistischen, autoritären, gleichgeschalteten Herrschaftsregime oder für eine freiheitliche und diskursorientierte Herrschaft der Demokratie, die den Menschen in den Mittelpunkt ihres Handelns stellt.

Der Geist der freimaurerischen Idee verbindet genau jenes – und macht den Menschen zum Mittelpunkt eines gemeinschaftlichen Geschehens, mit all seinen Rechten, Privilegien und Pflichten. Darum ist die Freimaurerei mehr als nur ein Club gleichgesinnter Damen und Herren, die sich in gediegenen Häusern treffen und über die Welt philosophieren. Sie ist ein Wertesystem, eine innere Bewegung hin zu der Erkenntnis; dieses Wertesystem beeinflusst unweigerlich jeder und jede durch das eigene Handeln in der Welt – gemäß dem Prinzip von Aktion und Reaktion. Die Egalität der Brüder und Schwestern untereinander ist nichts weiter als ein Lehrstück dessen, was man auf jeden Menschen anwenden sollte: gleichwertige Anerkennung und Wertschätzung. Dies im Blick zu behalten, auch wenn der Sturm bereits über einem aufzieht, ist eine lebenslange Aufgabe – nicht nur für Freimaurer.

> Einer Krise folgt die nächste – das war schon immer so und sollte niemanden mehr ängstigen. Denn wir haben alle Trümpfe in der Hand: Die Digitalisierung bringt nicht nur technischen Fortschritt – noch nie zuvor hatten wir so viele Chancen und Möglichkeiten, unsere humanistischen und freiheitlichen Ideen und Wertesysteme so offen und frei zu diskutieren und weiterzuentwickeln.

Die Freimaurerei ist wie ein philosophischer Schwamm. Sie hat alles aufgenommen, was das Kulturelle Gedächtnis Europas hergibt. Die Kunst dabei ist, dass alles in sich geschlossen zusammenpasst, dass sich keine Widersprüche ergeben, und dabei Raum für alle Fragen zu lassen, die sich stellen. Das ist nicht willentlich geschehen, sondern die natürliche Folge eines Prozesses kultureller und historischer Entwicklung. Die Fragen nach dem richtigen Leben und dem Glücklichsein stellen sich seit der Antike, eigentlich seit dem Beginn der menschlichen Zivilisation. Der geistige »Quantensprung« des antiken Griechenlands, der verblüffenderweise offenbar auf nur wenige kluge Köpfe zurückzuführen ist, bildete einen Großteil des Fundaments dessen, was uns heute ausmacht. Ohne dieses würde es heute keinen Humanismus, keine Menschenrechte und keine Demokratie geben.

Darum ist die Freimaurerei genau so eine Bewegung, wie das Mensch-sein immer in Bewegung sein wird. Sie trainiert und öffnet unseren Blick für das, was uns ausmacht und was unser innerstes und ureigenstes Be-streben ist. Das freimaurerische Bestreben, stets an sich zu arbeiten und morgen ein besserer Mensch zu sein als gestern, ist nichts anderes als das ewige Streben nach einem unerreichbaren Ideal. So wenig wie ein Mensch vollkommenes Glück erringen kann, so unmöglich ist es ihm, in allen Belangen perfekt zu sein. Beiderlei Streben sind jedoch der Weg, um glücklich zu leben. In diesem Ziel ist die Freimaurerei auch anderen Bewegungen und Gemeinschaften »guten Willens« verbunden.

Die Tugenden sind Werkzeuge, um diesen Weg beschreiten zu kön-nen. Mit ihnen schnüren wir unsere Wanderstiefel zu, ziehen den Reiß-verschluss der Jacke bis an die Nasenspitze hoch und treten zuversicht-lich jedem Sturm am Horizont entgegen, der da kommen mag.

Tugenden befähigen uns zum Handeln. Sie sind die Umsetzung von Wertesystemen und Inhalten, die unsere Kulturen vorgeben und in uns verankern. Wir haben gelernt: Inhalte ergeben sich nur durch Diskurse. Einige Tugenden sind also ebenso dem kulturellen Wandel unterworfen wie einige Moralvorstellungen und Weltanschauungen selbst. Die Digita-lisierung schlägt uns hier jedoch ein Schnippchen: Wir haben dank dem Internet heute die freie Auswahl, uns zu informieren und unseren Tu-gendbaukasten selbst zusammenzustellen. Das ist jedoch nicht ungefähr-lich: Nicht alle Tugenden sind das, was wir glauben, da wir ihren Kon-text nicht verstehen. Wir alle müssen für uns selbst entscheiden, welche Tugend zu uns passt, und ehrlich hinterfragen, ob sie zu unserer indivi-duellen Identität passt.

Identitäten helfen also bei der Orientierung in diesem Wirrwarr und dabei, diese verschiedenen Tugendsysteme zu verstehen und anzuwen-den. Die Freimaurerei macht sich diejenigen des Abendlandes zu ei-gen – die Meistertugenden der Freimaurer sind jedoch keine Anleitung, das Glück zu erlangen. Sie sind eine Anleitung für eine immer weiter fortschreitende Persönlichkeitsentwicklung. Wohlwissentlich, dass ihre strikte Befolgung unmöglich ist, denn niemand ist perfekt. Dies zu erkennen und sich dennoch dabei nicht aufzugeben, ist ein ewiger Kampf mit sich selbst. Neben der Ausrichtung an den Tugenden ist der Weg der Selbsterkenntnis derjenige, der zur inneren Freiheit und zur Erkenntnis des freien Willens führt. Nicht umsonst hatte »Erkenne dich selbst« über dem delphischen Orakel gestanden. Dieser Spruch steht auch weltweit über manchem Eingang zu Freimaurerlogen geschrieben. Dieser Aufruf ist eine Aufforderung an jeden von uns, sich selbst beständig zu prüfen. Der Philosoph Immanuel Kant gibt uns hierzu Folgendes mit auf den Weg aus seiner *Kritik der praktischen Vernunft*:

> »Zwei Dinge erfüllen das Gemüt mit immer neuer und zunehmender Bewunderung und Ehrfurcht, je öfter und anhaltender sich das Nachdenken damit beschäftigt: Der bestirnte Himmel über mir und das moralische Gesetz in mir. [...] Ich sehe sie vor mir und verknüpfe sie unmittelbar mit dem Bewusstsein meiner Existenz.«[*]

Spätestens mit Kant wurde deutlich, dass Philosophie nichts anderes als Selbsterkenntnis sein kann. Selbsterkenntnis wird so zu dem wesentlichsten die Persönlichkeit bildenden Faktor und das delphische »Erkenne dich selbst« zu einer Kernkompetenz der Philosophie. Unser Ausgangspunkt zur Gewinnung innerer Freiheit ist also die Kenntnis über unseren Charakter, der unser Handeln im Wesentlichen bestimmt. So ist der Mensch erst frei, wenn er sich in seinem tiefsten Innern selbst erforscht hat. Dem sollten wir höchste Priorität geben. Erst wenn wir uns die eigene Individualität in ihren Vorlieben und Talenten transparent machen, insbesondere auch in ihren Defiziten, können wir beginnen, unser Leben gezielt zu gestalten. Dann können wir aufgrund dieser Erkenntnis in innerer Freiheit auch die richtigen Entscheidungen treffen. Ziel dieses Prozesses ist, »im Laufe des Lebens immer mehr der oder die zu werden, die wir eigentlich sind, immer echter, immer mehr wir selbst, immer stimmi-

---

[*] Kant: *Kritik der praktischen Vernunft*, 1974, S. 300.

ger mit uns selbst.« Dieser Gedanke wurde bereits von dem griechischen Dichter Pindar geäußert, mit der heute allgegenwärtigen Aussage: Werde, der Du bist. So ist Persönlichkeitsentwicklung ein ständiger Prozess der Selbsterkenntnis. Es stellt sich in der Folge natürlich die Frage, wie man erfährt, wer man ist und wie man werden kann, was man schon ist. Es geht um die Herausbildung und Unterstreichung der eigenen individuellen Identität. Um sich selbst zu erkennen, bedarf es des Gegenübers. Bei den Freimaurern bilden den Rahmen für den Weg der Selbsterkenntnis Regeln, Bräuche, Symbole und Ritualerleben in der Gemeinschaft der Brüder und der Schwestern.**

Ein tugendhaftes Leben wird also im freimaurerischen Sinn nicht um der Tugend oder um des Glücks selbst willen gelebt. Vielmehr ist das dahinterstehende Streben, nämlich die Persönlichkeitsentwicklung, der Weg zum Glück. Das Glück an sich ist – das wissen wir, seit im antiken Athen zu Wein und Oliven hingebungsvoll philosophiert wurde – eine leere Hülse. Glücklichsein jedoch ist ein Prozess, der in uns stattfindet und wächst. Kurzum: Wer sich selbst erkennt, seinen Platz in der Welt findet und sein eigenes Handeln dementsprechend ausrichtet, wird ein glücklicheres Leben führen können als jene Glücksritter, die sich vom Wind treiben lassen und sich am Ende in diesem windigen Treiben selbst verlieren.

> Die eigene Position zu finden, nicht aufzugeben und sich nicht vom Sturm fortwehen zu lassen, das ist und bleibt die Herausforderung.

---

* Kast: *Die Tiefenpsychologie nach C.G. Jung*, 2007, S. 41.
** Heussinger et al.: *Freimaurer*, 2020, S. 124 ff.

LITERATUR

Abbot Payson Usher: The Early History of Deposit Banking in Mediterranean Europe, Cambridge, Mass.: Harvard University Press, 1943.

Abbott Payson Usher: The Origins of Banking: The Primitive Bank of Deposit, 1200-1600, 1934.

Albrecht, Michael von (Hg., Übers.): Pythagoras – Legende, Lehre, Lebensgestaltung, Zürich, Stuttgart 1963.

Aristoteles: Metaphysik, Schüler-Bibliothek: Philosophie.

Aristoteles: Nikomachische Ethik, Hamburg 1985.

Assmann, Jan: Achsenzeit – Eine Archäologie der Moderne, München 2018.

Assmann, Jan: Das kulturelle Gedächtnis, München, 7. Auflage 2013.

Assmann, Jan: Fortschritt in der Menschlichkeit, in: Rode-Breymann, Susanne, Mittag, Achim (Hg.), Anvertraute Worte. Festschrift Helwig Schmidt–Glinzer zum 65. Geburtstag, Hannover 2013.

Assmann, Jan: Ma'at. Gerechtigkeit und Unsterblichkeit im Alten Ägypten. Beck'sche Reihe München, 2006.

Assmann, Jan: Weisheit und Mysterium. Das Bild der Griechen von Ägypten, München 2000.

Assmann, Jan, Sundermeier, Theo (Hg.): Die Erfindung des Inneren Menschen. Studien zur religiösen Anthropologie, Gütersloh 1993.

Assmann, Aleida und Jan: Ansprachen zur Verleihung des Friedenspreises des Deutschen Buchhandels 2018, Frankfurt 2018.

Aubrey, John: Mr John Aubrey's, Esq. Lebens-Entwürfe, dt. von Wolfgang Schlüter, Frankfurt 1994.

Baltzer, Eduard: Pythagoras der Weise von Samos, Heilbronn, 3. Auflage 1991.

Bechstein, Ludwig: Deutsches Märchenbuch: 1000 Märchen und Sagen, die jeder haben muß, zitiert nach Digitale Bibliothek.

Bernays, Edward: Propaganda – Die Kunst der Public Relations, Berlin, 11. Auflage 2019.

Beyer, Udo (Hg.): Die Basis der Vielfalt, 10. Tagung der DGfGG, Wiesbaden 2016.

Binswanger, Hans Christoph: Geld und Magie. Eine ökonomische Deutung von Goethes Faust, Hamburg, 6. Auflage 2018.

Birnbacher, Dieter (Hg.): Schopenhauer in der Philosophie der Gegenwart, Beiträge zur Philosophie Schopenhauers, Bd. 1, Würzburg 1996.

Boethius: Die Tröstungen der Philosophie, Schüler-Bibliothek: Philosophie.

Bruno, Giordano: De l'infinito, universo e mondi, 1584.

Club of Rome, Earth for All: Ein Survivalguide für unseren Planeten. Der neue Bericht an den Club of Rome, 50 Jahre nach »Die Grenzen des Wachstums«, München 2022.

Coleman, John: Der Club of Rome – Die größte »Denkfabrik« der Neuen Weltordnung, Gelnhausen, Roth, 2. Auflage 2014.

Collins, Francis S.: The Language of God, New York 2007.

Cremer, Christoph (Hg.): Vom Menschen zum Kristall, Wiesbaden 2007.

Cremer, Christoph: Mobilität und Dynamik im Zellkern. In »Heidelberger Jahrbücher« 2018 (J. Funke & M. Wink, Hg.) 3: 157-192 (ISSN 0073-1641).

Cremer, Georg: Armut in Deutschland. Wer ist arm? Was läuft schief? Wie können wir handeln?, Zentrale für politische Bildungsarbeit, München 2017.

Ellenberger, Wolfram: Philosophie Magazin Nr. 6, Berlin 2018.

Etzioni, Imatai: Die Verantwortungsgesellschaft – Individualismus und Moral in der heutigen Demokratie, Lizenzausgabe f. d. Wissenschaftliche Buchgesellschaft Darmstadt, Frankfurt 1997.

Ficino, Marsilio, Paul Richard Blum (Hg.): Über die Liebe oder Platons Gastmahl, Hamburg 2004.

Flasch, Kurt: Meister Eckhart, Philosoph des Christentums, München, 3. Auflage 2011.

Franziskus: Apostolisches Schreiben Evangelii gaudium. Über die Verkündigung des Evangeliums in der Welt von heute, 24. November 2013 (VApS 194).

Fromm, Erich: Humanismus als reale Utopie, München 1996.

Fukuyama, Francis, Zsolnay, Paul: Der große Aufbruch, Wien 2000.

Fukuyama, Francis: Das Ende des Menschen, Stuttgart, München 2002.

Fukuyama, Francis: Identität, Hamburg, 2. Auflage 2019.

Gabler Wirtschaftslexikon, Wiesbaden, 11. Auflage 2013.

Gabriel, Markus: Moralischer Fortschritt in dunklen Zeiten. Universale Werte für das 21. Jahrhundert, Berlin 2020.

Goethe: Goethe's sämtliche Werke, vollständige Ausgabe in sechs Bänden, Band 1, Stuttgart, 1854.

Goethe: Maximen und Reflexionen. Aphorismen und Aufzeichnungen. Nach den Handschriften des Goethe- und Schiller-Archivs, hg. von Max Hecker, Weimar 1907. Aus: Kunst und Altertum, 4. Band, 2. Heft, 1823.

Graeber, David: Bullshit Jobs – Vom wahren Sinn der Arbeit, Stuttgart, 4. Auflage 2021.

Harari, Yuval Noah: Homo Deus, München 2017.

Hardmann, Michael: Der Mythos von den Leistungseliten – Spitzenkarrieren und soziale Herkunft in Wirtschaft, Politik, Justiz und Wissenschaft, Frankfurt, New York 2002.

Hegel, Georg Wilhelm Friedrich: Hauptwerke in sechs Bänden, Band 3, Wissenschaft der Logik, Hamburg 1999.

Heidegger, Martin: Was ist das, die Philosophie?, Vortrag, gehalten in Cerisy-la-Salle, Normandie, im August 1955 zur Einleitung eines Gesprächs, Pfullingen, 4. Auflage 1966.

Heidegger, Martin: Sein und Zeit, Tübingen, 19. Auflage 2006.

Herder, Johann Gottfried: Ideen zur Philosophie der Geschichte der Menschheit, herausgegeben von Karl-Maria Guth, Berlin 2017.

Heussinger, Werner H., Görner, Heike, Snoek, Jan, Wilk, Ralph-Dieter: Freimaurer – Wie Sie die Prinzipien des erfolgreichsten Netzwerks der Weltgeschichte für Ihre Persönlichkeitsentwicklung nutzen, München 2020.

Heussinger, Werner H., Görner, Heike, Quandt, Hans-Peter, Wilk, Ralph-Dieter: Freimaurer in Deutschland zwischen den Weltkriegen – Verfolgt, verboten, wieder auferstanden, München 2020.

Hobbes, Thomas: Der Leviathan, Köln 2009.

Hobbes, Thomas: Grundzüge der Philosophie. Digitale Bibliothek: Philosophie.

Jaspers, Karl: Gesamtausgabe, Vom Ursprung und Ziel der Geschichte. Hg. im Auftrag der Heidelberger Akademie der Wissenschaften und der Akademie der Wissenschaften zu Göttingen, Basel 2017.

Jaynes, Julian: Der Ursprung des Bewusstseins durch den Zusammenbruch der bikameralen Psyche, Hamburg 1988.

Kant, Immanuel: Kritik der praktischen Vernunft. Grundlegung zur Metaphysik der Sitten, Werkausgabe Band VII, hg. von Wilhelm Weischedel, Frankfurt 1974.

Kast, Verena: Die Tiefenpsychologie nach C.G. Jung, Psychotherapie konkret, Stuttgart 2007.

Kemmerling, Andreas (Hg.): René Descartes – Meditationen über Erste Philosophie, Berlin, 2009.

Krastev, Ivan: Europadämmerung, Berlin 2017.

Kues, Nikolaus von: Über den Beryll, De Beryllo, lateinisch-deutsch, Hamburg, 4. Auflage 2002.

Kues, Nikolaus von: Vom Sehen Gottes, Zürich, München 1987.

La Mettrie, Julien Offray de: Der Mensch eine Maschine. DB Schüler-Bibliothek: Philosophie.

Lessing, Gotthold Ephraim: Ernst und Falk – Gespräche für Freimaurer, Hamburg 1981.

Lietaer, Bernard A.: Das Geld der Zukunft – Über die zerstörerische Wirkung unseres Geldsystems und Alternativen hierzu, München 2002.

Locke, John: Versuch über den menschlichen Verstand. DB Schüler-Bibliothek: Philosophie.

Loeb, Avi: Extraterrestrial: The First Sign of Intelligent Life Beyond Earth, London 2021.

Mandelbrot, Benoit B.: Die fraktale Geometrie der Natur, Basel 1987.

McGinn, Bernard: Die Mystik im Abendland, Band 4, Freiburg 2008.

Meister Eckhart: Deutsche Predigten und Traktate, München, 7. Auflage 1995.

Möbuß, Susanne: Plotin – Eine Einführung, Wiesbaden 2005.

Moritz, Philipp: Anton Reiser, Frankfurt 1979.

Nida-Rümelin, Julian: Demokratie und Wahrheit, München 2006.

Nietzsche, Friedrich: Die fröhliche Wissenschaft, Hamburg 2021.

Peitgen, Heinz O., Jürgens, Hartmut, Saupe, Dietmar: Bausteine des Chaos – Fraktale, Berlin, Heidelberg, New York 1992.

Pichot, André: Die Geburt der Wissenschaft, Frankfurt 1985.

Pico della Mirandola, Giovanni: Neunhundert Thesen, Hamburg 2018.

Pico della Mirandola, Giovanni: Ausgewählte Schriften, Jena, Leipzig 1905.

Piquets, Jules: Des banquiers au Moyen Age: les Templiers, Étude de leurs opérations financièrs, Paris 1939.

Pirenne, Henri: Economic and Social History of Medieval Europe, London: Kegan Paul, Trench and Company, 1947.

Platon: Der siebente Brief, Stuttgart 1964.

Platon: Sämtliche Werke, Heidelberg 1982.

Popper, Karl R.: Die offene Gesellschaft und ihre Feinde, München, 4. Auflage 1975.

Popper, Karl R.: Alles Leben ist Problemlösen – Über Erkenntnis, Geschichte und Politik, München 1994.

Reinhalter, Helmut: Freimaurerei, Politik und Gesellschaft. Die Wirkungsgeschichte des diskreten Bundes, Wien, Köln, Weimar 2018.

Reuchlin, Johannes: Sämtliche Werke Band I,1, De verbo mirifico, Das wundertätige Wort (1494), Stuttgart, Bad Cannstadt 1996.

Reuchlin, Johannes: Sämtliche Werke Band II, 1, De arte cabalistica libri tres, Die Kabbalistik, Stuttgart, Bad Cannstadt 2010.

Russel, Bertrand: Einführung in die mathematische Philosophie, Hamburg, 2. Auflage 2006.

Russo, Lucio: Die vergessene Revolution oder die Wiedergeburt des antiken Wissens, Berlin, Heidelberg, New York 2005.

Safranski, Rüdiger: Wieviel Wahrheit braucht der Mensch?, Frankfurt, 14. Auflage 2014.

Safranski, Rüdiger: Einzeln sein, München 2021.

Schacht, Hjalmar: 1933. Wie eine Demokratie stirbt, Düsseldorf und Wien, 1968.

Schmidt, Eric, Cohen, Jared: Die Vernetzung der Welt, Hamburg 2013.

Schmidt, Jochen: Aufklärung und Gegenaufklärung, Darmstadt 1989.

Schopenhauer, Arthur: Aphorismen zur Lebensweisheit, Stuttgart, 15. Auflage 1990.

Schopenhauer, Arthur: Sämtliche Werke, Darmstadt 1989.

Simmel, Georg: Philosophie des Geldes, Leipzig 1900.

Simmel, Georg: Philosophie des Geldes, Leipzig, 2. Auflage 1907.

Sloterdijk, Peter: Ausgewählte Übertreibungen. Gespräche und Interviews, Berlin 2015.

Szlezák, Thomas Alexander: Platon, Meisterdenker der Antike, München 2021.

Weber, Max: Wirtschaft und Gesellschaft: Grundriss der verstehenden Soziologie, Tübingen, 5. Auflage 1985.

Weizsäcker, Carl Friedrich von: Die Einheit der Natur, München 1974.

Weizsäcker, Carl Friedrich von: Die Geschichte der Natur, 12 Vorlesungen, Göttingen 1979.

Weninger, Michael Heinrich: Loge und Altar – über die Aussöhnung von katholischer Kirche und regulärer Freimaurerei, Wien 2020.

Willemsen, Roger: Wer wir waren, Zukunftsrede, Frankfurt, 11. Auflage 2021.

Wolf, Ingeborg: Mystik – Praxis und Orientierung in Religion, Psychologie, Naturwissenschaft und Gesellschaft, Frankfurt 2000.

Zeitler, Herbert, Neidhardt, Wolfgang: Fraktale und Chaos, Darmstadt 1993.

Zhmud, Leonid: Wissenschaft, Philosophie und Religion im frühen Pythagorismus, Berlin 1997.

Zuboff, Shoshana: Das Zeitalter des Überwachungskapitalismus, Frankfurt 2018.

AUTOREN

Alle Autoren sind in führenden Positionen bei der interdisziplinären Denkfabrik Heidelberger Gespräche Gesellschaft aktiv und auf www.heidelberger-gespraeche.org oder per E-Mail unter kontakt@heidelberger-gespraeche.org erreichbar.

Die Heidelberger Gespräche Gesellschaft regt Menschen dazu an, frei zu denken und mehr Verantwortung für das eigene Handeln zu übernehmen. Dazu wird ein aktiver Austausch von führenden Geistes- und Naturwissenschaftlern organisiert, sichtbar auch im Fachbeirat der Heidelberger Gespräche Gesellschaft und in den öffentlich zugänglichen Vorträgen und Diskussionen. Hier stellen aktive Persönlichkeiten aus Politik, Wirtschaft, Wissenschaft, Gesellschaft und Kultur aktuelle und zukunftsgerichtete Themen vor und treten anschließend in einen Dialog.

 **Prof. Dr. Dr. Christoph Cremer**, der international renommierte Physiker und ehemalige Sprecher des Senats der Universität Heidelberg, hat mit seinem Forschungsteam die konventionelle lichtoptische Auflösungsgrenze (›Abbe-Limit‹) durch unterschiedliche Methoden überwunden. Einer seiner Habilitanden wurde für seine Beiträge hierzu mit dem Nobelpreis ausgezeichnet. Christoph Cremer hat auch am Aufbau des Interdisziplinären Zentrums für Wissenschaftliches Rechnen (IWR) und des Instituts für Pharmazie und Molekulare Biotechnologie der Universität Heidelberg, sowie des Instituts für Molekulare Biologie (IMB) in Mainz mitgewirkt; vor seiner Berufung nach Heidelberg hat er mehrere Jahre in der Biomedical Sciences Division am Lawrence Livermore National Laboratory, einer der bedeutendsten Forschungseinrichtungen für die nationale Sicherheit der USA, gearbeitet. Heute führt er seine biophysikalischen Forschungen insbesondere am Max-Planck-Institut für Polymerforschung in Mainz weiter.

Werner H. Heussinger hat als Mitgründer und Vorstand einer börsennotierten Unternehmensgruppe, als Bestsellerautor und Lehrbeauftragter die Finanzmärkte aus verschiedensten Blickwinkeln betrachtet. Er war einer der führenden Zertifikate-Experten Deutschlands, hat Wachstumsfirmen beim Going Public / IPO begleitet, internationale Investmentbanken beraten und einen heute global tätigen Index-Provider aus der Taufe gehoben. Werner H. Heussinger gründete seine eigene Finanzmedien- und Investment-Boutique, führte fünf Jahre später das Unternehmen an die Börse und veräußerte die Mehrheit seiner Anteile an die Axel Springer AG. Seit 2007 ist er Mitglied des Fachbeirats am isf Institute for Strategic Finance der FOM – Hochschule für Oekonomie und Management. Werner H. Heussinger ist Freimaurer seit 1997 und in zahlreichen philanthropischen Einrichtungen aktiv.

Heike Görner ist aktive Freimaurerin in einer Schweizer Freimaurerloge, Mitglied des Vorstands der Heidelberger Gespräche Gesellschaft und im Beirat einer gemeinnützigen Stiftung tätig. Während längerer Auslandsaufenthalte in den USA, Kanada und China beschäftigte sie sich intensiv mit den kulturellen Eigenheiten bei der Wissensvermittlung. Als Lehrerin hat Heike Görner am Aufbau und in der Schulleitung von Privatschulen mit alternativen pädagogischen Konzepten in Deutschland und Österreich gestaltend mitgewirkt. Sie beschäftigt sich als Sachbuchautorin schwerpunktmäßig mit den Themenfeldern Philosophie, Theologie und Mystik.

 **Ralph-Dieter Wilk** ist geschäftsführender Vorstand einer Stiftung im Bereich Suchtselbsthilfe. Er gestaltete und arbeitete maßgeblich am Aufbau zweier deutschlandweit tätiger Suchthilfe-Institutionen mit. Am Grundgesetztag 1986 verlieh ihm der damalige Bundespräsident Richard von Weizsäcker für sein Engagement persönlich das Bundesverdienstkreuz am Bande. Ralph-Dieter Wilk war langjähriger Geschäftsführer im Bereich Gesundheit und Soziales in Deutschland und Luxemburg und hatte Personalverantwortung für über 1500 Mitarbeiter. Er ist Freimaurer seit 1985 und in leitender Funktion einer deutschen Großloge aktiv.

**Werner H. Heussinger, Prof. Dr. Jan Snoek,
Heike Görner und Ralph-Dieter Wilk**

Die Autoren dieses Buches, allesamt Freimaurer, zeigen, was moderne Freimaurerei ausmacht, weshalb sie ein Gewinn für jeden Einzelnen und die Gesellschaft ist und warum die Freimaurerei nicht weniger ist als **das älteste und erfolgreichste Social Network der Welt** und ein lebenslanges und überaus **effektives Persönlichkeitstraining.**

Hardcover, 272 Seiten, 18,99 €
FinanzBuch Verlag (FBV), München
ISBN: 978-3-95972-303-9

»Dieses Buch ist wahrscheinlich die außergewöhnlichste Neuerscheinung über das Thema Freimaurerei in diesem Jahr (…) in solch kompakter und mitreißender Form.«
Humanität – Das Deutsche Freimaurermagazin, Ausgabe April 2020

»Darf der Rezensent seiner Leserschaft ein Buch besonders ans Herz legen? Im vorliegenden Fall gewiss. Die Verfasserin und die drei Verfasser sind allesamt Mitglieder von Freimaurerlogen und verdiente Persönlichkeiten in der profanen Welt. Sie bieten in ihrer Publikation viel, auch Fakten und Gedanken, die weniger geläufig sind.«
Alpina – Die Schweizer Freimaurerzeitschrift, 146. Jahrgang, Ausgabe Juli 2020

»Ein (…) wunderbar zeitgemäßes Buch. Sowohl hinsichtlich der Themenauswahl wie auch der Sprache. Vor allem werden hier die verständlichen Fragen von Interessierten gut beantwortet. Kompliment an die Autoren!«
Hanseatisches Logenblatt, 153. Jahrgang, Ausgabe Juni 2020

»Dieses Buch ist ein Blick hinter die Kulissen. (…) Das macht das Buch für mich zu einem sehr guten Buch. (…) Mir hat es viel Freude bereitet, auf diese Reise durch die Epochen zu gehen.«
Celine Nadolny, preisgekrönte Bloggerin und Deutschlands einflussreichste Sachbuchkritikerin

»Das Buch ist von profunder Bildung, Ehrlichkeit und einem gründlichen Einblick in die Bedingungen des Menschseins getragen. Die vier AutorInnen sind selbst Freimaurer, und liefern deshalb den Lesenden einen Blick von innen. Man erfährt darin sehr viel über die Gedankenwelt der Freimaurer, über Geschichte, Programmatik, Ideale und Philosophie. Das Geheimnis, das die Freimaurerei in früherer Zeit selbst um sich machte, scheint heute durch mehr Offenheit und Transparenz abgemildert zu werden. Die Autoren machen aber auch deutlich, dass ein Teil dieser diskreten Praxis dem spirituellen Vorgang selbst geschuldet ist, sowie ei-

ner Achtsamkeit den Mitgliedern gegenüber, die sich dadurch in einem geschützten Rahmen vertrauensvoll öffnen können. Insgesamt ein sehr empfehlenswertes Buch, um das Geheimnis ein gutes Stück weit zu lüften und einen Eindruck von Form und Inhalt der heutigen Freimaurerei zu bekommen.«
Tattva Viveka, Zeitschrift für Wissenschaft, Philosophie und spirituelle Kultur, 29. Jahrgang, Ausgabe März 2022

»Wir machen nichts, was auch nur ansatzweise mit Weltverschwörung zu tun hat, sondern wir machen das Geheimnisvollste überhaupt: Wir gehen nämlich in die eigene Persönlichkeit und jeder guckt in sich selber rein und sucht dort die Antworten und das ist – glaube ich – das Spannendste überhaupt.«
Aus dem Interview mit Buchautor Werner H. Heussinger im RTL Nachtjournal (TV-Sendung vom 25.06.2020, Folge 120)

»So wie ich Ihnen nicht erklären kann, wie ein Wein schmeckt – Sie müssen es selbst erleben, so kann ich das Ritual vielleicht beschreiben, aber Sie können es nicht erleben. Das Erleben des Rituals ist das eigentliche Geheimnis in der Freimaurerei. Und nur wer selbst Freimaurer ist, darf dabei sein.«
Aus dem Interview mit Buchautor Werner H. Heussinger für den Nachrichtensender n-tv (veröffentlicht auf www.ntv.de)

»Die Geheimnistuerei und das Altbackene sind vorbei. (...) Aktuell kann sich das Netzwerk darüber freuen, dass seine Popularität gerade bei Studenten zunimmt. (...) Wer reist, trifft weltweit auf Freimaurer und kann in Städten rund um den Globus andocken.«
Buchautor Werner H. Heussinger in FOCUS Business über Freimaurerei (Printausgabe Dezember 2020)

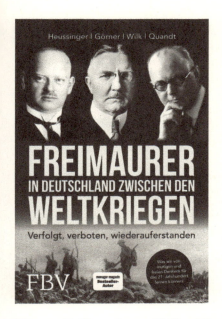

Werner H. Heussinger, Heike Görner,
Ralph-Dieter Wilk und Hans-Peter Quandt

Anhand bedeutender Freimaurerpersönlichkeiten wie Leo Müffelmann, der sich als Humanist gegen den Nationalsozialismus stellte, Hjalmar Schacht, ehemaliger Reichsbankpräsident, und Gustav Stresemann, Friedensnobelpreisträger, Reichskanzler und Außenminister der Weimarer Republik, **wirft dieses Buch Schlaglichter in die Zeit zwischen den beiden Weltkriegen und macht Mut zu freiem Denken, auch und gerade für die Herausforderungen im 21. Jahrhundert.**
Die Autoren dieses Buches, alle selbst Freimaurer, verfügen über interne Kenntnisse von Personen und Strukturen der damaligen Freimaurerlogen, darunter brisante private Aufzeichnungen Leo Müffelmanns.

Hardcover, 272 Seiten, 22,99 €
FinanzBuch Verlag (FBV), München
ISBN: 978-3-95972-363-3

»Lichtblicke in eine dunkle Zeit: Es werden historische Zusammenhänge aufgedeckt, die so der Allgemeinheit bisher nicht bekannt waren. (…) Das Autorenteam lüftet am Beispiel der drei Hauptakteure gleich mehrere Schleier. (…) Es ist ein unbequemes, ein notwendiges, nein – ein längst überfälliges Buch.«
Zirkelkorrespondenz (Freimaurerzeitschrift seit 1872), Ausgabe Februar 2021

»Dem Autorenkollektiv ist ein guter Aufbau gelungen. (…) Die Autoren vollziehen eine direkte Verbindung zwischen Einst und Jetzt und damit eine Denkfigur, die der Königlichen Kunst gut ansteht.«
Alpina – Die Schweizer Freimaurerzeitschrift, 146. Jahrgang, Ausgabe Juli 2020

»Das Besondere: Die Autoren sind selbst Freimaurer und liefern einen fundierten Blick von innen.«
G/GESCHICHTE – Historische Monatszeitschrift seit 1979, Ausgabe Oktober 2021

»Es werden historische Zusammenhänge aufgedeckt, die bisher in dieser Form nicht öffentlich bekannt waren. (...) Der Blick der Autoren, allesamt Freimaurer, auf ihre drei Bundesbrüder ist erhellend, innovativ und inspirierend: Nur wenigen ist es bisher gelungen diese Zusammenhänge mit ihren Biografien zu verknüpfen. (...) Und somit stellen die Autoren die richtigen Fragen: Warum brauchen wir auch heute echte Persönlichkeiten? Und: Wie werden wir selbst eben solche? Für mich ist dieses Buch auch persönlich etwas ganz Besonderes – mit der Darstellung des Lebens Leo Müffelmanns finden die Verdienste eines Familienmitgliedes von mir jene Beachtung und Aufwertung, die ihm lange verwehrt geblieben sind. Leo Müffelmann bezog als Freimaurer seinen Idealen folgend frühzeitig öffentlich Stellung gegen den Nationalsozialismus und zahlte dafür mit seinem Leben.«
Dr. Jens Müffelmann, New York, ehem. COO Axel Springer SE und Präsident Axel Springer USA

»... sehr lesenswert! (...) Die Autoren zeigen, was es bedeutet, sich in einem Land, das langsam, aber sicher in den Totalitarismus gleitet, der Freiheit zu verschreiben. (...) Damit wir aber aus der Vergangenheit auch vieles für unsere Gegenwart und vor allem die Zukunft mitnehmen können, diskutieren die Autoren entscheidende Fragen: Wo stehen wir heute? Wie werden sich Globalisierung, Digitalisierung und Klimawandel entwickeln? Wie reagieren wir darauf?«

Celine Nadolny, preisgekrönte Bloggerin und Deutschlands einflussreichste Sachbuchkritikerin

»Eben erst hatten die Autoren Werner H. Heussinger, Heike Görner, Ralph-Dieter Wilk mit Prof. Dr. Jan Snoek ihr Buch *Freimaurer* herausgebracht, in dem sie ihre Erfahrungen als Freimaurer von heute präsentieren und uns eine faszinierend moderne Sicht auf die uralte freimaurerische Bewegung und ihre lebenspraktischen Prinzipien bieten, da legen sie nun zusammen mit Hans-Peter Quandt hier noch ein weiteres Buch vor: Es exemplifiziert am Beispiel von drei international sehr bekannten deutschen Zeitzeugen aus der Zwischenkriegszeit allgemeine Grundzüge von freimaurerischer Persönlichkeitsentwicklung, wie sie in der Grundhaltung und in den persönlichen Aussagen und Taten dieser drei Persönlichkeiten Gestalt angenommen haben. Dabei leitet die Autoren immer die heutige gesellschaftliche Situation mit ihren krisenhaften Entwicklungen, die sie im Blick ihrer Reflexion haben. Sie lassen uns damit teilnehmen an aktuellen Fragestellungen und konkreten gesellschaftlichen Herausforderungen von heute, deren Brisanz der Gesellschaft anscheinend erst ganz allmählich bewusst zu werden beginnt, die uns aber hier packend nahegebracht werden.«

Klaus Bettag, Vorstandsvorsitzender der Freimaurerischen Forschungsvereinigung Frederik e.V.